U0516006

权威·前沿·原创

皮书系列为
"十二五""十三五"国家重点图书出版规划项目

BLUE BOOK

智库成果出版与传播平台

中国社会科学院创新工程学术出版资助项目

公共服务蓝皮书

BLUE BOOK OF
PUBLIC SERVICE

中国城市基本公共服务力评价 （2019）

EVALUATION OF CHINESE CITIES' BASIC PUBLIC SERVICE
CAPABILITY (2019)

主 编／钟 君 刘志昌 陈 勇
副主编／刘须宽 徐 滔

社会科学文献出版社
SOCIAL SCIENCES ACADEMIC PRESS (CHINA)

图书在版编目（CIP）数据

中国城市基本公共服务力评价 . 2019 / 钟君，刘志
昌，陈勇主编 . -- 北京：社会科学文献出版社，2020.5
（公共服务蓝皮书）
ISBN 978 - 7 - 5201 - 6380 - 4

Ⅰ.①中… Ⅱ.①钟… ②刘… ③陈… Ⅲ.①地方政
府 - 社会服务 - 比较评价 - 中国 - 2019　Ⅳ.①D625

中国版本图书馆 CIP 数据核字（2020）第 038803 号

公共服务蓝皮书

中国城市基本公共服务力评价（2019）

主　　编／钟　君　刘志昌　陈　勇
副 主 编／刘须宽　徐　滔

出 版 人／谢寿光
组稿编辑／蔡继辉　任文武
责任编辑／王玉霞　李艳芳
文稿编辑／刘如东

出　　　版／社会科学文献出版社·城市和绿色发展分社（010）59367143
　　　　　　地址：北京市北三环中路甲 29 号院华龙大厦　邮编：100029
　　　　　　网址：www. ssap. com. cn
发　　　行／市场营销中心（010）59367081　59367083
印　　　装／天津千鹤文化传播有限公司

规　　　格／开　本：787mm × 1092mm　1/16
　　　　　　印　张：23　字　数：341 千字
版　　　次／2020 年 5 月第 1 版　2020 年 5 月第 1 次印刷
书　　　号／ISBN 978 - 7 - 5201 - 6380 - 4
定　　　价／128.00 元

本书如有印装质量问题，请与读者服务中心（010 - 59367028）联系

《中国城市基本公共服务力评价（2019）》
课 题 组

组　　长　钟　君　刘志昌　陈　勇

成　　员　刘须宽　万相昱　陈秋霖　王永磊　罗紫罗兰
　　　　　　奥　博　丁燕鹏　郑晓君　周广华　王　硕
　　　　　　杨　斌　栾文莲　曾宪奎　徐　滔　崔　斌
　　　　　　钟杏梅　潘宇峰　陈　宁　闫昆仑　王　鑫
　　　　　　王彩云　赵鸿雁　张　婕　何文婷　茅　俊
　　　　　　刘玉红　杜南骏　余海萍　张茜茜　尹　倩
　　　　　　徐璟玉　卜万红　尹学朋

执　　笔　钟　君　刘志昌　刘须宽　万相昱　罗紫罗兰
　　　　　　崔　斌　钟杏梅　潘宇峰　陈　宁　闫昆仑

课题承担单位
　　　　　中国社会科学院马克思主义研究院经济与社会建
　　　　　设研究室
　　　　　腾讯公司政务舆情部

公共服务蓝皮书编委会

主要编撰者简介

钟　君　男，山东昌乐人，法学博士，研究员。现任中国历史研究院副院长兼文献信息部主任。入选中组部国家"万人计划"青年拔尖人才和中宣部文化名家暨"四个一批"人才。主要研究领域为中国特色社会主义、公共服务与社会建设等。著有《中国特色社会主义政治价值研究》、《社会之霾——当代中国社会风险的现实与逻辑》、《马克思靠谱》、《马克思主义中国化理论创新30年》（合著）、《改革开放三十年思想史》（合著）、《中国地方政府经济行为分析——基于公共选择视角》（论文、合著）等50多篇（部）。

刘志昌　男，湖南临湘人，政治学博士，副研究员，澳大利亚迪肯大学访问学者。现任中国社会科学院马克思主义研究院经济与社会建设研究室主任。主要从事公共服务、国家治理和社会建设等研究。主持国家社科基金项目及中国社会科学院项目等多项课题，独立撰写《中国基本公共服务均等化的变迁与逻辑》《国家治理与公共服务现代化》等著作4部，在《当代世界》《社会主义研究》《统计与决策》等报刊发表论文和向政府部门提交对策咨询报告30余篇。

刘须宽　男，江苏泗阳人，法学博士，中国社会科学院马克思主义研究院副研究员。主要从事政治哲学、政治伦理、公共服务与社会建设等方面研究。主要研究成果有《柏拉图伦理思想研究》等专著4本，《历史上最具影响力的伦理学名著27种》（合作主编），在《哲学动态》《北京师范大学学报》等刊物发表论文20余篇，多次参与国家社科基金、教育部价值与文化研究基地等课题研究，多次参与中宣部、交通部等政府部门专项决策研究。

万相昱 男，经济学博士，中国社会科学院数量经济与技术经济研究所副研究员，中国社会科学院研究生院副教授，硕士研究生导师。长期从事经济模型、经济预测与公共政策研究工作，专注微观模拟模型与社会科学仿真技术的相关理论与实证研究。先后主持和参与国家或省部级以上科研课题10余项，形成多部具有影响力的研究报告，独立撰写相关学术专著2部，在国内外相关学术期刊发表论文30余篇。

崔　斌 男，山西晋城人，北京大学社会学、经济学双学士，现任腾讯公司政务舆情部副总监，在网络热点舆情分析、政务新媒体传播研究等领域拥有长期的经验积累与项目经历。

钟杏梅 女，云南大理人，中国传媒大学传播学硕士，现任腾讯公司政务舆情部高级研究员，长期从事网络热点舆情、网络传播趋势特征、舆论生态格局变化等领域的分析与研究工作。

潘宇峰 男，陕西宝鸡人，北京大学哲学硕士，现任腾讯公司政务舆情部高级大数据研究员，专注于大数据、新媒体传播等领域的研究，擅长基于互联网舆情数据搭建各类指数模型并进行深入的数据分析。

陈　宁 男，广东兴宁人，中国青年政治学院文学学士，现任腾讯公司政务舆情部高级项目经理，主要从事社会治理、媒介融合等领域的研究，专注于线上调研、大数据分析及公共突发事件舆情分析等工作。

摘　要

本书按照优化的基本公共服务力评价指标体系，通过 14345 份网络调查问卷，从公共交通、公共安全、公共住房、基础教育、社会保障和就业创业、公共信息化服务、医疗卫生、城市环境、公共文化体育、公职服务 10 个方面，对全国 38 个主要城市的基本公共服务力进行全面评价和深入研究，发布了 2019 年全国 38 个主要城市满意度评价情况及各排行榜。调查结果显示，2019 年 38 个主要城市基本公共服务满意度平均得分为 63.61 分，较 2018 年的 58.05 分有大幅提升。

本书通过 GDP 对公共服务满意度杠杆指数、城市公共服务满意度上升指数、公共服务满意度要素发展指数等评价工具，对 38 个城市的基本公共服务满意度进行了详细评价。根据网络调查问卷数据，对公共交通、公共安全、公共住房、基础教育、社会保障和就业创业、公共信息化服务、医疗卫生、城市环境、公共文化体育、公职服务 10 项公共服务进行满意度单项分析。同时，参考腾讯指数社会热点舆情数据，归纳总结出 2019 年公共服务领域公众最为关注的八大热点问题，借助舆情大数据技术对公共医疗、食品安全、营商环境、城市环境、公共安全、社保就业、收入分配、公共教育等公共服务领域典型案例进行深入分析。另外，在专题报告部分，对中国社会保险的发展历程、经验和启示，从民生 70 年看公共服务的发展逻辑，智慧城市的可能——城市基本公共服务智慧化发展现状及趋势研究，地方立法提升铜仁城市美誉度四个专题进行了深入研究和经验介绍。

关键词： 公共服务　基本公共服务力　基本公共服务满意度　城市治理

目　录

Ⅲ 评价报告

Ⅳ 专题报告

Ⅴ　附录

皮书数据库阅读 **使用指南**

总 报 告

General Report

B.1
2019年中国城市基本公共服务
满意度评估与发展报告*

摘　要：　本报告根据优化的基本公共服务力评价指标体系，通过14345
　　　　　份网络调查问卷，从公共交通、公共安全、公共住房、基础
　　　　　教育、社会保障和就业创业、公共信息化服务、医疗卫生、
　　　　　城市环境、公共文化体育、公职服务10个方面，对全国38
　　　　　个主要城市的基本公共服务力进行全面评价和深入研究，发
　　　　　布了2019年全国38个主要城市满意度评价情况及各排行榜。
　　　　　报告通过GDP对公共服务满意度杠杆指数、城市公共服务满意
　　　　　度上升指数、公共服务满意度要素发展指数等评价工具，对38
　　　　　个城市的基本公共服务满意度进行了详细评价。2019年38个
　　　　　主要城市基本公共服务满意度平均得分为63.61分，较2018

---

* 执笔:钟君、刘志昌等;统稿:钟君、刘志昌。

年的 58.05 分有大幅提升, 略高于 2017 年的 63.37 分。各级
政府要以建成更加成熟定型的基本公共服务制度体系为方向,
坚持和完善统筹城乡的基本公共服务制度, 推动基本公共服
务制度体系现代化; 以解决社会主要矛盾为目标, 着力解决
基本公共服务不平衡不充分问题, 努力保基本补短板, 实现
基本公共服务均等化; 推进公共服务供给侧结构性改革, 构
建公共服务供给的社会参与机制, 提高公共服务数量、质量
和效率, 实现基本公共服务效能最大化; 加快推动区块链技
术和公共服务创新发展, 积极探索 "区块链 +" 在基本公共
服务领域的运用, 提高基本公共服务的智能化、便利化、科
学化、精细化水平; 建立法定的公共服务政策出台的智库咨
询论证机制, 积极发挥智库在公共服务改革、决策和管理评
估中的积极作用。

关键词: 基本公共服务力 基本公共服务满意度 基本公共服务改革
创新 城市治理

公共服务是现代政府的基本职能之一。党的十六大提出 "完善政府的
经济调节、市场监管、社会管理和公共服务的职能", 首次将公共服务作为
政府的四项重要职能之一。党的十九届四中全会通过的《中共中央关于坚
持和完善中国特色社会主义制度推进国家治理体系和治理能力现代化若干重
大问题的决定》, 提出 "完善政府经济调节、市场监管、社会管理、公共服
务、生态环境保护等职能", 要求 "坚持和完善统筹城乡的民生保障制度,
满足人民日益增长的美好生活需要", 强调 "必须健全幼有所育、学有所
教、劳有所得、病有所医、老有所养、住有所居、弱有所扶等方面国家基本
公共服务制度体系", 为新时代加强公共服务制度建设, 改善公共服务, 提

升公共服务能力指明了方向。

公共服务力是指政府提供公共服务的能力。城市基本公共服务满意度是评价城市基本公共服务力强弱的重要依据。2012年以来，国务院先后印发《国家基本公共服务体系"十二五"规划》、《"十三五"推进基本公共服务均等化规划》和《关于建立健全基本公共服务标准体系的指导意见》等文件，构建起涵盖基础教育、劳动就业创业、社会保险、医疗卫生、社会服务、住房保障、公共文化体育、优抚安置、残疾人服务9个领域的国家基本公共服务标准体系。

为推进基本公共服务均等化、标准化、法治化，提升政府公共服务能力，自2011年开始，中国社会科学院"中国城市基本公共服务力评价"课题组每年对全国38个主要城市开展城市基本公共服务满意度调查，对相关城市的基本公共服务力进行深度研究。截至2019年，课题组已连续出版并发布调查研究成果暨公共服务蓝皮书《中国城市基本公共服务力评价》，受到中央和地方政府及相关职能部门的高度关注，产生了积极的社会影响。

为克服传统调查难度大、样本少、抽样不均衡等问题，自2018年开始，课题组与腾讯公司腾讯指数组成联合课题组，创新调查方式，积极探索大数据和云计算时代网络调查新渠道，通过大样本的网络问卷调查，对全国直辖市、省会和计划单列市共38个主要城市基本公共服务总体情况进行调查和分析研究。

根据课题组分工安排，中国社会科学院马克思主义研究院经济与社会建设研究室负责研究框架和内容的设计，以及调查问卷评价指标体系的制定、调研数据统计分析、主要内容写作和基本公共服务理论分析。腾讯公司腾讯指数提供网络调查渠道，负责问卷投放和数据回收；依托大数据和云计算的舆情分析技术，对2019年城市公共服务领域的热点舆情事件及现象进行深入分析。

2019年，课题组根据研究需要和社会建设实践变化，对基本公共服务力评价指标体系及问卷进行了优化与调整，一级指标增加了"公共信息化

服务"。课题组通过线上调研平台企鹅调研和腾讯问卷开展网络问卷调查。同时，针对部分城市网络调查样本偏少的问题，课题组委托益派调查开展网络问卷补充调查。网络调查共发放问卷 14348 份，回收有效问卷 14345 份。

课题组围绕 38 个主要城市的基本公共服务满意度，基于网络问卷调查，对相关城市的基本公共服务总体满意度以及公共交通、公共安全、公共住房、基础教育、社会保障和就业创业、公共信息化服务、医疗卫生、城市环境、公共文化体育、公职服务 10 个方面的满意度进行了排名。课题组使用 GDP 对公共服务满意度杠杆指数、城市公共服务满意度上升指数、公共服务满意度要素发展指数等评估工具对调查结果进行纵向和横向的立体式评估研究。

需要说明的是，有别于 2017 年及以前的地面问卷调查方式，从 2018 年开始，课题组采用网络问卷调查方式，调查问卷的调查对象主要是网民，因此，基本公共服务调查问卷满意度得分的纵向比较和分值变化，仅供各城市政府决策参考。

一 2019年城市基本公共服务满意度评价指标体系

根据网络问卷调查的特点和需要，结合公共服务热点的变化，为了保证调查的科学性、便利性和持续性，课题组对原城市基本公共服务满意度评价指标体系进行了优化调整，增加了"公共信息化服务"一级指标，同时，对部分二级指标、三级指标进行了增加或精简。2019 年城市基本公共服务满意度评价指标体系共包含公共交通、公共安全、公共住房、基础教育、社会保障和就业创业、公共信息化服务、医疗卫生、城市环境、公共文化体育、公职服务 10 个一级指标，42 个二级指标，46 个三级指标（见表 1 - 1）。

表1-1　2019年城市基本公共服务满意度评价指标体系

一级指标	二级指标	三级指标(问卷问题设置)
公共交通	拥堵度	您外出时,通常情况下感觉路上拥堵吗
	便利度	您外出时,通常情况下乘坐公共交通工具(公共汽车、地铁等)感觉方便吗
	舒适度	您出门乘坐公共交通工具(公共汽车、地铁等)通常觉得拥挤吗
	典型交通问题	您在本城市打车时,等待出租车或网约车的时间一般是多久
	整体满意度	请您对本城市的公共交通情况进行整体评价
公共安全	人身安全	您在您所在城市深夜(0点以后)出门的感受
		您的或您认识的人的孩子是否遭遇过校园欺凌
	食品安全	您如何评价本地的食品安全问题
	信息安全	您或您认识的人是否遇到过个人隐私信息泄露的情况
	灾害防护	请问本城市的政府是否有过应对灾害(地震、火灾、水灾等)的宣传或演练
	整体满意度	请您对本城市的公共安全情况进行整体评价
公共住房	保障房政策	您本人或您认识的人是否享有或了解本城市的保障性住房
	房价调控	您觉得宏观调控政策对您所在城市的房价有影响吗
	整体满意度	请您对本城市的住房保障情况进行整体评价
基础教育	入学	孩子上幼儿园/小学/初中是否需要找关系或变相缴费
	教育资源	孩子上幼儿园/小学/初中是否遇到择校等教育资源不公平的情况
	整体满意度	请您对本城市的基础教育情况进行整体评价
社会保障和就业创业	弱势群体救助	您认为本城市弱势群体(孤寡老人、低收入群体、流浪人群)是否得到了有效救助
	基本养老保险	您对您本人或家人的养老金缴纳情况(比例、金额等)的满意程度
		您对您本人或家人的养老金发放情况(金额、及时性等)的满意程度
	养老服务	您对本城市的养老服务(社区养老、养老院设置等)是否满意
	残疾人服务	您对您所在城市的残疾人设施(盲道、无障碍设施等)的满意程度
	社会保障预期	您对您本人或家人未来的社会保障预期
	整体满意度	请您对本城市的社会保障和就业创业情况进行整体评价
公共信息化服务	网络设施	您所在城市的网络设施情况(网络覆盖、网速、稳定性)如何
	公共服务网络化	您所在城市通过手机办理公共服务(生活缴费、信息查询、证照办理等)的便利程度
	网络通信收费	您认为您所在城市的网络通信收费(宽带、手机资费)情况如何
	整体满意度	您对您所在城市公共服务智慧化程度的总体评价

一级指标	二级指标	三级指标(问卷问题设置)
医疗卫生	医疗费用	您去本城市的公立医院看病,是否感觉有不必要的检查和费用发生
	医疗便利度	请问您去离家最近的公立医院(包括社区医疗卫生中心)的便利程度
	基本医疗保险	您对您本人或家人的基本医疗保险缴费情况(比例、金额等)是否满意
		您对您本人或家人的基本医疗保险报销情况(比例、范围、方便程度等)是否满意
	整体满意度	请您对本城市的医疗卫生情况进行整体评价
城市环境	水环境	城市生活环境满意度评价:自来水水质如何
		城市生活环境满意度评价:河流湖泊水质如何
	绿化	城市生活环境满意度评价:绿化如何
	街道卫生	城市生活环境满意度评价:街道社区卫生如何
	公共厕所	公共厕所情况(便利、卫生)如何
	雾霾治理	您对过去一年本城市的雾霾治理状况是否满意
	整体满意度	请您对本城市的环境情况进行整体评价
公共文化体育	文化设施建设	您周边公共的文化设施或文化场所(图书馆、电影院、剧院等)是否能满足您或家人的日常需求
	体育设施建设	您周边公共的健身设施或体育场所是否能满足您或家人的日常需求
	整体满意度	请您对本城市的体育文化情况进行整体评价
公职服务	简政放权	您认为政府减少行政审批等简政放权的效果如何
	服务效率	您上一次去政府部门办事,同一件事务办理完毕总共跑了几趟
	整体满意度	您对您所在城市公职人员的总体印象
公共服务政策	延迟退休政策	您如何评价延迟退休这一政策改革

注:“公共服务政策”虽未包含在 10 个一级指标中,但对于研究城市基本公共服务具有重要的参考价值,因此在我们的调查问卷中有所涉及。

二 2019年城市基本公共服务满意度评价基本情况

(一)2019年城市基本公共服务满意度评价调查问卷情况

2019 年,城市基本公共服务满意度网络调查共发放问卷 14348 份,回收有效问卷14345份（见表1-2）。课题组根据每个城市常住人口数量确定相应问卷的发放数量，除少数城市因网络调查难度大而样本量偏低外，大部分城市样本量在300份以上。大样本量的调查，对于准确判断不同城市公共服务满意度状况具有重要的参考价值。

表1-2　2019年城市基本公共服务满意度调查问卷有效样本数量及分布

单位：份

城市	数量	城市	数量	城市	数量	城市	数量	城市	数量
北京	881	贵阳	304	拉萨	218	汕头	306	西安	377
长春	306	哈尔滨	301	兰州	304	沈阳	308	西宁	338
长沙	358	海口	307	南昌	307	深圳	819	厦门	320
成都	561	杭州	300	南京	270	石家庄	313	银川	206
重庆	549	合肥	316	南宁	326	太原	318	郑州	343
大连	309	呼和浩特	192	宁波	320	天津	353	珠海	309
福州	323	济南	326	青岛	328	武汉	372		
广州	852	昆明	307	上海	818	乌鲁木齐	280		

（二）2019年38个主要城市基本公共服务满意度评价基本情况

在对14345份问卷统计分析的基础上，计算出2019年全国38个主要城市基本公共服务满意度①排行榜。2019年公共服务满意度排名前十城市为珠海、拉萨、西宁、厦门、兰州、宁波、贵阳、汕头、杭州、大连，其中得分最高的城市珠海，得分为69.81分（见表1-3）。

---

① 2019年城市基本公共服务满意度评价计算方法为通过问卷调查获得主观满意度数据。46个三级指标即问卷中46个评估公共服务满意度题目，下设选项按照从负面态度向正面态度进行排序赋分（问卷中以5分制设置），后统一折合成百分制，辅以各题权重，最终计算每个城市的满意度分值。由于三级指标选取的是反映二级指标的典型问题，但是不能完全涵盖一级指标的内容，基于此，课题组对每个一级指标都设置了"整体满意度"选项，并且在计算中将选题的权重设置为每个一级指标权重的1/2。

表1-3 2019年38个城市基本公共服务满意度排行榜

城市	分值	名次	城市	分值	名次
珠海	69.81	1	昆明	63.68	20
拉萨	69.58	2	福州	63.55	21
西宁	69.34	3	南宁	62.61	22
厦门	68.72	4	乌鲁木齐	62.54	23
兰州	68.40	5	南京	62.49	24
宁波	68.33	6	哈尔滨	62.23	25
贵阳	67.60	7	沈阳	61.81	26
汕头	66.56	8	合肥	61.79	27
杭州	65.54	9	重庆	61.60	28
大连	65.37	10	深圳	61.09	29
银川	65.19	11	北京	60.98	30
南昌	64.77	12	天津	60.87	31
上海	64.68	13	成都	60.67	32
青岛	64.53	14	长沙	60.03	33
海口	64.23	15	石家庄	59.58	34
呼和浩特	64.12	16	广州	59.43	35
济南	64.05	17	武汉	59.20	36
长春	63.93	18	郑州	58.55	37
太原	63.93	19	西安	55.63	38

表1-4 2018年38个城市基本公共服务满意度排行榜

城市	分值	名次	城市	分值	名次
拉萨	68.43	1	重庆	59.45	13
厦门	66.22	2	成都	58.73	14
宁波	64.35	3	长沙	58.58	15
杭州	63.43	4	济南	58.09	16
珠海	62.88	5	北京	57.95	17
青岛	62.69	6	西宁	57.89	18
上海	61.83	7	南宁	57.86	19
深圳	61.55	8	广州	57.62	20
银川	60.40	9	合肥	57.33	21
福州	60.14	10	武汉	57.02	22
乌鲁木齐	60.01	11	海口	56.93	23
天津	59.81	12	沈阳	56.53	24

续表

城市	分值	名次	城市	分值	名次
太原	56.41	25	南昌	54.81	32
石家庄	56.17	26	呼和浩特	53.54	33
大连	55.66	27	长春	53.40	34
贵阳	55.55	28	汕头	53.35	35
南京	55.35	29	兰州	53.02	36
昆明	55.20	30	哈尔滨	52.16	37
郑州	54.88	31	西安	50.65	38

表 1-5　2017 年 38 个城市基本公共服务满意度排行榜

城市	分值	名次	城市	分值	名次
厦门	73.93	1	深圳	63.11	20
珠海	69.02	2	南京	62.91	21
大连	68.35	3	银川	62.87	22
青岛	67.55	4	西安	62.79	23
济南	67.03	5	昆明	62.71	24
西宁	66.96	6	兰州	62.33	25
拉萨	66.10	7	合肥	62.30	26
宁波	65.85	8	天津	61.98	27
长沙	65.81	9	乌鲁木齐	61.84	28
长春	65.12	10	贵阳	61.54	29
重庆	65.08	11	北京	60.89	30
福州	64.83	12	南昌	60.26	31
杭州	64.54	13	南宁	60.09	32
广州	64.45	14	哈尔滨	59.90	33
武汉	63.85	15	太原	59.85	34
海口	63.55	16	汕头	59.13	35
沈阳	63.48	17	郑州	57.89	36
成都	63.45	18	石家庄	57.69	37
上海	63.19	19	呼和浩特	55.93	38

表1-6　2016年38个城市基本公共服务满意度排行榜

城市	分值	名次	城市	分值	名次
青岛	68.35	1	乌鲁木齐	61.75	20
珠海	66.67	2	济南	61.37	21
呼和浩特	66.09	3	杭州	60.57	22
银川	65.87	4	合肥	60.51	23
西宁	65.76	5	厦门	60.49	24
拉萨	64.15	6	大连	60.33	25
福州	63.79	7	北京	60.15	26
长沙	63.78	8	武汉	60.09	27
天津	63.72	9	南宁	59.69	28
宁波	63.65	10	昆明	59.32	29
广州	63.48	11	哈尔滨	59.04	30
上海	63.36	12	石家庄	58.97	31
海口	63.06	13	太原	58.06	32
兰州	62.95	14	南昌	58.05	33
深圳	62.43	15	成都	57.82	34
重庆	62.23	16	长春	57.62	35
西安	62.07	17	贵阳	55.98	36
南京	61.90	18	郑州	55.96	37
沈阳	61.80	19	汕头	55.72	38

表1-7　2015年38个城市基本公共服务满意度排行榜

城市	分值	名次	城市	分值	名次
拉萨	68.91	1	南京	59.40	13
宁波	63.48	2	合肥	59.22	14
厦门	62.26	3	青岛	59.21	15
珠海	62.26	4	杭州	59.12	16
海口	61.84	5	呼和浩特	59.10	17
重庆	61.80	6	济南	58.99	18
大连	61.38	7	北京	58.47	19
上海	61.21	8	福州	58.10	20
昆明	60.44	9	深圳	57.94	21
银川	60.16	10	成都	57.89	22
天津	60.08	11	南宁	57.87	23
乌鲁木齐	59.46	12	西宁	57.74	24

续表

城市	分值	名次	城市	分值	名次
广州	57.68	25	太原	56.38	32
贵阳	57.56	26	长沙	56.15	33
武汉	57.39	27	石家庄	55.97	34
哈尔滨	57.19	28	长春	55.87	35
西安	57.01	29	兰州	54.74	36
沈阳	56.63	30	南昌	54.17	37
汕头	56.48	31	郑州	52.53	38

表1-8 2014年38个城市基本公共服务满意度排行榜

城市	分值	名次	城市	分值	名次
拉萨	66.11	1	哈尔滨	57.50	20
青岛	61.26	2	西宁	57.37	21
上海	61.17	3	合肥	57.08	22
海口	60.63	4	贵阳	56.98	23
宁波	60.23	5	大连	56.46	24
太原	59.97	6	北京	56.44	25
成都	59.46	7	石家庄	56.39	26
厦门	59.40	8	西安	56.29	27
重庆	59.38	9	济南	55.56	28
珠海	59.33	10	深圳	55.48	29
银川	59.28	11	武汉	54.71	30
长沙	59.08	12	昆明	54.59	31
沈阳	59.03	13	广州	53.87	32
南京	58.84	14	郑州	53.83	33
兰州	58.66	15	汕头	53.48	34
天津	58.37	16	南昌	53.35	35
杭州	57.99	17	呼和浩特	53.26	36
长春	57.73	18	南宁	51.35	37
福州	57.71	19	乌鲁木齐	49.06	38

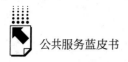

表1-9　2013年38个城市基本公共服务满意度排行榜

城市	分值	名次	城市	分值	名次
拉萨	68.94	1	沈阳	58.71	20
南京	63.75	2	南昌	58.61	21
海口	62.93	3	合肥	57.92	22
厦门	62.75	4	石家庄	57.89	23
长春	61.93	5	太原	57.74	24
宁波	61.63	6	银川	57.53	25
青岛	61.54	7	哈尔滨	57.37	26
西宁	60.83	8	深圳	57.34	27
长沙	60.70	9	珠海	57.04	28
杭州	60.60	10	广州	57.02	29
上海	60.39	11	西安	55.84	30
武汉	60.38	12	南宁	55.56	31
北京	60.27	13	昆明	55.54	32
大连	59.98	14	汕头	55.09	33
贵阳	59.81	15	兰州	54.75	34
呼和浩特	59.54	16	济南	53.95	35
成都	59.24	17	乌鲁木齐	53.74	36
天津	59.18	18	福州	53.65	37
重庆	59.11	19	郑州	52.12	38

表1-10　2012年38个城市基本公共服务满意度排行榜

城市	分值	名次	城市	分值	名次
拉萨	68.89	1	呼和浩特	58.44	20
厦门	66.59	2	昆明	58.35	21
上海	66.30	3	深圳	58.21	22
大连	65.45	4	南宁	58.21	23
宁波	64.86	5	济南	58.17	24
南京	63.94	6	兰州	57.97	25
青岛	63.70	7	贵阳	57.84	26
沈阳	63.66	8	石家庄	57.70	27
杭州	62.54	9	武汉	57.58	28
天津	62.23	10	银川	57.27	29
重庆	60.80	11	合肥	56.84	30
长春	60.47	12	西宁	56.64	31
珠海	60.31	13	乌鲁木齐	56.60	32
北京	60.07	14	西安	56.47	33
福州	59.86	15	哈尔滨	56.17	34
海口	59.35	16	太原	55.77	35
长沙	59.00	17	南昌	55.65	36
成都	58.67	18	郑州	55.19	37
广州	58.58	19	汕头	54.17	38

表1-11　2011年38个城市基本公共服务满意度排行榜

城市	得分	名次	城市	得分	名次
青岛	57.55	1	汕头	54.05	20
北京	57.27	2	济南	53.99	21
宁波	57.10	3	深圳	53.76	22
大连	57.00	4	广州	53.75	23
拉萨	56.87	5	贵阳	53.72	24
珠海	56.85	6	南京	53.65	25
杭州	56.52	7	成都	53.63	26
重庆	56.26	8	上海	53.47	27
厦门	56.25	9	合肥	53.03	28
郑州	55.76	10	昆明	52.93	29
银川	55.71	11	石家庄	52.65	30
海口	55.31	12	兰州	51.95	31
西宁	55.20	13	福州	51.47	32
长春	54.82	14	呼和浩特	51.08	33
哈尔滨	54.71	15	天津	50.87	34
南宁	54.59	16	武汉	50.26	35
沈阳	54.36	17	乌鲁木齐	50.06	36
南昌	54.09	18	西安	49.99	37
长沙	54.07	19	太原	48.53	38

　　通过对表1-3至表1-11这9年调查问卷满意度排行榜对比可以看出，排名前十的城市每年都有一定的变动，基本公共服务满意度排名始终保持在前十的城市有拉萨市和宁波市。

（三）2019年城市基本公共服务满意度单项指标排行榜

1. 2019年与2018年城市基本公共服务基本要素满意度分值

　　城市基本公共服务满意度评价指标体系共涉及十大基本要素，它们分别是公共交通、公共安全、公共住房、基础教育、社会保障和就业创业、医疗卫生、城市环境、公共文化体育、公职服务与公共信息化服务。2019年与2018年城市基本公共服务十项要素的满意度得分如表1-12所示。

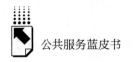

表 1-12　2019 年与 2018 年城市基本公共服务指标满意度得分对比

单位：分

指标分项	2019 年指标满意度	2018 年指标满意度
公共交通	62.17	58.25
公共安全	69.74	64.93
公共住房	50.79	44.11
基础教育	61.44	54.76
社会保障和就业创业	60.18	55.83
医疗卫生	65.65	62.95
城市环境	67.31	65.47
公共文化体育	65.35	55.32
公职服务	67.17	60.82
公共信息化服务	66.26	—

从表 1-12 中的数据可以发现，2019 年公共安全要素的满意度得分最高，为 69.74 分。其次是城市环境要素，得分为 67.31 分。总体来看，2019年公共服务要素得分普遍高于 2018 年，并且公职服务要素满意度得分有较大提升，说明公众对公职服务各领域的满意度有较大提升。具体来看，2019年公共服务基本要素得分超过 60 分的共有 9 项，而 2018 年公共服务基本要素满意度得分超过 60 分的仅有 4 项。其中，公共文化体育得分上升幅度最大，上升 10.03 分；公共住房得分上升 6.68 分，基础教育得分上升 6.68分，公职服务得分上升 6.35 分，三者上升分值接近；城市环境因 2018 年得分较高，2019 年得分上升幅度最小，仅上升 1.84 分。

2. 公共交通、公共安全、公共住房满意度排行榜

表 1-13 反映的是 2019 年全国主要城市的公共交通、公共安全、公共住房三个基本公共服务单项指标的满意度排名。2019 年，公共交通方面，青岛市得分最高，得分为 66.86 分；排名前十的城市依次为青岛、南京、宁波、西宁、上海、杭州、银川、厦门、拉萨、珠海。公共安全满意度排名前十的城市为拉萨、西宁、海口、厦门、乌鲁木齐、兰州、宁波、贵阳、珠海、汕头，排名第 1 的拉萨市得分为 77.70 分。公共住房方面，拉萨、西宁、珠海、南昌、银川、兰州、乌鲁木齐、宁波、大连、呼和浩特

排名前十，各城市公共住房满意度得分普遍很低，其中得分最高的拉萨也仅为59.37分。

表1-13 2019年主要城市公共交通、公共安全、公共住房满意度排行榜

公共交通			公共安全			公共住房		
城市	得分	排名	城市	得分	排名	城市	得分	排名
青岛	66.86	1	拉萨	77.70	1	拉萨	59.37	1
南京	66.13	2	西宁	77.19	2	西宁	58.61	2
宁波	65.99	3	海口	75.51	3	珠海	58.10	3
西宁	65.72	4	厦门	75.40	4	南昌	55.80	4
上海	64.94	5	乌鲁木齐	75.36	5	银川	53.74	5
杭州	64.69	6	兰州	74.95	6	兰州	53.13	6
银川	64.64	7	宁波	74.16	7	乌鲁木齐	52.96	7
厦门	64.60	8	贵阳	73.46	8	宁波	52.86	8
拉萨	64.48	9	珠海	73.33	9	大连	52.80	9
珠海	64.43	10	汕头	73.19	10	呼和浩特	52.42	10
重庆	63.88	11	银川	72.14	11	厦门	52.11	11
天津	63.68	12	大连	71.51	12	济南	52.11	12
成都	63.67	13	长春	70.65	13	重庆	51.91	13
兰州	63.31	14	上海	70.60	14	青岛	51.47	14
大连	63.11	15	杭州	70.37	15	海口	51.30	15
福州	63.01	16	太原	70.06	16	上海	51.25	16
长沙	62.92	17	呼和浩特	70.01	17	长春	51.15	17
合肥	62.86	18	济南	69.98	18	太原	51.14	18
石家庄	62.55	19	南昌	69.88	19	哈尔滨	50.99	19
南宁	62.22	20	昆明	69.71	20	福州	50.98	20
南昌	62.21	21	青岛	69.38	21	沈阳	50.84	21
沈阳	62.09	22	哈尔滨	68.82	22	天津	50.83	22
太原	61.90	23	南京	68.80	23	贵阳	50.00	23
郑州	61.77	24	南宁	68.47	24	石家庄	49.81	24
深圳	61.43	25	福州	68.33	25	汕头	49.67	25
武汉	61.04	26	合肥	67.39	26	长沙	49.07	26
长春	60.87	27	沈阳	67.38	27	南宁	48.64	27
乌鲁木齐	60.84	28	北京	67.38	28	合肥	48.56	28
呼和浩特	59.97	29	重庆	67.04	29	杭州	48.52	29
济南	59.84	30	深圳	67.02	30	昆明	48.51	30

续表

公共交通			公共安全			公共住房		
城市	得分	排名	城市	得分	排名	城市	得分	排名
汕头	59.40	31	成都	66.71	31	北京	48.16	31
西安	59.10	32	天津	65.41	32	南京	47.78	32
北京	58.59	33	石家庄	65.19	33	成都	47.37	33
哈尔滨	58.20	34	广州	64.67	34	郑州	46.93	34
贵阳	58.12	35	长沙	64.50	35	广州	45.85	35
广州	58.04	36	武汉	64.10	36	武汉	45.70	36
昆明	57.89	37	郑州	63.57	37	深圳	45.58	37
海口	57.28	38	西安	60.84	38	西安	43.99	38

3. 基础教育、社会保障和就业创业满意度排行榜

表1-14反映的是2019年全国主要城市的基础教育、社会保障和就业创业的满意度排名。基础教育满意度排名前十的城市为珠海、拉萨、兰州、汕头、贵阳、厦门、宁波、西宁、大连、昆明，排名前两位的珠海、拉萨得分均超过70分，分别为71.27分、70.10分。社会保障和就业创业满意度排名前十的城市依次为拉萨、珠海、兰州、宁波、贵阳、厦门、西宁、汕头、大连、济南，拉萨得分最高，为69.14分。

表1-14　2019年主要城市基础教育、社会保障和就业创业满意度排行榜

基础教育			社会保障和就业创业		
城市	得分	排名	城市	得分	排名
珠海	71.27	1	拉萨	69.14	1
拉萨	70.10	2	珠海	67.77	2
兰州	69.31	3	兰州	67.28	3
汕头	69.26	4	宁波	66.54	4
贵阳	68.78	5	贵阳	66.42	5
厦门	68.77	6	厦门	65.98	6
宁波	68.26	7	西宁	65.66	7
西宁	67.46	8	汕头	64.91	8
大连	65.49	9	大连	62.36	9
昆明	64.92	10	济南	62.08	10

基础教育			社会保障和就业创业		
城市	得分	排名	城市	得分	排名
济南	64.10	11	昆明	61.74	11
太原	63.48	12	乌鲁木齐	61.71	12
青岛	63.18	13	太原	61.67	13
南昌	62.74	14	呼和浩特	61.66	14
福州	62.73	15	南昌	61.55	15
长春	62.41	16	上海	61.40	16
乌鲁木齐	61.91	17	青岛	61.07	17
呼和浩特	61.91	18	杭州	61.04	18
上海	61.13	19	长春	60.69	19
南宁	61.12	20	银川	60.27	20
银川	60.64	21	哈尔滨	60.09	21
杭州	60.35	22	福州	59.06	22
合肥	60.15	23	合肥	58.38	23
哈尔滨	59.96	24	南京	57.78	24
沈阳	59.71	25	北京	57.72	25
海口	59.49	26	南宁	57.55	26
长沙	58.61	27	重庆	56.73	27
天津	57.99	28	沈阳	56.64	28
重庆	57.64	29	深圳	56.60	29
深圳	56.46	30	成都	56.46	30
成都	56.22	31	天津	56.18	31
北京	56.12	32	广州	55.82	32
广州	56.07	33	长沙	55.79	33
南京	56.01	34	石家庄	55.43	34
武汉	55.59	35	海口	55.35	35
石家庄	55.44	36	郑州	54.86	36
郑州	54.88	37	武汉	54.28	37
西安	44.93	38	西安	51.01	38

4. 公共信息化服务、医疗卫生满意度排行榜

公共信息化服务为2019年新增基本公共服务要素，排名前十的城市依次为海口、贵阳、杭州、厦门、西宁、宁波、珠海、上海、兰州、汕头；公共信息化服务得分普遍较高，有7个城市得分在70分以上，排名第1的海

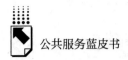

口得分为 71.85 分。2019 年，医疗卫生满意度得分同样较高，有 6 个城市得分在 70 分以上，排名第 1 的城市为兰州，得分为 72.29 分，其他排名前十的城市依次为贵阳、厦门、珠海、拉萨、宁波、汕头、西宁、杭州、上海（见表 1–15）。

表 1–15　2019 年主要城市公共信息化服务、医疗卫生满意度排行榜

公共信息化服务			医疗卫生		
城市	得分	排名	城市	得分	排名
海口	71.85	1	兰州	72.29	1
贵阳	71.73	2	贵阳	71.11	2
杭州	71.48	3	厦门	70.82	3
厦门	71.30	4	珠海	70.75	4
西宁	71.05	5	拉萨	70.72	5
宁波	70.78	6	宁波	70.61	6
珠海	70.72	7	汕头	69.72	7
上海	69.27	8	西宁	69.62	8
兰州	69.22	9	杭州	67.92	9
汕头	68.64	10	上海	67.24	10
南昌	68.09	11	昆明	67.12	11
南京	67.58	12	太原	66.94	12
银川	67.48	13	大连	66.94	13
青岛	67.12	14	济南	66.78	14
大连	66.96	15	青岛	65.97	15
长春	66.85	16	银川	65.95	16
济南	66.71	17	长春	65.93	17
北京	66.18	18	呼和浩特	65.84	18
呼和浩特	66.13	19	哈尔滨	65.50	19
太原	66.11	20	乌鲁木齐	65.15	20
合肥	66.07	21	合肥	64.96	21
昆明	65.65	22	福州	64.76	22
福州	65.64	23	南昌	64.63	23
拉萨	65.55	24	南宁	64.49	24
深圳	65.26	25	北京	64.45	25
南宁	64.62	26	南京	63.88	26
哈尔滨	64.36	27	沈阳	63.75	27

公共信息化服务			医疗卫生		
城市	得分	排名	城市	得分	排名
成都	63.94	28	广州	63.25	28
沈阳	63.89	29	深圳	63.24	29
广州	63.70	30	重庆	63.05	30
天津	63.55	31	天津	63.00	31
重庆	63.29	32	成都	62.94	32
长沙	62.77	33	武汉	62.77	33
武汉	62.62	34	石家庄	62.40	34
郑州	61.91	35	长沙	61.67	35
石家庄	61.53	36	郑州	61.19	36
西安	59.88	37	西安	59.17	37
乌鲁木齐	58.40	38	海口	58.30	38

5. 城市环境、公共文化体育、公职服务满意度排行榜

表1-16是2019年全国主要城市城市环境、公共文化体育、公职服务满意度排名和得分情况。2019年城市环境得分较高，有8个城市得分在70分以上，排名第1的拉萨市得分为76.88分，其他排名前十的城市依次为厦门、珠海、贵阳、杭州、西宁、宁波、兰州、南宁、汕头。公共文化体育得分较高，有7个城市得分超过70分，其中珠海市得分最高，为71.70分，其他排名前十的城市依次为海口、贵阳、厦门、兰州、宁波、拉萨、汕头、西宁、大连。公职服务满意度得分较高，有13个城市得分超过70分，排名第1的西宁市得分为77.35分，其他排名前十的城市依次为珠海、海口、南昌、银川、兰州、厦门、宁波、贵阳、呼和浩特。

表1-16 2019年主要城市城市环境、公共文化体育、公职服务满意度排行榜

城市环境			公共文化体育			公职服务		
城市	得分	排名	城市	得分	排名	城市	得分	排名
拉萨	76.88	1	珠海	71.70	1	西宁	77.35	1
厦门	74.60	2	海口	71.50	2	珠海	76.68	2
珠海	73.40	3	贵阳	71.38	3	海口	76.54	3

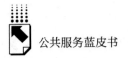

续表

城市环境			公共文化体育			公职服务		
城市	得分	排名	城市	得分	排名	城市	得分	排名
贵阳	72.90	4	厦门	71.36	4	南昌	73.07	4
杭州	72.47	5	兰州	71.06	5	银川	72.84	5
西宁	71.92	6	宁波	70.42	6	兰州	72.45	6
宁波	71.59	7	拉萨	70.16	7	厦门	72.29	7
兰州	70.93	8	汕头	69.45	8	宁波	72.12	8
南宁	69.86	9	西宁	68.86	9	贵阳	72.08	9
汕头	69.74	10	大连	67.51	10	呼和浩特	72.04	10
昆明	69.67	11	杭州	67.37	11	拉萨	71.67	11
上海	68.93	12	上海	67.30	12	汕头	71.58	12
南京	68.91	13	长春	66.17	13	杭州	71.18	13
福州	68.89	14	青岛	66.05	14	长春	69.14	14
深圳	68.75	15	沈阳	66.00	15	大连	69.08	15
重庆	68.73	16	银川	65.94	16	济南	68.94	16
青岛	68.69	17	南宁	65.61	17	太原	67.95	17
银川	68.20	18	太原	65.58	18	福州	67.39	18
大连	67.90	19	呼和浩特	64.84	19	昆明	66.74	19
呼和浩特	66.39	20	昆明	64.83	20	哈尔滨	66.49	20
成都	66.37	21	南京	64.74	21	青岛	65.50	21
济南	65.88	22	福州	64.67	22	上海	64.75	22
长春	65.46	23	南昌	64.60	23	沈阳	64.38	23
乌鲁木齐	65.41	24	哈尔滨	64.29	24	合肥	64.06	24
海口	65.16	25	济南	64.13	25	深圳	63.82	25
南昌	65.13	26	北京	64.12	26	南宁	63.46	26
太原	64.49	27	天津	62.99	27	南京	63.29	27
广州	64.21	28	重庆	62.72	28	北京	62.92	28
北京	64.14	29	深圳	62.71	29	武汉	62.60	29
长沙	63.85	30	成都	62.64	30	长沙	61.80	30
天津	63.80	31	合肥	62.19	31	乌鲁木齐	61.75	31
哈尔滨	63.62	32	乌鲁木齐	61.94	32	石家庄	61.59	32
沈阳	63.42	33	广州	61.14	33	广州	61.54	33
合肥	63.31	34	武汉	61.08	34	天津	61.24	34
武汉	62.26	35	石家庄	60.47	35	重庆	61.03	35
石家庄	61.42	36	长沙	59.36	36	郑州	60.47	36
郑州	61.28	37	郑州	58.61	37	成都	60.40	37
西安	59.35	38	西安	57.96	38	西安	60.11	38

三 基于评估工具的深入分析

（一）GDP 对基本公共服务满意度杠杆指数评估

GDP 对基本公共服务满意度杠杆指数，旨在考察 GDP 和公共服务满意度之间的关系，以提高公共服务投入的有效性，即以少量的 GDP 获得更高的社会满意度和幸福指数，破除唯 GDP 论的发展观念，促进经济与社会协调发展。GDP 对基本公共服务满意度杠杆指数是通过模型"满意度得分/ln（GDP 值）"得出。[①]

GDP 对基本公共服务满意度杠杆指数 = 满意度得分/ln（GDP 值）

GDP 对基本公共服务满意度杠杆指数值越高，表明在一定的 GDP 水平下，城市公共服务满意度越高，经济发展水平与社会发展的协调性越好（见表 1 - 17）。

表 1 - 17　2019 年与 2018 年 GDP 对基本公共服务满意度杠杆指数数据

城市	2019 年指数	2019 年指数排名	2018 年指数	2018 年指数排名
拉萨	4.488	1	4.456	1
西宁	4.236	2	3.536	5
珠海	4.099	3	3.692	3
兰州	3.994	4	3.116	26
汕头	3.906	5	3.143	21
银川	3.889	6	3.615	4
厦门	3.886	7	3.768	2
海口	3.885	8	3.461	8
贵阳	3.873	9	3.197	16
呼和浩特	3.731	10	3.099	28

①　因为满意度得分是百分制，与城市 GDP 值在量纲上差距较大，为了消除这种差距，在不影响模型结果的情况下，我们采用计量上常用的取对数的方法对 GDP 值进行处理。

续表

城市	2019 年指数	2019 年指数排名	2018 年指数	2018 年指数排名
宁波	3.695	11	3.496	7
太原	3.658	12	3.264	13
南昌	3.643	13	3.092	29
乌鲁木齐	3.626	14	3.504	6
大连	3.600	15	3.073	30
昆明	3.584	16	3.119	25
南宁	3.575	17	3.297	12
长春	3.534	18	2.965	36
济南	3.523	19	3.209	14
杭州	3.501	20	3.401	9
福州	3.495	21	3.326	11
青岛	3.469	22	3.382	10
哈尔滨	3.465	23	2.897	37
沈阳	3.442	24	3.160	20
合肥	3.400	25	3.169	18
南京	3.347	26	2.979	35
石家庄	3.324	27	3.121	24
上海	3.299	28	3.167	19
长沙	3.242	29	3.177	17
重庆	3.220	30	3.114	27
成都	3.219	31	3.133	23
天津	3.195	32	3.141	22
郑州	3.176	33	2.996	33
深圳	3.164	34	3.201	15
武汉	3.146	35	3.047	31
北京	3.122	36	2.980	34
广州	3.088	37	3.003	32
西安	3.050	38	2.794	38

2019 年，本书项目组沿用 GDP 对基本公共服务满意度杠杆指数。表1-17和图1-1反映了2019 年与2018 年 GDP 对基本公共服务满意度杠杆指数的变化情况。

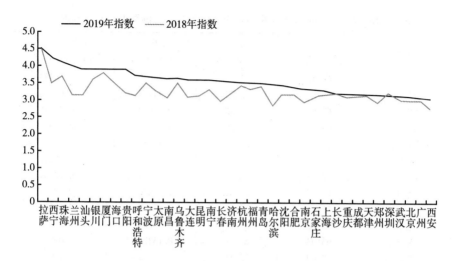

图 1-1 2019 年与 2018 年 GDP 对基本公共服务满意度杠杆指数数据

如表 1-17 和图 1-1 所示，2019 年，拉萨市 GDP 对基本公共服务满意度杠杆指数最高，为 4.488，继续保持第 1 位。2019 年，全国 38 个主要城市 GDP 对基本公共服务满意度杠杆指数平均得分为 3.547，高于 2018 年的 3.244，低于 2017 年的 3.559。这是由于 2019 年城市基本公共服务满意度得分高于 2018 年，低于 2017 年。在 38 个主要城市中，有 17 个城市 GDP 对基本公共服务满意度杠杆指数高于平均数。

（二）城市基本公共服务满意度上升指数评估

城市基本公共服务满意度上升指数，表示某城市的公共服务满意度得分相对于上一年的上升幅度。①

某个城市的基本公共服务满意度上升指数越高，表明该城市公共服务满意度进步越大，提升越快。各城市上升指数的变化情况也能很好地反映出当地政府基本公共服务投入的持续性与有效性。

---

① 城市基本公共服务满意度上升指数通过"（当年城市公共服务满意度得分－上一年城市公共服务满意度得分）／上一年城市公共服务满意度得分"得出。

表 1 - 18　2019 年与 2018 年主要城市基本公共服务满意度上升指数情况

城市	2019 年满意度分值	2018 年满意度分值	2019 年城市上升指数	2018 年城市上升指数
兰州	68.40	53.02	0.29009	-0.14939
汕头	66.56	53.35	0.24754	-0.09776
贵阳	67.60	55.55	0.21689	-0.09736
西宁	69.34	57.89	0.19790	-0.13554
呼和浩特	64.12	53.54	0.19761	-0.04264
长春	63.93	53.40	0.19727	-0.18001
哈尔滨	62.23	52.16	0.19317	-0.12923
南昌	64.77	54.81	0.18176	-0.09046
大连	65.37	55.66	0.17437	-0.18565
昆明	63.68	55.20	0.15367	-0.11979
太原	63.93	56.41	0.13328	-0.05738
南京	62.49	55.35	0.12892	-0.12007
海口	64.23	56.93	0.12828	-0.10431
珠海	69.81	62.88	0.11021	-0.08897
济南	64.05	58.09	0.10272	-0.13335
西安	55.63	50.65	0.09844	-0.19338
沈阳	61.81	56.53	0.09342	-0.10950
南宁	62.61	57.86	0.08198	-0.03706
银川	65.19	60.40	0.07917	-0.03919
合肥	61.79	57.33	0.07787	-0.07973
郑州	58.55	54.88	0.06677	-0.05203
宁波	68.33	64.35	0.06193	-0.02286
石家庄	59.58	56.17	0.06067	-0.02631
福州	63.55	60.14	0.05669	-0.07239
北京	60.98	57.95	0.05219	-0.04828
上海	64.68	61.83	0.04617	-0.02166
乌鲁木齐	62.54	60.01	0.04224	-0.02956
武汉	59.20	57.02	0.03836	-0.10707
厦门	68.72	66.22	0.03778	-0.10425
重庆	61.60	59.45	0.03631	-0.08657
杭州	65.54	63.43	0.03324	-0.01723
成都	60.67	58.73	0.03303	-0.07442
广州	59.43	57.62	0.03143	-0.10605
青岛	64.53	62.69	0.02930	-0.07200
长沙	60.03	58.58	0.02482	-0.10985
天津	60.87	59.81	0.01775	-0.03511
拉萨	69.58	68.43	0.01673	0.03524
深圳	61.09	61.55	-0.00746	-0.02480

从表 1 – 18 可以看出，2019 年，与基本公共服务满意度得分提高相一致，38 个主要城市基本公共服务满意度上升指数与上年相比有明显上升，除深圳市为负值外，其他城市均为正值。兰州市满意度上升指数提升最大，为 0.29009。需要说明的是，2018 年和 2019 年，课题组均优化了城市基本公共服务调查问卷满意度的评估指标体系，对问卷做了部分微调，从 2018 年开始，将地面问卷调查改为网络问卷调查，因此，从历年比较来看，2018 年和 2019 年的城市基本公共服务满意度上升指数仅供参考。

（三）基本公共服务要素发展指数评估

基本公共服务要素发展指数表示公共服务要素满意度得分相对于上一年的上升幅度，主要用来反映各个城市基本公共服务各要素的发展情况。①

从表 1 – 19 和图 1 – 2 可以看出，2019 年各项基本公共服务要素发展指数均为正值，公共文化体育要素发展指数最高，得分为 0.181；其次是公共住房、基础教育、公职服务，发展指数值分别为 0.152、0.122、0.104，其他基本公共服务要素发展指数也均为正值。

表 1 – 19 2019 年主要城市基本公共服务要素发展指数

指标	2019 年满意度分值	2018 年满意度分值	2019 年要素发展指数	2018 年要素发展指数
公共交通	62.17	58.25	0.06717	-0.05019
公共安全	69.74	64.93	0.07407	-0.04604
公共住房	50.79	44.11	0.15154	-0.24196
基础教育	61.44	54.76	0.12187	-0.12134
社会保障和就业创业	60.18	55.83	0.07785	-0.13978
医疗卫生	65.65	62.95	0.04301	-0.02690
城市环境	67.31	65.47	0.02819	0.01900
公共文化体育	65.35	55.32	0.18129	-0.13902
公职服务	67.17	60.82	0.10440	-0.05875
公共信息化服务	66.26			

---

① 基本公共服务要素发展指数是通过"（当年要素满意度得分 – 上一年要素满意度得分）/上一年要素满意度得分"得出。

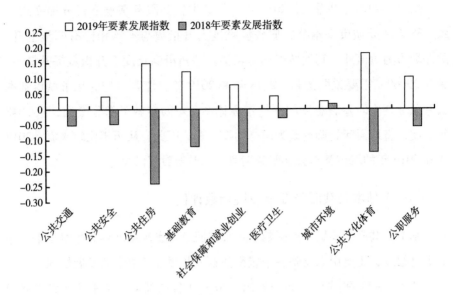

图1-2　2019年与2018年主要城市基本公共服务要素发展指数

同样需要说明的是，2018年和2019年，课题组均优化了城市基本公共服务调查问卷满意度评估指标体系，对问卷做了部分微调，从2018年开始，将地面问卷调查改为网络问卷调查，因此，从历年比较来看，2018年和2019年的城市基本公共服务满意度上升指数仅供参考。

四　研究结论及政策建议

综观2011~2019年38个主要城市基本公共服务各要素满意度可以发现，2019年38个主要城市基本公共服务满意度平均得分为63.61分，较2018年的58.05分有大幅提升，略高于2017年的63.37分（见图1-3）。公共住房满意度波动幅度最大，其他基本公共服务要素满意度均有不同程度的波动，波动幅度相对较小（见图1-4）。从各个城市来看，38个城市的基本公共服务满意度也都有不同程度的波动（见图1-5）。

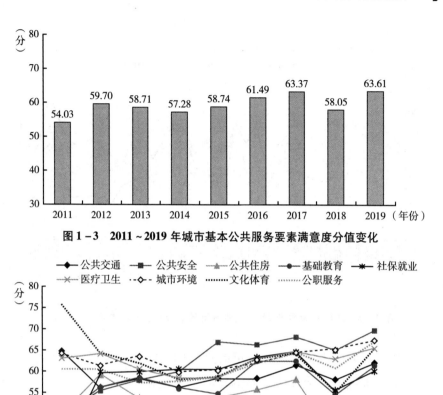

图1-3 2011~2019年城市基本公共服务要素满意度分值变化

图1-4 2011~2019年城市基本公共服务要素满意度变化情况

　　为贯彻落实党的十九大关于"提高保障和改善民生水平，加强和创新社会治理"和十九届四中全会关于"坚持和完善统筹城乡的民生保障制度"等相关精神的要求，促进城市基本公共服务的发展，促进社会建设，结合2019年城市基本公共服务满意度评价情况，本报告提出以下政策建议。

（一）以建成更加成熟定型的基本公共服务制度体系为方向，坚持和完善统筹城乡的基本公共服务制度，推动基本公共服务制度体系现代化

　　基本公共服务制度体系现代化是国家治理体系现代化的题中应有之

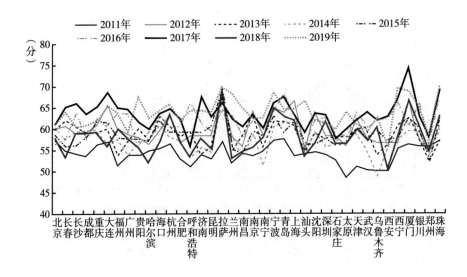

图1-5 2011~2019年38个主要城市基本公共服务满意度变化情况

义。党的十九大明确全面深化改革的总目标是完善和发展中国特色社会主义制度，推进国家治理体系和治理能力现代化。当前，我国已建立起包括基本公共教育等九个领域覆盖全民的国家基本公共服务制度体系，但同时，仍然存在部分基本公共服务制度不健全、制度分割和碎片化、制度仍未定型等问题，公共服务中政府"错位""越位""缺位"现象和市场化不足与过渡市场化现象同时存在，而这些问题也是基本公共服务满意度不高的重要影响因素。党的十九届四中全会明确提出"坚持和完善统筹城乡的民生保障制度"。基本公共服务是最基本的民生。新时代，要贯彻落实党的十九大"推进国家治理体系和治理能力现代化"的精神和要求，以推动中国特色社会主义制度更加成熟、更加定型为目标，坚持和完善统筹城乡的基本公共服务制度，构建公共服务供给的社会参与机制，完善公共服务型财政体系，健全基本公共服务均等化的体制机制，完善基本公共服务的监管和绩效评估制度，推动基本公共服务制度体系现代化。

（二）以解决社会主要矛盾为目标，着力解决基本公共服务不平衡不充分问题，努力保基本补短板，实现基本公共服务均等化

调查显示，基本公共服务要素满意度得分高低不一，与基本公共服务要素的非均衡发展和人民对基本公共服务各要素的期望等因素相关。表1-20是2011~2019年基本公共服务要素满意度得分情况。从年平均得分来看，公共信息化服务得分最高，为66.26分；城市环境排第2位，年平均得分为63.21分；公共文化体育排第3位，年平均得分为62.92分；医疗卫生排第4位，年平均得分为62.31分；公共安全排第5位，年平均得分为62.10分；公职服务排第6位，年平均得分为60.96分；公共交通排第7位，年平均得分为59.26分；社会保障和就业创业排第8位，年平均得分为58.43分；基础教育排第9位，年平均得分为57.32分；公共住房排第10位，年平均得分为52.85分，得分最高的公共信息化服务与公共住房相差达13.41分。党的十九大报告明确提出我国社会主要矛盾已经转化为人民日益增长的美好生活需要和不平衡不充分的发展之间的矛盾。新时代，要以解决社会主要矛盾为目标，发挥政府作用保基本，加快补齐民生短板，加大城市困难群众住房保障工作力度，有效解决进城务工人员子女上学难问题，突出抓好重点群体就业工作，兜住基本生活底线，注重普惠性、基础性、兜底性，逐步实现基本公共服务各要素均等化。

表1-20　2011~2019年10大基本公共服务要素满意度得分

单位：分

年份	2011	2012	2013	2014	2015	2016	2017	2018	2019	均值
公共信息化服务									66.26	66.26
城市环境	64.23	61.39	63.65	60.01	60.52	62.05	64.25	65.47	67.31	63.21
公共文化体育	75.89	64.26	61.91	58.01	58.74	62.51	64.26	55.32	65.35	62.92
医疗卫生	63.17	64.32	60.48	58.24	58.25	63.04	64.69	62.95	65.65	62.31
公共安全	49.7	55.49	58.08	59.72	66.91	66.22	68.07	64.93	69.74	62.10
公职服务	60.35	60.52	57.27	57.49	58.52	61.89	64.61	60.82	67.17	60.96
公共交通	65.34	56.07	57.88	56.07	58.18	58.06	61.33	58.25	62.17	59.26
社会保障和就业创业	40.94	59.49	60.07	60.49	60.57	63.41	64.9	55.83	60.18	58.43
基础教育	49.02	56.41	58.31	56.31	54.69	62.66	62.32	54.76	61.44	57.32
公共住房	49.79	59.16	53.61	50.48	53.83	55.72	58.18	44.11	50.79	52.85

（三）推进公共服务供给侧结构性改革，构建公共服务供给的社会参与机制，提高公共服务数量、质量和效率，实现基本公共服务效能最大化

基本公共服务的数量、质量和效率是影响基本公共服务满意度的重要影响因素。2011 年以来，城市基本公共服务评价满意度得分总体呈上升趋势，从 38 个主要城市基本公共服务满意度得分情况来看，2011 年得分最低，2019 年得分最高，总体得分从 2011 年的 54.03 分逐步提高到 2019 年的 63.61 分（见图 1 - 3），但总体得分仍然偏低。政府在公共服务上投入了大量人力、物力和财力，但公共服务投入的增长并没有带来满意度的大幅提升。其原因主要有：公共服务领域仍然存在供给总量不足，供给不平衡不充分特别是有效供给不足，供给质量和效率不高，政府公共服务能力和资源有限，面对公众日益增长的多元化公共服务需求心有余而力不足。新时代，要按照《中共中央关于制定国民经济和社会发展第十三个五年规划纲要》的精神，"以供给侧结构性改革为主线，扩大有效供给，满足有效需求"，从增加供给总量、提高供给质量和效率出发，用改革的办法推进结构调整，既要加大政府公共服务投入，提高政府公共服务能力，又要构建公共服务供给的社会参与机制，通过政府购买公共服务的方式，发挥社会组织、机构和企业在公共服务生产中的积极作用，改善公共服务数量、质量和效率，满足居民日益增长的多样化公共服务需求，实现基本公共服务效能最大化。

（四）加快推动区块链技术和公共服务创新发展，积极探索"区块链＋"在基本公共服务领域的运用，提高基本公共服务的智能化、便利化、科学化、精细化水平

区块链对于提升城市公共服务的智能化、便利化、科学化、精细化水平，推进城市治理体系和治理能力现代化大有可为。习近平总书记指出，

"区块链技术的集成应用在新的技术革新和产业变革中起着重要作用"，他要求"把区块链作为核心技术自主创新的重要突破口"，"加快推动区块链技术和产业创新发展"，"探索'区块链+'在民生领域的运用"。^① 这一重要讲话，为推进"区块链+"基本公共服务的发展指明了方向。从科技层面来看，区块链涉及数学、密码学、互联网和计算机编程等很多科学技术问题。从应用视角来看，简单来说，区块链是一个分布式的共享账本和数据库，具有去中心化、不可篡改、全程留痕、可以追溯、集体维护、公开透明等特点。这些特点保证了区块链的"诚实"与"透明"，为区块链创造信任奠定基础。^② 新时代，要积极探索"区块链+"在公共服务领域的运用，围绕身份验证、鉴证确权、信息共享以及透明政府等应用方向，积极推动区块链技术在教育、就业、养老、精准脱贫、医疗健康、商品防伪、食品安全、公益、社会救助等领域的应用，在努力推动公共服务数据共享、实现公共服务共同参与、提升公共服务政府监管等效能的同时，为人民群众提供更加智能、更加便捷、更加优质的公共服务。

（五）建立法定的公共服务政策出台的智库咨询论证机制，积极发挥智库在公共服务改革、决策和管理评估中的积极作用

我国基本公共服务部分要素满意度不高，根本原因在于相关制度政策仍有待完善，而相关制度政策不够完善又与我国基本公共服务领域政策制定的咨询论证机制不完善，没有积极发挥相关智库的决策咨询论证作用紧密相关。西方发达国家十分重视发挥智库在公共政策决策中的积极作用。在美国，决策咨询已被列入决策过程的法定程序。政府在政策制定过程中必须有咨询论证这个环节，政府具体项目的论证和操作也要有相关的咨询报告。在我国全面深化改革和公共服务加快发展的新时期，积极发挥智库在公共政策制定中的作用显得尤其重要和迫切。建议积极发挥智库在公共服务改革、决

---

① 《把区块链作为核心技术自主创新重要突破口　加快推动区块链技术和产业创新发展》，《人民日报》2019年10月26日，第1版。

② 李拯：《区块链，换道超车的突破口》，《人民日报》2019年11月4日，第5版。

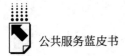

策和管理评估中的积极作用。建立法定的公共服务政策出台的智库咨询论证机制，努力使智库的调查研究及其专家的咨询论证成为公共服务政策和决策出台的法定程序，如果没有智库的调研和论证，公共服务方面的公共政策不得出台，重大公共服务项目不得实施。

大数据分析报告

Big Data Analysis Report

B.2

城市基本公共服务热点问题
大数据分析报告*

摘　要：　本报告参考腾讯指数2018年10月至2019年10月间的社会热点舆情数据库，基于整个数据库上万起政务热点舆情事件的全网传播量，筛选出50个传播总量超过10万条的热门案例，归纳总结2019年分布在医疗、食品安全、营商环境、城市环境、公共安全、社保就业、收入分配、教育等公共服务领域公众最为关注的八大热点问题。借助腾讯舆情大数据技术对相关领域典型案例进行深入分析，报告力图呈现当前城市基本公共服务存在的问题和不足，并梳理出各领域专家对有关政府部门提升公共服务力的政策建议：在公共医疗领域，科研伦理与药品监管话题成为讨论新焦点，舆论建议完善伦理委员会

---

* 执笔：崔斌、钟杏梅、潘宇峰、陈宁等；统稿：钟君、刘志昌、刘须宽。

追责机制，兼顾药品监管制裁与赔偿，持续推进健康乡村建设；在食品安全领域，非洲猪瘟与猪肉涨价、校园食品安全话题高热，舆论建议通过利用新兴技术、明确党政同责、建立全链条监督、扩大责任领域等举措，提高食品安全水平；在营商环境领域，企业服务规范完善、效能提高受高度关注，舆论建议提高地方立法适用性，促进政务信息化建设，促进政府信息互认共享，加强服务人员监督管理；在环境治理领域，垃圾分类、整治不规范地名成为年热门话题，舆论建议以纳入"情感性治理"、引入第三方评价、推动智慧城市建设等机制调整，推进城市治理精细化、法治化、体系化、现代化；在公共安全领域，江苏响水爆炸事故、无锡高架桥面侧翻事故引广泛关注，舆论建议在治理中提升公众认同感与参与感，在管理中健全法律体系与监督应对机制；在社保就业领域，"996"工作制与"裁员潮"引焦虑，舆论热议就业形势与劳动者地位话题，专家建议做好经济稳增长、破解结构性就业矛盾、引进"双师型教师"等工作；在收入分配领域，个税 App 上线、普惠性减税政策落实受高度点赞与支持，舆论建议加强个税起征点地区弹性，解决地税机构合并遗留问题，强化地方政府预算支出约束；在公共教育领域，学术造假、违规招生、区域教育公平等话题讨论贯穿全年，舆论建议通过建立沟通机制、确立连带责任等打击学术不端行为，通过均衡公办学校办学质量、规范民办教育发展等方式提升公共教育水平。

关键词： 城市基本公共服务　社会热点问题　大数据舆情

一　公共医疗服务热点问题：科研伦理与药品监管

医疗问题关系国计民生，是老百姓最为关心的议题之一。近年来，虽然国家出台诸多政策，但并没有完全解决民众的看病难题。2019年，在看病难、看病贵等常规讨论之外，医疗领域的科研伦理与药品监管话题引发持续关注。其中，南方科技大学副教授贺建奎的基因编辑婴儿实验引发全球舆论热议科研伦理问题，上海新兴免疫球蛋白疑染艾滋、多地疑现过期疫苗等事件再度引发舆论追问国家药品安全监管。2019年2月26日，国家卫生健康委员会公布《生物医学新技术临床应用管理条例（征求意见稿）》，要求医疗机构必须经行政主管部门批准方可从事生物医学新技术临床研究和转化应用，此外，包括基因编辑技术在内的高风险研究项目，也应由国务院卫生部门审批。2019年6月29日，《中华人民共和国疫苗管理法》经十三届全国人大常委会第十一次会议表决通过，并于2019年12月1日起施行，从国家战略高度对疫苗全方位进行最严监管。面对医疗卫生领域公众关切的问题，国家有关部门从立法、政策的高度做出有力回应，受到公众的高度认可。

1. 典型案例

案例1 世界首例免疫艾滋病的基因编辑婴儿在中国诞生

2018年11月26日，人民网发布《世界首例免疫艾滋病的基因编辑婴儿在中国诞生》称，南方科技大学副教授贺建奎宣布，他的团队将基因编辑技术用于人类受精卵并植入母亲子宫，"11月，中国健康诞生一对名为露露和娜娜的基因编辑婴儿。因为修改过她们的一个基因，所以她们具有先天抵抗艾滋病的能力"。该消息迅速引发舆论持续围绕基因编辑带来的伦理问题、医学风险、监管立法等方面展开讨论，完善立法堵上漏洞、问责事件有关单位和个人成舆论普遍呼吁（见图2-1）。

新华社、《北京商报》、观察者网等媒体报道，2019年1月21日，广东省"基因编辑婴儿事件"调查组表示，目前已初步查明，该事件系南方科技大学副教授贺建奎为追求个人名利，自行筹款，蓄意逃避监管，私自组织有关人员，进行国家明确禁止的以生殖为目的的人类胚胎基因编辑活动。此后，贺建奎被南方科技大学开除。

国家卫健委官网、《新京报》、搜狐网等媒体报道，2019年2月26日，国家卫生健康委员会公布《生物医学新技术临床应用管理条例（征求意见稿）》，拟要求医疗机构必须经行政主管部门批准方可从事生物医学新技术临床研究和转化应用，此外，包括基因编辑技术在内的高风险研究项目，也应由国务院卫生部门审批。

2019年12月30日，"基因编辑婴儿"案在深圳市南山区人民法院一审公开宣判。贺建奎、张仁礼、覃金洲3名被告人因共同非法实施以生殖为目的的人类胚胎基因编辑和生殖医疗活动，构成非法行医罪，分别被依法追究刑事责任。其中，被告人贺建奎被判处有期徒刑三年，并处罚金人民币300万元。① 此事所引发的科研伦理议题给公众留下深刻印象，更时刻提醒政府部门需加强医疗卫生领域的科研伦理监管和审批。

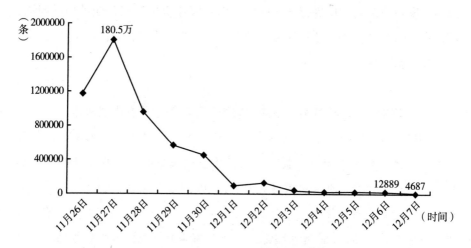

图2-1 2018年11月26日~12月7日世界首例免疫艾滋病的基因
编辑婴儿中国诞生舆情走势

案例2 上海新兴人免疫球蛋白艾滋病抗体呈阳性被停用

《每日经济新闻》、中国新闻网等媒体报道，2019年2月5日，国家药监局接到国家卫生健康委通报，上海新兴医药股份有限公司所生产的批号为20180610Z的静注人免疫球蛋白被发现为艾滋病抗体阳性，消息一经曝光便

①《"基因编辑婴儿"案一审宣判》，《人民日报》2019年12月31日。

引发舆论热议（见图2－2）。当日，国家药监局、国家卫生健康委立即发出关于做好上海新兴医药股份有限公司相关批号静注人免疫球蛋白有关问题处置工作的通知，并派督导检查组分别抵达上海和江西，督促指导地方药监部门开展调查处置工作。

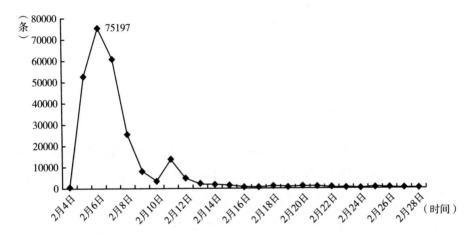

**图2－2　2019年2月4～28日上海新兴人免疫球蛋白因艾滋病
抗体呈阳性被停用传播趋势**

2月6日晚，人民日报微博发表微评称，"保障药品安全关乎道德，更关乎法律，是民生工程，也是民心工程。人命关天，天大之事，确保每一种药、每一粒药万无一失。对人民负责，制药企业须存敬畏，监管部门严防严管严控，不让任何一道防线被洞穿"。中国经济网、中国新闻网、搜狐网等媒体报道，2月7日，国家药监局公布结果，表示已对上海新兴医药股份有限公司生产的涉事批次静注人免疫球蛋白进行艾滋病、乙肝、丙肝三种病毒核酸检测，结果均为阴性。舆论聚焦"问题疫苗"感染艾滋病风险，认为多起"问题疫苗"事件引发社会不安情绪扩散，暴露监管机制失灵。

案例3　江苏、河北、四川多地现涉疫苗安全类热点事件

在2018年上半年长春长生问题疫苗事件大背景下，2019年多批次疫苗混用导致婴幼儿接种过期疫苗、社区医院打错疫苗等问题被中国新闻网、央视网、

观察者网等媒体频繁曝光，舆论再次呼吁建立更严格的疫苗安全监管长效机制。2019 年 1 月以来，多起涉疫苗安全事件引发舆论高度关注，具体见表 2-1。

表 2-1　2019 年以来涉疫苗安全类热点事件典型案例

序号	日期	事件	热度
1	2019/1/7	江苏金湖过期疫苗事件	83.8 万
2	2019/1/31	石家庄疫苗调包事件	31.4 万
3	2019/2/5	上海新兴免疫球蛋白事件	21.4 万
4	2019/4/29	海南博鳌银丰医院涉假 HPV 疫苗案	15 万
5	2019/5/4	香港诊所被曝给内地客人打水货 HPV 疫苗	15.1 万
6	2019/8/26	网曝四川青川儿童被注射过期疫苗	26.4 万

腾讯指数大数据分析显示，网民对公共医疗卫生类话题的情感倾向以中性为主，相关占比约为 43%。持中性态度的网民以关注热点事件进展、建议相关部门对涉事企业、部门开展深入全面调查等为主。正面情感相关占比约为 34%，主要以肯定医疗服务水平提升，对涉事部门及时披露事件真相、启动问责程序等给予支持等观点为主。负面情感相关占比约为 23%，主要体现在不满监管缺失、处罚过轻，以及担忧调查不了了之、医药安全缺乏保障等为主（见图 2-3）。

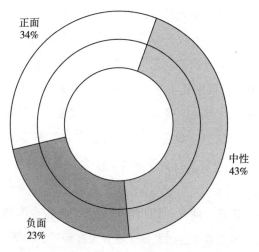

图 2-3　涉公共医疗卫生话题网民立场占比

038

统计周期内，有关"公共医疗卫生"相关话题受到舆论高度关注，腾讯指数大数据分析显示，"医疗卫生""科研伦理""问题疫苗""假药"等成为舆论高频词，反映出舆论对公共医疗卫生热点问题的高度关注。此外，"垄断经营""管理混乱""疫苗管理法"等词也较为高频，反映出当前公共医疗卫生乱象及管理疏漏，较多网民对即将施行的《中华人民共和国疫苗管理法》表示期待。

2. 问题与风险

在公共医疗卫生有关话题中，舆论主要关心以下几个问题。

一是医学科研伦理治理体制和运行监管机制不够完善，基因编辑婴儿等涉科研伦理审查相关程序、法律监管不到位。央视网报道称，温州医科大学讲师、浙江嘉瑞成律师事务所兼职律师、温州医科大学附属第一医院医学伦理委员会委员方耀称，《人胚胎干细胞研究伦理指导原则》没有关于法律责任的规定。原卫计委 2016 年发布的《涉及人的生物医学研究伦理审查办法》有关于法律责任的规定，只能处罚医生和医疗机构，对于高校教师却鞭长莫及。

二是疫苗安全监管存在管理失当、基层卫生院经费和人员缺失等问题。南方新闻网、央视网、《中国财经时报》等媒体报道称，2018 年以来，我国发生多起疫苗管理与接种事故，诸如疫苗运送冷链缺失、接受地储存条件不达标、疫苗失效与疫苗不良反应等严重问题，暴露出在现有模式下疫苗接种管理的一些漏洞，有关部门思想麻痹、管理混乱、玩忽职守、监管失灵等。疫苗专家陶黎纳分析称，接种过期疫苗与制药公司的利润之间并无关联，金湖县过期疫苗事件的发生是因为医院管理混乱。此外，大多数基层卫生院难以平衡盈利与公益的关系。基层卫生院既有生存压力，又承担着繁重的公共卫生服务任务。疫苗接种所属的基层防疫工作恰恰是基层卫生服务系统的边缘性工作，但其疫苗经费普遍不足，专业从业人员缺失。

三是公共医疗服务领域热点事件时有曝光，官方调查结果一旦不符合常理，政府公信力必遭受质疑。随着民众意识的觉醒，政府回应过急过缓、调查结果未针对争议点均受到民众的指责。同时，民众会担忧地方政府刻意降低事件敏感度而大事化小、小事化无。

3. 对策建议

针对公共医疗卫生管理中存在的问题,舆论建议主要集中在以下几个方面。

一是针对医学科研伦理问题,建议完善伦理委员会的后期追责机制。央视网报道称,北京协和医学院人文和社会科学学院教授张新庆认为,应该建立并完善伦理委员会的后期追责机制,基因编辑这样的项目被通过应追究伦理委员会的责任。应加强伦理审查能力建设,健全医学科研伦理治理体系和运行机制,对违反伦理标准的科研人员和科研机构按照有关规定进行处理,并予以公开谴责。

二是在药品监管方面,建议政府部门兼顾制裁和赔偿,尤其要实事求是加大对违法违规药企的惩处力度。新浪财经报道称,清华大学法学院教授汤欣认为,一方面,对违法行为需要从重给予制裁,使违法行为得到应有的法律惩处,要让其感觉到"疼";另一方面,对受害者也要建立到位的赔偿机制,包括集体诉讼以及正在探讨的多元化解纠纷体制。第三方医药服务平台麦斯康莱创始人史立臣称,此前对原料药企业的处罚,与这些企业因垄断而获得的盈利相比,显得处罚力度还不够。考虑到药品不是普通的商品,应该根据其销售额情况进行更严厉的处罚。

三是推进健康乡村建设,撑起基层医疗卫生服务网。《中国科学报》报道称,中国中医科学院副院长唐旭东表示,乡村卫生院应当把公益放在首要位置,同时,中央需增加拨款,加大对农村医生的教育和培养力度;乡村卫生技术人才培养机制要灵活,除了全科医生培养的"5+3"模式外,还可设立"3+2"大专加两年规培及"2+1"中专加一年规培模式;政府应增加资金投入,向农村定向招收大中专乡村医师,以补充乡村卫生人才队伍缺口,并定期对他们进行继续教育培训。

二 食品安全保障热点问题:非洲猪瘟与猪肉涨价

食品安全事关公众身体健康和生命安全。当前,公民个人的食品卫生和安全意识不断提高,我国食品安全监管体系不断完善。近一年以来,涉食品安全事件频发，其中关注度最高的是非洲猪瘟及其引发的猪肉涨价相关话题，"猪周期"下行叠加非洲猪瘟疫情冲击，中国生猪产能持续下滑，猪肉供应紧张、价格上涨，波及全国多个地区，老百姓感知强烈。此外，四川成都七中实验学校小学部食堂食品变质事件因涉学生这一敏感群体也备受舆论关注。虽然这起校园食品安全事件最终被证实系学生家长蓄意造谣传谣，但仍反映出舆论对食品安全事件的高度重视，提醒有关部门需警惕校园食品安全事件催生线下群体聚集，威胁社会稳定。非洲猪瘟与猪肉涨价、校园食品安全等共同推升近一年食品安全话题热度，公众在聚焦个案舆情发展过程及有关部门应对处理的同时，对食品安全监管部门给予较高期待，呼吁不断完善食品安全治理体系，提升食品安全治理能力，加强法治保障，确保人民群众"舌尖上的安全"。

1. 典型案例

案例1　全国多地陆续出现非洲猪瘟疫情，猪肉涨价引发强感知

央视网报道称，2018年8月，辽宁省沈阳市发生非洲猪瘟疫情，随后全国多地陆续出现相关疫情，此后，非洲猪瘟相关话题在网络迅速传播（见图2-4）。《新京报》、环球网、《每日经济新闻》等媒体报道称，2019

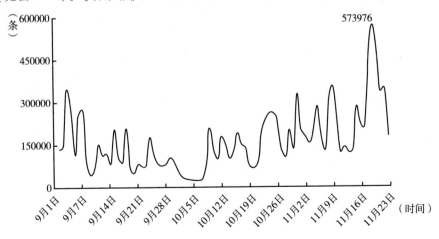

图2-4　2018年下半年非洲猪瘟相关话题全网传播趋势

年2月9日，河南三全食品有限公司生产的3个批次"三全灌汤水饺"被检测出"非洲猪瘟病毒核酸阳性"。随后，多个速冻品牌均被检出携带非洲猪瘟病毒。在此大背景下，疫情蔓延及相关肉制食品安全问题受到舆论持续关注，同时引发公众担忧情绪，网民呼吁政府相关部门加强抽检防控。个别网民认为食品安全事件频发与法律法规惩治不力、职能部门执法不严有关。此外，受猪瘟疫情、生猪养殖治理等多重因素影响，2019年下半年起有关猪肉价格上涨的话题不断走热（见图2-5）。部分网民质疑猪肉价格飞涨、生猪生产供给不力的根源在于环保政策"一刀切"，政府部门对养猪政策扶持不到位；部分网民质疑相关部门应对非洲猪瘟不力，后续应急补救工作不到位。

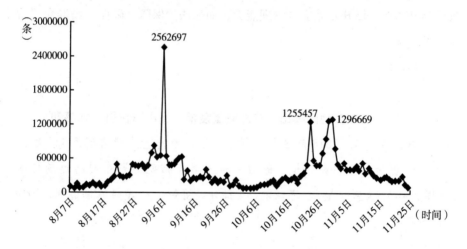

图2-5　2019年下半年涉猪肉话题全网传播趋势

《法制日报》报道称，2019年11月，农业农村部有关负责人介绍，非洲猪瘟疫情防控工作依然刻不容缓，从2018年8月3日（我国报告第一例疫情）至11月21日，我国共报告发生160起非洲猪瘟疫情，目前全国还有2个省3起疫情尚未解除封锁，其余的29个省份疫区已解除封锁。近一年来，非洲猪瘟话题叠加猪肉价格上涨事涉食品安全民生问题，《新京报》、中国网、中国经济网等媒体报道，舆论除了关注事件起因、进展情况及政府部门对猪瘟疫情、猪肉价格管控等实际问题，还高度关注涉事政府部门在个案中的应对方式、解决效率以及信息公开等方面。舆论认为，全国各级政府部门应该提高发现问题的敏感性和应急处置效率，同时呼吁政府部门加强监督管理，在与食品安全密切相关领域引入责任制，完善食品安全监管和执法体制。

案例2　四川成都七中实验学校食堂食品安全事件

中国青年网、搜狐网、法制网等媒体报道，2019年3月12日，有学生家长反映四川省成都市七中实验学校小学部食堂出现质量问题，食物发霉，个别学生因此出现身体不适。相关图文在网络迅速传播，并引发百余涉事学生家长堵路维权（见图2-6）。《人民日报》、中国日报网、《解放日报》等媒体报道称，3月17日，"成都七中实验学校食品安全问题"新闻发布会举行，会上公布了调查结果，校长被免职。在对学校食堂食材的取样检测中，除粉条样品有霉斑，检验结论不合格外，其余17个样品目前所检项目未发现问题。警方表示疑似有人蓄意制作虚假视频和图片，涉嫌构成犯罪。公安机关对该事件中五起谣言进行了辟谣，传谣人员均非七中学生家长，其中一人已被刑事拘留。

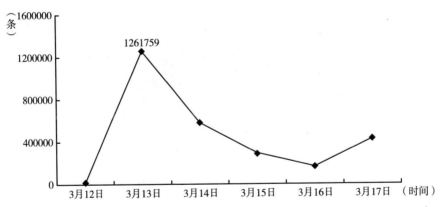

图2-6　2019年3月12~17日四川成都七中实验学校食品安全事件全网传播趋势

对于常规性食品安全问题，有关部门在问题曝光、查处、应对、通报方面逐步形成有效机制，但对于涉校食品安全谣言催生的群体性事件舆情应对还缺乏经验。成都七中实验学校食堂被指使用变质食材一事中，网传的不实信息及摆拍图片迅速点燃学生家长及广大网民的怒火，家长线下聚集维权，网民线上发帖声援，舆情风暴席卷而至。尤其在初期线下维稳和线上删帖的双重强管控下，舆论"惯性"质疑官商勾结、挖掘幕后"黑料"、借陈化粮谣言攻击政体。事件后期，有关部门通过新闻发布会公布详细调查结果、图片对比证据、食堂监控视频等，澄清事件来龙去脉，扭转了舆论负面认知。但不可否认的是，此事再度反映出公众对食品安全问题的高度重视，校园食品安全更是重中之重，决不允许出现半点纰漏。此次食品安全问题诱发线下群体性事件提示有关部门需加强防范涉校食物安全风险，警惕食品安全问题成为继环境安全之后的又一群体性事件导火索。

腾讯指数显示，网民对社会食品安全类话题的情感倾向以中性为主，相关占比约38%，持中性态度的网民聚焦事件本身，关注事件进展，听从专家引导释疑，客观分析事件并提出建议，呼吁公众理性对待，避免恐慌情绪蔓延。正面情感相关占比约26%，集中体现在肯定政府部门迅速介入、积极处理、信息公开等。负面情感相关占比约为36%，主要体现在对食品安全问题的担忧，不满国内食品安全问题频发，现有法规惩治不力、执法部门执法不严（见图2-7）。

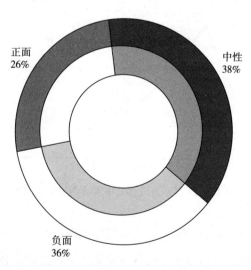

图2-7　涉食品安全网民群体情感倾向

腾讯指数大数据分析显示，在涉食品安全话题中，"严惩""追责""监管""防范""完善"等词成为高频词。这反映出网民群体对于食品安全事件的关注诉求，希望政府相关部门严惩涉事单位和相关责任人，加强监督与管理，做好食品安全保障工作，健全食品安全管理体系。

2. 问题与风险

在食品安全类话题讨论中，舆论认为我国食品安全问题仍存在不少短板与风险。一是职能部门权限界定不清导致制度推行不力。《中国经济时报》报道称，国务院发展研究中心研究员李国强等学者认为，当前包括卫生、质量技术监督、工商、城管等在内的多个与食品安全管理工作相关的部门，都应依据《食品卫生法》《产品质量法》等法律法规开展监督执法工作，使得在一定程度上，多部门出现职能交叉、管理冗长、重复检查等问题。食品监管的职能和责任被多部门分解，形成分散的监管体系，缺乏一致监管，导致资源浪费和工作效率低下。若想彻底解决此类问题，需要大力整合食品安全管理职能。二是相关法律及管理体系不健全。中国国家认证认可监督管理委员会官网报道称，黑龙江出入境检验检疫局机场办事处卫生监督科副科长王硕认为，目前我国现存的食品安全相关法律法规已经出现不适应当前实际的情况，与国际食品安全法治化管理水平有较大差距，我国需要构建的是科学的、合理的、有效率的食品安全法律体系。三是我国食品安全"老问题"与"新现象"考验监管力度。央广网报道称，中国食品科学技术学会理事长孟素荷教授通过数据对比分析指出，目前我国食品安全存在四个问题，分别为以环境污染为源头的食品原料污染、食品添加剂的超标使用、食品中检出非食用物质以及保健食品掺假。另外，在"互联网＋"时代，电子商务等网络销售渠道快速成长，对传统的货物流通结构和群众消费行为产生巨大冲击，甚至影响食品产业链的未来发展格局。一些网红食品存有"有品牌、无工厂"问题，使产业链安全建设空心化，食品欺诈问题多有发生。产业链安全建设与环保，将成为决定网红食品能走多远的关键制约因素，也将成为影响中国食品安全舆情的新热点。

3. 对策建议

通过梳理近一年来的食品安全事件发现，舆论关注点正在从对某一具体产品的安全与否，延伸到对中国食品安全社会共治体系建设大环境中，期待政府部门和有关方面采取更加透明、协调、严谨和自律的行动，同时转向对保护消费者与公平对待所有市场主体的探求。尤其在非洲猪瘟及猪肉价格上涨、成都七中实验学校校园食品安全等"泛食品安全"事件中，舆论对于政府监管、法规建设、社团组织的职能在"共治"过程中的科学、专业与规范提出了更高的要求。为促进相关政策顺利实施，提高我国食品安全水平，打消社会对食品安全的担忧情绪，有专家学者提出以下建议。

一是利用新兴技术支撑食品安全监管。中国新闻网报道称，国家市场监督管理总局副局长孙梅君表示，食品安全还需要新兴技术的支撑。随着新技术、新工艺在食品供应链上的广泛应用，不仅为人们提供了丰富多样的食品，也给食品安全带来诸多挑战。孙梅君认为，可探索"区块链+"在食品安全等领域的运用。区块链技术开创了食品供应链可追溯性的新纪元，不仅有利于保障和改善食品安全，提高信息透明度，而且有利于提高食品供应链的可追溯性和降低企业成本。要加快建立基于大数据分析的食品安全信息平台，促进大数据、云计算、物联网、区块链等技术在食品行业中的应用，实施智能食品安全监管。中国质量新闻网报道称，北京工商大学教授、质量安全与追溯技术国家工程实验室负责人左敏指出，可采用各类算法，从食品安全相关数据中发现知识、问题、现象，将结果运用到抽检信息平台中，提高食品安全监管效能，推动食品产业健康发展。

二是地方党政同责确保食品安全。法制网、观察者网报道称，中国政法大学法学院教授王敬波分析，食品安全是一种公共产品，政府应该对其负有法律责任。近年来食品安全事故频发、食品安全监管不力，这表明政府在这方面的工作有监管失灵或监管不力之嫌。目前，食品安全监管问责主要集中在一些明显的违法行为上，对于"懒政"、不作为等未被确定为违法的行为则很少涉及。法制网、澎湃新闻报道称，北京市食品药品安全法治研究会会长、中国人民大学法学院教授刘俊海认为，无论食品安全责任制多么出色，倘若束之高阁、挂在墙上，也不能实现制度的既定目标。为防止食品安全责任制形同虚设，应避免"念文件落实文件"等形式主义的出现，综合运用考核、奖惩等措施，督促地方党政领导干部以临渊履薄之心，诚信履职，勤勉尽责。

三是建立全链条全过程食品安全监督机制。法制网、观察者网报道称，中国政法大学法学院教授王敬波提出，发达国家目前主要是在进行企业的生产过程监督，终端产品抽查模式是最落后的监管模式，产品生产完成后再去抽查使得监管失去其效用。当前的联合监管模式更多是以"突击"和"救火"的工作形式展开，尚未形成职业化、专业化、常态化的监管机制。

四是与食品安全紧密相关的行业或领域引入食品安全责任制。法制网、澎湃新闻等媒体报道称，北京市食品药品安全法治研究会会长、中国人民大学法学院教授刘俊海认为，卫生健康、生态环境、粮食、教育、文化、旅游、交通运输等行业或领域与食品安全紧密相关，为食品安全提供支持的发展改革、科技、工信、财政、商务等领域工作都要引入食品安全责任制。将食用农产品质量安全、食品生产经营安全以及食品安全相关领域工作一网打尽，纳入食品安全责任制范畴，有助于完善食品安全监管和执法体制，整合监管职能，加强监管协同，形成市场监管合力。

三 营商环境政策热点问题：企业服务

2019 年以来，我国"放管服"改革取得阶段性成果，在精简行政审批事项、优化营商环境、改革商事制度、激发创新创业和改善公共服务等方面成效显著，受到舆论广泛好评。国务院办公厅秘书局于 2019 年 3 月印发《长三角地区政务服务"一网通办"试点工作方案》，要求归纳总结并推广沪苏浙皖三省一市的改革经验，加强数据互通共享，促进长三角地区政务服务跨区域通办。助力"互联网 + 政务服务"深化发展，争取先一步在长三角地区落实全国一体化在线政务服务平台公共支撑功能，给企业和百姓带来更多便利。10 月 23 日，国务院发布《优化营商环境条例》，该条例将近年

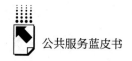

来"放管服"改革中行之有效的经验做法上升为法规,旨在持续优化营商环境,不断解放和发展社会生产力,促进政府职能的深刻转换,营造更加稳定、公平、透明、可预计的营商环境,进一步激励市场活力与社会创造力。舆论对政务服务层面坚持以人为本,不断优化服务的做法予以肯定支持,也有声音认为"重审批、轻监管、弱服务"是突出顽疾,"监管"和"服务"亟须加量提质增效,"互联网+政务"服务效力有待提升。

1. 典型案例

案例1　全国多地上线"一网通办"平台引发关注

为加快政府职能转变,提升政府服务效能,深入推进"一窗受理·一次办好"改革,打造"审批事项少、办事效率高、服务质量优、群众获得感强"的一流营商环境,全国各地政府以大力提升政务服务能力为目标,着力推动政府门户网、政务服务网和政务信息公开网实质性融合,打造"政务服务一网通办"平台。新华社报道称,自2018年9月11日上海市整合各种便民服务的"一网通办"移动端上线试运行至今,全国多地陆续落实"一网通办"业务。2018年10月,北京涉水行政审批事项实现线上"一网通办",23个办理事项中已有22项开通线上办理。此后,江西省、陕西省、安徽省、青海省等地,及长三角地区陆续上线"一网通办"平台。新华社、央广网等媒体报道称,2019年9月,重庆聚焦开办企业效率低、环节多、时间长等问题,持续深化"放管服"改革,目前重庆开办企业实现线下"一窗受理"和线上"一网通办",开办时间缩减至3个工作日以内。新华社、央广网等媒体报道称,2019年10月,贵州正式上线企业开办"一网通办"平台,企业可通过该平台办理企业设立登记、公章刻制、申领发票、银行开户等各环节事项。中国山东网、大众网等媒体报道称,2019年11月,山东"政务服务一网通办"总门户试运行。不难看出,近一年以来,各地"一网通办"业务集中针对企业服务进行信息化转型,真正推动企业群众办事"只进一扇门""最多跑一次"成为现实。

"一网通办"是加快转变政府职能的一个关键举措,是对"放管服"改革的一次提档升级。《解放日报》《中国工商报》等媒体报道称，舆论认为，"一网通办"在提高政府效率、激发市场活力及改善民生等方面有着巨大的优势。也有舆论认为，"一网通办"作为一项新举措，在推进实施过程中仍然面临诸多难题，如行政管理机制缺失、法制保障相对滞后等。腾讯指数显示，2019年8月15日~11月12日，"一网通办"相关信息总量为18.2万条（见图2-8）。

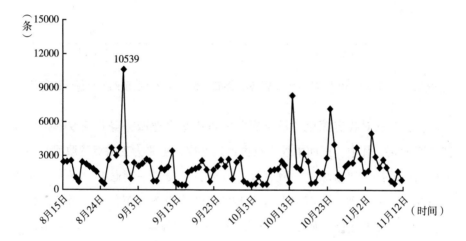

图2-8 2019年8月15日~11月12日涉政务"一网通办"全网传播趋势

案例2 国务院公布《优化营商环境条例》获赞

国务院总理李克强于2019年10月23日签署国务院令，公布自2020年1月1日起施行《优化营商环境条例》。《条例》整理归纳了近年来我国改善营商环境的经验方法，用法规与制度巩固经过实践证明的、令群众满意、市场主体支持的改革举措，将重点放在国家营商环境突出问题及市场主体面临的痛点与困境，从改善体质机制的方向出发制定相应规则，以达到国际先进水平为目标。舆论认为《条例》从法制角度出发优化营商环境，有助于推动新登记市场主体增长，改善国内经济下行局面。也有声音认为，该条例存在细化空间，且配套设施有待完善。2019年10月23~25日，国务院公布《优化营商环境条例》相关信息总量为12.5万条（见图2-9）。

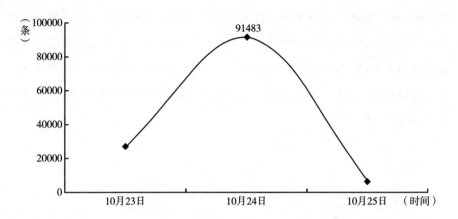

图 2 - 9　2019 年 10 月 23~25 日国务院公布《优化营商环境条例》全网传播趋势

　　社会公众对政府深化"放管服"完善中小企业服务等各项改革措施保持高度关注。其中，正面中性观点占比近九成，主要为支持点赞政府出台一系列惠民政策，认为深化"放管服"改革、建设"一网通办"平台切实为企业提供多项便利。负面观点占比 12%，认为政务改革任重而道远，依然有很多顽疾需要攻破，如细化配套措施、监督机制缺失等（见图 2 - 10）。

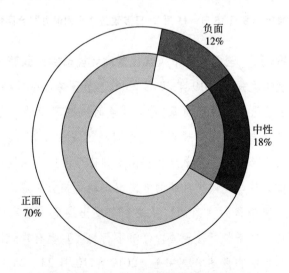

图 2 - 10　涉企业服务话题网民立场占比

腾讯指数大数据分析显示，"放管服""一网通办""营商环境""政策""政务服务""监督"等成为舆论高频词，反映出公众对政务服务相关政策较为关注，对于顺应"放管服"改革的"一网通办"系列举措表示支持，同时也能看出舆论期待各项措施能够增强企业获得感，提升企业投资信心。

2. 问题与风险

近一年以来，全国各级政府部门不断优化营商环境、提高企业服务效能，受到舆论高度认可，但也存在以下问题与风险。一是部分配套条例尚处于初级阶段，法律位阶不是很高，且难以超越现行法律框架的束缚。如针对《优化营商环境条例》，有专家认为，《条例》出台后，地方政府和有关部门可以在严格执行国家各项减税降费及金融服务政策的基础上，及时研究和解决政策实施中的具体问题，敢于在原有措施基础上改进和创新，以确保真正能够解决问题的政策措施全面和及时地使市场主体受益。二是企业服务是一项宏大复杂、跨部门、跨层级的工作，实施进程慢，缺乏群众基础，且业务部门之间缺乏有效配合。如有文章认为，推行"互联网 + 政府服务"时，企业和群众很多还是选择去线下实体大厅办理业务，对网络办事的了解程度不够。部分业务部门在一些相互促进的业务事项上缺乏有效合作，存在部门之间权力和责任的所有权不明确、范围及定位不清晰等问题。即使各项审批事项、办事程序都在不断简化和优化以减少耗时，但各个部门间还缺少互联互通、更加便捷的审批模式。三是部分工作人员仍有"官本位"思想，观念较为陈旧，缺乏主动服务的意识。甚至有工作人员对新技术、新业务、新政策法规不了解、不熟悉，不能合理引导企业和群众办理事项。四是民众参与和反馈渠道使用率低。有观点认为，很多措施重推行，轻反馈。由于公共参与及反馈程序较为单一，缺乏对适用的参与方式、参与范围和参与程度等的监管，并且因为前期宣传力度较弱，许多公众对企业服务的现状知之甚少。

3. 对策建议

分析发现，目前舆论对于政府提供的企业服务方面的建议主要集中于以下几个方面。

一是建议各省制定适当的当地的法律法规来应对推行相关制度时面临的

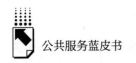

法律问题。华东政法大学刑事司法学院副教授虞浔称，各地人大及其常委会可以加强对地方法律的研究，完善法律法规的缺陷及漏洞，将与相关措施不兼容的地方法律规章进行适当的删减、修改。全国人大常委会需及时回应地方人大常委会反映的法律问题，指导地方完善制度建设、推进地方立法研究；国务院按照"放管服"原则给予地方政府支持，如授权相关地方政府集中行政审批等，以确保法律程序没有瑕疵。

二是提升政务服务能力，发展政务信息化建设。国家发改委地区司挂职干部崔华东称，将通过协调行政许可和公共服务的管理模式、建立新型政务服务系统等方式，来提高政务服务的能力。对于各个事项尽量下沉办理、就近办理、同城通办。加快推进实体政务大厅向线上政务办事发展，并协调发展政务信息化顶层设计，筹备不同部门、领域、环节等方面的信息化基础设施，推进数据服务平台的建设。同时，应注意对国家安全数据和企业商业机密的保护，强化数据安全。

三是促进信息孤岛走向统一互认共享平台。人民网文章《深化"放管服"改革面临新时代新要求》称，统筹消除部门信息孤岛的制度安排和数据共享的顶层设计。首先，要加快建设全国统一的电子政务服务平台，充分利用现有条件，打破数据壁垒，整合平台利用，使部门数据库产生效益，以支持政务信息达成跨部门、层级、区域互认共享，到2020年建成"互联网＋"政务服务体系。其次，要提高监管服务协同化、便捷化和智能化。推进行政审批和公共服务网上综合受理和全程办理全覆盖，做到证件联用、信息联通、服务联动，力促群众跑腿向数据跑路转变，条块分割向整体联动转变，提升网上服务效率。开发综合监管系统，丰富智能监管，畅通政企信息渠道，使用智能执法终端，加强监管风险监测，做到早发现早预警，提高政企互动率、问题解决率、服务精准率和企业满意率。搭建国家公共服务互联贯通平台，对接政府企业社区系统，建立全国基础数据库，遵循政府主导、企业建设、社会服务、公众参与原则，促进公共服务供需高效对接，提供便捷的网上服务。

四是做好政府工作人员的监督管理。新疆大学学者焦云认为，应充分发挥一站式服务大厅监控系统的作用，实时监督管理工作人员的服务态度、服务质量、工作纪律，及时向各部门反馈发现的不作为、乱作为现象，不但做到立查立改，且各部门负责人应对反复出现的问题进行监督整改。此外，从企业和群众中聘请行风政风评议员，不定期抽查政府工作人员，同时制定相关细则，规范行风政风评议员监督行为，并确保纪检监察部门能够及时受理企业、群众对政府工作人员的各种投诉、建议。

四 城市环境治理热点问题：垃圾分类

城市环境治理是国家治理体系和治理能力现代化的重要内容。相关统计显示，我国目前约有60%的人口生活在城市，相较于改革开放初期提升了3倍有余。随着社会结构及组织形式的迅速发展变化，城市治理的对象逐渐多元化，其治理难度也直线上升。作为城市治理的重要组成部分，城市环境治理与改善受到越来越高的关注。2019年7月1日起，上海市生活垃圾管理条例正式实施，上海开始普遍推行强制垃圾分类。住建部计划在2019年投入213亿元，至2020年底，46个先行试点的重点城市将基本建成垃圾分类处理系统。舆论高度认可推行城市生活垃圾分类制度的出发点，但由于配套措施不完备、老百姓生活习惯面临改变等引发少数质疑。此外，2019年6月以来，全国多地陆续贯彻住建部、国家市场监管总局、交通运输部等联合印发的《关于进一步清理整治不规范地名的通知》，铺开了一场清理整治不规范地名的行动。舆论对"垃圾分类""整治不规范地名"的高度关注，让城市治理成为2019年的热门话题之一。

1.典型案例

案例1 上海市出台生活垃圾分类制度

早在2017年3月18日，国家发展改革委等制定的《生活垃圾分类制度实施方案》就经国务院同意正式下发。2018年3月16日，上海市政府网站正式发布《关于建立完善本市生活垃圾全程分类体系的实施方案》，明确上海将于 2020 年底前，基本建成具有法律基础、技术先进、政策完善等且适应上海城市发展定位的生活垃圾全程分类体系。住建部、国家发改委等 9 部门于 2019 年 4 月 26 日印发《关于在全国地级及以上城市全面开展生活垃圾分类工作的通知》。

　　2019 年 7 月 1 日，上海市正式施行《上海市生活垃圾管理条例》，在规划与建设、分类投放、分类收集、分类运输、分类处置、源头减量、资源化利用等方面作出制度规范，将为提升本市生活垃圾管理水平、改善人居环境质量、提升城市文明程度等提供法制保障，第二届中国国际进口博览会期间，不少参展者、市民围观体验垃圾分类的"新科技 + 新时尚"。舆论高度认可在全国推行垃圾分类措施，认为垃圾分类对于城市治理有长远作用。但是，垃圾分类政策的落地效果、实施垃圾分类给市民所带来的不便等后续问题存在一定争议。有关"垃圾分类"全网传播趋势可参见图 2-11。

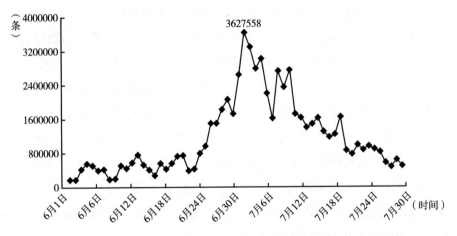

图 2-11　2019 年 6 月 1 日~7 月 30 日有关"垃圾分类"全网传播趋势

案例 2　六部委发文全国清理整治不规范地名

　　央广网、中国新闻网、中国青年网等媒体报道称，2018 年 12 月，民政部、公安部、自然资源部等 6 部门联合印发《关于进一步清理整治不规范地名的通知》，安排部署清理整治不规范地名工作。为贯彻落实通知要求，2019年 6 月以来，全国多地陆续开展清理整治不规范地名工作。舆论热议这场地名整治行动存在"一刀切"、标准不明等问题。10月18日,民政部发布了《地名管理条例(修订草案征求意见稿)》,有望让地名命名更名迈向法治化、民主化,舆论负面情绪逐渐平息(见图2-12)。

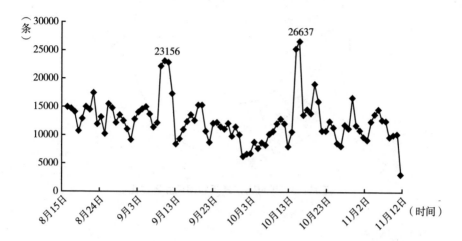

图2-12 2019年8月15日~11月12日有关"整治不规范地名"全网传播趋势

腾讯大数据显示,网民对"城市治理"相关话题的整体情感倾向以积极理性为主。持正面观点的网民多认可全国在城市治理方面做出的努力和成绩,认为开展垃圾分类、不规范地名整治行动对城市治理具有深远意义,愿意为此贡献出一份力量。持中性观点的网民大部分认为,目前应加大对垃圾分类制度的宣传力度,提高民众的认知。也有网民认为国内可多借鉴国外经验,并因地制宜,根据各地不同情况制定相关执行标准。持负面观点的网民则主要担忧相关政策落地效果,少数网民调侃如今城市治理的现状,要想改变难度很大,个别网民则感到失望,认为"越治越乱"(参见图2-13)。

统计周期内,有关"城市治理"相关话题受到舆论高度关注,腾讯指数大数据分析显示,"整治""规范""城市"等成为舆论高频词,反映出舆论对城市治理问题越发关注。此外,"堵漏""混乱""一刀切"等词也较为高频,暴露出我国在城市治理管理方面的法律法规不够完善,城市治理压力大、矛盾多。

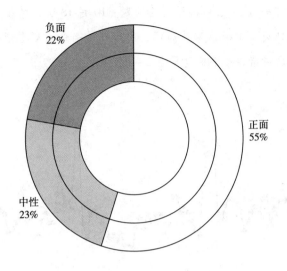

图 2-13　涉城市治理话题网民立场占比

2. 问题风险

在涉及城市治理相关话题中，舆论关心的主要问题与风险，一是宣传教育不够深入，市民城市意识比较淡薄。一方面，大多数人缺乏主人翁精神和参与意识，这导致公众在城市治理过程中处于被动状态，同时这也与政府的宣传力度和公开透明度有一定关系；另一方面，当城市管理与个人利益出现矛盾时，市民的自我约束能力就会下降，公共意识往往被抛在一边。二是相关法制建设不够健全，给治理过程带来障碍和困难。地名整治行动中，部分地方的做法存在"矫枉过正"、"一刀切"、标准不明等问题，暴露出我国地名管理方面的法律法规不够完善。在中国政法大学副校长马怀德教授看来，我国城市治理体制规范化、法治化方面仍存在不足，例如法律依据不足、部门职能混杂和执法程序不够清楚等问题。三是城市治理体系滞后，城市治理结构单一。清华大学公共管理学院教授王名表示目前的城市治理经常存在过于随意、缺乏科学性等问题。城市治理统筹难题主要来自行政主导的单一治理结构，而部门利益影响以及政府内部"横、纵"不协同也是问题所在。四是城市治理的创新不足，合作程度不够。在"互联网+"的背景下，以大数据、云计算、智慧城市等为代表的新一代信息改革浪潮，给传统的城市治理模式带来了强烈冲击，也给城市治理改革提出了新要求。城市治理需要政府、企业、民众、社会组织等共同发力，创建共治共享的新格局。

3. 对策建议

针对城市规模不断扩大，保障城市正常运转的任务愈发艰巨，强化、完善城市治理的需求也逐渐紧迫，有关专家和媒体提出以下建议。

一是建议加强城市精细化管理，将"情感性治理"纳入城市管理。上海市政协委员、华东师范大学社会发展学院院长文军建议，在城市治理实践中不能忽视城市治理的起源、机制、目标及评价中包含的"人"及其情感的重要维度，建议管理部门从制度技术性管理转变为"情感性治理"与制度技术性治理相结合。制定和实施稳定的、包容的、张弛有度的公共政策，在鼓励并达成"社会协同、公众参与"的多元合作结构的同时，在提升基层政府管理和服务效能上，一方面要推进纵向行政体制改革，减少中间环节，实现权力进一步下移；另一方面要减少执行环节，缩短执行链条，畅通执行渠道。

二是全面推进城市治理法治化建设，引入第三方社会评价机制。苏州大学政治与公共管理硕士研究生承怡提出，针对我国城市治理存在的法治意识薄弱、立法进程缓慢、执法不严以及缺乏法律监督等问题，应当重塑法律价值、加快立法进程并重视软法治之，全面推进城市治理法治化建设。西安市政协委员崔孟娜建议，学习国内先进城市经验，在城市治理工作中引入第三方社会评价机制，强化监管力度，对城市治理工作中的问题做到"早发现、快处置"，提高市民的获得感和幸福感。这能让城市治理工作中的信息采集员以市民的眼光、专业的标准及时发现城市治理工作中的问题，提高处置质量，做到公平、公正、公开，便于加强社会监督。

三是推动城市治理体系和治理能力现代化。重庆市委副书记、市长唐良智强调，加强各类政务数据资源跨部门、跨领域、跨层级的整合利用，推动"一圈两群"智慧城管同标管理，建设智慧城市，构建"城市大脑"，是进一步完善城市治理体系，促进城市治理能力现代化的重要基础。中国特色社

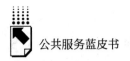

会主义理论体系研究中心中南大学基地研究员吴晓林表示，智慧城市不仅在实现城市治理精细化方面具有明显优势，更是撬动城市治理社会化、专业化、智能化和法治化的支点，有助于打造共建共治共享的社会治理格局。为此，一方面，要以可持续发展为方向，保证智慧城市建设能够促进城市经济社会可持续发展；另一方面，要以包容性发展为准则，坚持以人民为中心，推动城市居民广泛有序参与到城市发展中来，以此提高城市治理水平，实现整个城市包容性发展。

四是创新城市治理方式，提升城市治理能力。人民网文章指出，大数据技术的发展进化为城市治理提供了新的策略及方案，其在城市治理中的用途也越发明显，建议将大数据技术作为战略发展基础，全面推进大数据技术发展进化，例如加速数据资源的共享及开发等，助力城市治理创新。北京大学城市治理研究院院长俞可平认为，城市治理有三个重点需要注意。一是服务，城市治理应当从"管制型"转为"服务型"，从"网格化管理"转为"网格化服务"，并满足群众个性化需求。二是共享，城市治理不仅要体现工具化、信息化共享，更要突出价值共享。三是融合，要促进城市居民之间的观念、新旧体制之间的融合和公共治理的融合，建立新的融合体制来克服城市碎裂化。

五 公共安全热点问题：生产和交通安全

公共安全是最基本的民生，是衡量社会稳定的重要因素。随着城市进程加快，城市人口、功能和规格的不断扩大，公共安全问题日益凸显，频发的事故灾害、社会安全事件等时刻挑战着公共安全管理的有效性。2019年以来，各类社会公共安全事件多发，受到舆论广泛关注。其中，江苏响水爆炸事故暴露出安全生产基础性问题突出，无锡高架桥面侧翻事故引舆论聚焦城市工程质量、道路交通管理等内容。在此背景下，公共安全话题成为高度敏感话题。

1. 典型案例

案例1 江苏响水化工厂爆炸

央广网、新华社、《人民日报》等多家媒体报道，2019年3月21日14时许，江苏省盐城市响水县陈家港镇化工园区内江苏天嘉宜化工有限公司发生化学储罐爆炸事故，事故共造成78人死亡、76人重伤，640余人住院治疗。党中央、国务院及江苏省委省政府高度重视，第一时间启动重大突发事件应急预案，开展紧急救援工作；生态环保部门迅速开展环境监测和应急处置工作。事故同时引发舆论"地震"，祈祷、谴责与反思情感交织，聚焦事故伤亡和救援情况。事故发生后，国务院成立江苏响水特别重大爆炸事故调查组。据中国工业网等报道，爆炸当天，盐城市多位化工专家正在天嘉宜公司进行生产安全检查，且该企业于2017年到2018年，曾多次被盐城市环保局和响水县环保局行政处罚，暴露出安全生产治理"形式主义"，激起舆论愤怒情绪，质疑相关部门监管失职，呼吁查清事故原因、追究相关责任人法律责任等。2019年11月13日，国务院总理李克强主持召开国务院常务会议，听取爆炸事故调查情况汇报和责任追究审查调查工作情况通报。11月15日，应急管理部网站公布调查报告，查明事故的直接原因系天嘉宜公司旧固废库内长期违法贮存的硝化废料持续积热升温导致自燃引发爆炸。事故调查组认定，天嘉宜公司刻意瞒报、违法贮存、违法处置硝化废料，安全环保管理混乱等，相关环评、安评等中介服务机构严重违法违规，出具虚假失实评价报告。同时认定，江苏省消防、生态环境、工信、市场监管等部门失职或存在违规行为。江苏省纪检监察机关对事故中涉嫌违纪违法问题的61名公职人员进行严肃问责，江苏省公安机关对涉嫌违法问题的44名企业和中介机构人员立案侦查并采取刑事强制措施。

案例2 江苏无锡312国道高架桥侧翻事故

据中国新闻网、澎湃新闻、《人民日报》等媒体报道，2019年10月10

日 18 时许，江苏无锡 312 国道 K135 处、锡港路上跨桥发生桥面侧翻事故引发舆论关注（见图 2-14）。10 日 20 时许，江苏无锡锡山警方微信公众号"平安锡山"发布通报称，锡港路上跨桥出现桥面侧翻，经现场初步勘测，桥下被压小车 3 辆。救援和事故处置工作正有序开展。舆论聚焦事故原因，认为大桥施工与设计都存在问题，系"豆腐渣工程"。11 日 3 时 35 分，中央人民广播电台"@中国交通广播"发布微博称，无锡高架桥垮塌 9 小时，记者询问无锡市政府值班热线对方竟表示不知详情，而市政府新闻办微博只字未提此事。同时，"@乔志峰""@重庆新闻哥"等微博大 V 转发博文，质疑"现场拉起封锁线阻止媒体拍摄"的做法，引发舆论指责当地政府舆情应对措施不当。11 日 5 时许，无锡市政府政务微信公众号"无锡发布"发布通报，经现场搜救确认，侧翻桥面上共有 5 辆车，其中 3 辆小车、2 辆卡车。事故共造成 3 人死亡，2 人受伤。初步分析，上跨桥侧翻系运输车辆超载所致。随后，高架桥设计和施工方苏交科集团股份有限公司以及中设设计集团股份有限公司分别发布澄清公告称，无锡市发生侧翻事故与高架桥设计、施工、监理等事项无关。11 日 10 时 26 分，据财新网文章称，无锡高架桥侧翻事故涉事货车隶属无锡成功运输有限公司，该公司负责人正在接受调查。同时，涉事运输公司有超载"案底"，引发舆论焦点逐渐转向货车超载等核心问题，个别网民称政府

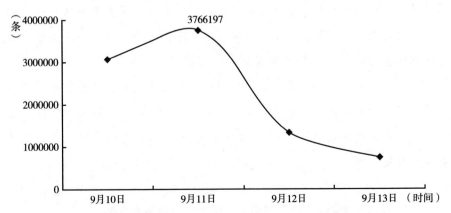

图 2-14　2019 年 9 月 10~13 日江苏无锡高架桥侧翻事故全网传播趋势

有"甩锅"嫌疑，期待政府部门加强道路交通管理和监管工作，追查相关单位法律责任。

社会公共安全事件发生后，舆论关注焦点集中在现场救援情况、事故原因、责任追查以及反思监管机制等方面。但从无锡高架侧翻事件舆情应对来看，舆论对政府部门发现问题的敏感性、介入处理的及时性，以及工作态度等方面提出了更高要求。

腾讯指数显示，网民对社会公共安全类话题的情感倾向以中性为主，相关占比约为42%。持中性态度的网民以聚焦事件本身、关注进展情况、提出公共安全事件预防及应急措施、呼吁完善监管机制等为主。正面情感相关占比约为32%，主要对事发后国家领导人做出批示，地方政府及时介入救援、启动问责机制等给予肯定与支持。负面情感相关占比约为26%，主要体现在监管部门失职、应对不当等方面（见图2-15）。

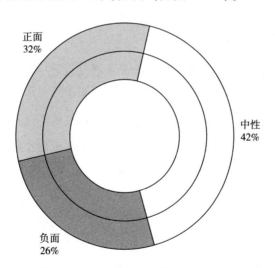

图2-15　涉公共安全话题网民立场占比

2. 问题与风险

在社会公共案例类话题中，舆论主要关心以下几个问题。一是安全生产基础性问题突出。公众普遍认为，经营企业未落实安全生产主体责任，重经济效益，轻安全责任；监管机构执法流于形式、走过场。应急管理部副部长孙华山表示，2019年以来化工、煤矿、建筑施工等发生多起重大事故，更多暴露出安全生产基础性、源头性、瓶颈性问题，反映出部分地区和企业安全发展观念不到位、安全生产不力、防范措施不足、监督执法能力不强等问题。二是公共安全意识淡薄是事故发生的原因之一。《人民日报》评论称，事实上，在许多安全事故中，人为因素往往是最主要的因素，如无锡高架桥侧翻系运输车辆超载所致，但归根结底，还是因为行业安全意识的淡薄和对公共安全的不负责。舆论认为，公众虽然接触的安全知识越来越多，但"有知识无意识"，或明知故犯的"任性""侥幸"问题显然普遍存在，对公共安全还是缺少敬畏之心。三是城市建设管理存在安全隐患。中央电视台评论称，城市基础设施是城市安全健康运行的基础，对公共设施安全的考量应该贯穿于设计、规划、施工、维护、管理的整个阶段。但从杭州天桥垮塌、江苏无锡高架桥侧翻等事故发现，很多地方依然对各种公共设施的安全隐患估计不足、管理不细，粗暴折射出城市管理短板。

3. 对策建议

我国目前的公共安全管理体系已经无法满足当前社会和公众的要求。针对公共安全治理中反映的问题，舆论建议主要集中在以下几个方面。一是公共安全与广大人民群众利益息息相关，离不开群众的广泛参与。既需要有关部门加强宣传，提升其社会认同感和参与感，又要根据不同群体有针对性地开展公共安全培训，提高公众感知、应对的能力。二是健全相关法律体系，把公共管理纳入法治化的轨道，明确公共安全管理相关主体责任问题。三是建议相关部门完善事前监管、事后应对等一套完整机制，虽然各部门都建立了独立的灾害信息管理系统，但这些系统往往自成体系，难以实现灾害信息和减灾资源的充分共享和优化配置。四是提高公共安全管理的专业水平，培养综合型公共安全管理人才，深入研究公共安全领域，为公共安全管理提供有力保障。

一些专家学者围绕公共安全风险预警系统、城市管理、政府监管等方面提出意见建议，具体如下。

一是运用新科技建立城市公共安全风险预警系统。中国工程院院士、清华大学公共安全研究院院长范维澄认为，公共安全的重点在城市，并提出要构建智慧、安全、韧性的城市。同时，举例合肥城市燃气管网泄漏快速预警系统，以及水纹技术，高架桥位移、应力应变监测的技术，以此来保障城市公共安全。

二是做实城市管理工作，消除安全事故隐患。上海奉贤区安监大队高级工程师陈莲勇认为，城市安全是关乎城市运行和公共安全的大事，要把城市安全管理工作做实，消除城市安全事故隐患，落实城市精细化管理的要求，健全完善法律法规，提高公众的参与度，加强各方的监管，创新管理机制。

三是建议政府加强安全生产综合监管，对社会安全保障兜底。国务院发展研究中心资源与环境政策研究所副所长常纪文表示，鉴于过去主要对企业进行安全监管，对于企业安全生产以外的其他安全生产综合监管，可以考虑让安监部门对全社会的安全保障起到兜底作用，实现综合监管与专门监管相结合的全覆盖。

六 社保就业领域热点问题："996"与"裁员潮"

近年来，中国经济转型，叠加内部压力和外部挑战，就业结构性风险隐隐暴露。就业形势严峻和劳动者弱势地位成为舆论共识，相关事件备受关注。2019年3月，互联网行业爆出"996"工作制，引发舆论对职场群体劳动者权益保障、行业困境的探讨。而持续一年多的"裁员潮"也加重舆论对就业、劳动保障的担忧心理，部分舆论指出"裁员潮"加剧了类似"996"等不合理劳工制度。3月，全国"两会"提出改善高职院校招生方法，大规模扩招100万人，加快培养各类技术技能人才促进扩大就业。从高校毕业就业到"996"工作制度，再到"裁员潮"，囊括当前我国就业相关热门话题，舆论热议的同时，期望政府能完善相关政策，着眼全局解决就业难题。

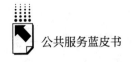

1. 典型案例

案例1 互联网行业"996"工作制及相关话题持续发酵

2019年3月26日，一个发布在全球最大的开源社区和代码托管平台GitHub上的开源项目"996.ICU"引发舆论关注。该项目由一位中国程序员发起，目的是反对中国互联网企业中普遍存在的"996"工作制，即从早9点工作到晚9点，一周工作6天，事件发酵后引发舆论对职场群体劳动者权益保障、互联网行业困境等的热议。随后，马云、刘强东、雷军、胡锡进等纷纷针对这一话题发声，进一步推动舆论场对"996"工作制、职场焦虑、经济下行、阶层固化等话题的讨论，引发舆论热议（见图2-16）。

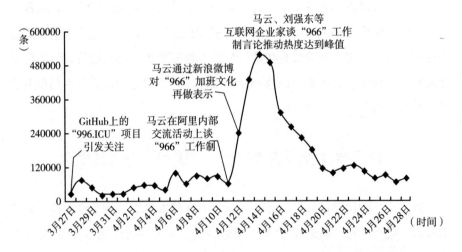

图2-16 2019年3月27日~4月28日"996"工作制风波全网传播趋势

案例2 京东、知乎等诸多企业被曝"裁员降薪"风波

凤凰网、新浪新闻、界面新闻等媒体相继报道，从2018年下半年开始，很多互联网公司被曝裁员，京东、知乎等企业被卷入裁员的浪波中。2019年春节过后，"裁员"成为热门词，20%、30%的裁员力度乃至全项目组被砍掉的情况受到舆论关注。2019年4月，京东在管理层、普通员工等多层面调整管理政策，相关消息一经爆料，迅速引发舆论广泛关注与热议，京东方面针对连续爆出的裁员传闻多次进行回应及辟谣，引发舆论围绕大规模裁员、适应市场形势、整治内部环境等话题展开较多讨论，当前竞争压力、后续发展定位亦吸引较多分析解读（见图2－17）。2019年11月，网易患病员工发文称遭遇公司强制裁员，暴力裁员一事引发舆论场再度热议互联网裁员潮、企业员工维权路径、"996"工作制等话题。截至2019年12月，"裁员潮"相关话题持续一年有余，反映出舆论对劳动保障的迫切需求和较高期待，甚至有分析文章认为员工维权将是较长一段时间内政府社保就业领域面临的难题。

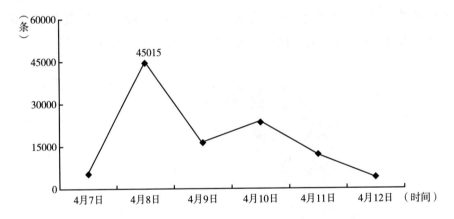

图2－17 2019年4月7～12日京东"裁员降薪"事件全网传播趋势

案例3 政府工作报告提出多管齐下稳定和扩大就业

2019年初，中国政府网公布国务院印发的《国家职业教育改革实施方案》。3月5日，十三届全国人大二次会议审议的政府工作报告提出，改革高职院校考试招生办法，激励更多应届高中毕业生、退役军人、下岗职工和农民工等报考，2019年预计扩招100万人。5月，教育部等六部门印发《高职扩招专项工作实施方案》。现代职业教育加快发展，既有利于促进就业，也是解决高技能人才短缺的重要举措。在政府相关政策支持下，各省市扩招举措频出，广东、陕西、四川等多省份允许外来务工人员报读，江苏等省份根据自身情况制定有弹性的学制标准，山东等省份对退役军人免

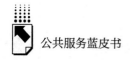

学费，并提供每月生活费补助。一系列高职扩招政策推进实施，受到舆论高度肯定。

腾讯大数据分析结果显示，在社会保障相关话题中，就业相关讨论的负面倾向占比较高。网民对持续一年多的行业寒冬、"裁员潮"持担忧观点的占比达38%，主要包括：一是认为近年来互联网公司裁员是普遍现象；二是担忧中国未来经济发展；三是质疑受到"裁员潮"影响，"996"等不合理劳工制度或将常态化。中性观点占比为33%，认为企业裁员是市场环境下的精简行为，或可通过相关措施解决经济转型难题，还有部分观点认为优化产业结构或能有效解决就业。正面情绪占比约为29%，认为政府推进高职扩招等政策对解决就业结构性问题有积极作用（见图2-18）。

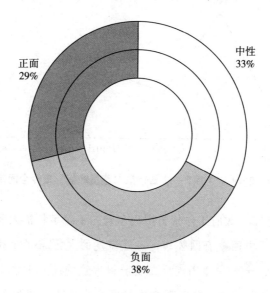

图2-18 涉社保就业话题网民立场占比

网民对"996"工作制、"裁员潮"、高职扩招等就业话题持高度关注，腾讯指数大数据分析显示，"加班""休息""健康""薪资""职业病""北京"等成为舆论高频词，反映出公众对工作与健康间的关系较为关注，"北京"上榜表明北京市就业话题热度高于全国其他地区。其余"互联网""寒冬""吸引力""人才""高职"等高频词则反映出舆论对近期就业形势存在担忧心理和对良好就业环境的期待。

2. 问题与风险

公众普遍担忧"996"等劳工制度对劳工个人权益的损害、"裁员潮"背后呈现的行业冬季，在对高职院校扩招表示支持的同时也存在犹疑心理，具体观点如下。一是"996"工作制度的现实性。《法制日报》评论称，虽然"996"工作制度不符合我国劳动法规，但不合理的劳工制度充斥现实。即便有员工拿起法律武器维护自身利益，效果也不尽如人意。此外，多位知名企业家针对"996"的发言加剧了公众对劳资关系的焦虑，舆论热议变相的加班、裁员等就业问题应如何解决。二是目前"裁员潮"持续时间较长，舆论认为受到中美经贸摩擦、经济下行等大环境影响，行业困境将持续一段时间。与"996"工作制相比，裁员潮引起的下岗问题更为大众担忧。三是高职扩招的消息发布后，由于报名条件宽松，报名人数远超预期，如广东省预计招生7万人，实际报名16万人。有部分舆论担心高职扩招后的师资力量、教学质量等。四是担心2019年的高职扩招是否在加剧就业竞争的同时，降低高校毕业生的质量。

3. 对策建议

全球经济下行引发舆论对就业的普遍焦虑，围绕这一话题，业界专家学者给出经济稳增长、破解结构性就业矛盾、引进"双师型教师"等方面的政策建议。

一是做好经济稳增长工作，避免GDP过快下滑给就业带来不利影响。中国人民大学劳动人事学院教授易定红认为，如果经济增长速度超出合理区间，下滑过快，就会凸显就业存在的问题。稳增长首先是保证就业，必须制定好就业优先政策，着力稳经济、拓岗位、兜底线，保持经济增速在合理区间，充分促进就业。

二是继续优化产业结构，增加高端的创造性工作。我国就业结构性矛盾日益加深，"有人没活干、有活没人干"的现象并存。解决结构性就业矛盾，重点还是要进行大规模的职业技能培训，提高岗位需求与人才供给的匹

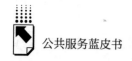

配度。教育专家指出，高学历专业无法匹配到相应职业造就同龄大学生竞争激烈，建议相关政策与时俱进、深度考虑问题，努力化解结构性就业矛盾。此外，沈阳师范大学招生就业指导处处长付志平指出，毕业生要树立正确的就业观念，在全面了解本专业就业形势的基础之上，调整好就业心理，降低就业期望值，提升职业适应度。

三是多种措施并举，解决"996"等违反相关法规的工作制度。中央财经大学法学院教授沈建峰认为，从制度建设角度来看，需要解决好劳动定额问题，保证劳动者在日常8小时工作时间内可以获得足够的生活成本，避免通过加班获得足够生活资金的情况；需要解决好加班费问题，如果没有加班费等补贴限制，企业零成本要求劳动者加班，必然导致加班泛滥；需要解决好救济制度问题，通过严格行政执法和加强管理，协调好企业利益与劳动者合法权益，减少劳动者维权成本；需要解决好工时、劳动合同弹性和社会保险的平衡问题。

四是扩大师资资源，从企业引进"双师型"教师。一些教育学者指出，高职扩招需稳步进行，师资力量、教学质量将影响就业前景。深圳信息职业技术学院院长孙涌认为，高职扩招，师资更加紧张，只能慢慢过渡到以企业招聘为主。建议从企业引进"双师型"教师，并且不断到企业进行实践、学习，让学校、企业打通双向流通机制。

七　收入分配政策热点问题：减税降费政策落实

减税降费是我国积极财政政策加力增效的重要内容，也是深化供给侧结构性改革的重要举措。近年来，一系列减税降费政策逐步落地，效果明显，受到舆论广泛好评。其中，国家税务总局开发个人所得税 App 全面上线，国家税务总局印发通知全力推进减税降费政策落实，均成果显著。2018 年 12月 31 日，由国家税务总局开发的个人所得税 App 软件专项附加扣除信息填报功能正式上线使用，纳税人足不出户即可在手机 App 上办理专项附加扣除信息采集、综合所得年申报、分类所得自行申报、税收优惠备案、缴税退税等业务。通过 App 填报的信息将直接传入税务云端，中间环节不再需要人工操作，确保数据传输准确、高效。2019 年 1 月 24 日，税务总局印发通知，要求全国税务系统采取实打实、硬碰硬的举措，贯彻落实好各项减税降费政策，确保企业和群众有获得感，提振市场信心，促进经济实现高质量发展。舆论对政府普惠性减税等政策措施落实、线上便捷纳税服务予以点赞和支持。也有声音认为，推进减税降费政策具有一定挑战性，易加剧财政收支压力等。

1. 典型案例

案例 1　国家税务总局开发个人所得税 App 全面上线

据人民网、央广网、新华网、国家税务总局网等媒体报道，2018 年 12 月 31 日，由国家税务总局开发的个人所得税 App 软件的专项附加扣除信息填报功能正式上线使用，个人所得税 App 软件可在税务部门官方网站扫描二维码或在主流应用市场下载使用。该软件能够方便、快捷、准确地办理个人所得税有关事项。随着移动互联网高速发展，个人所得税 App 正式启用更利于群众了解新税收政策及高效便捷办理个人所得税等相关事宜。舆论认为，个人所得税 App 启用，在政府工作效率提高、迎合群众需求、促进城市发展等方面将起积极推动作用。也有舆论认为，个人所得税 App 刚启用不久，各方面还亟待完善和优化，如填报进程烦琐、服务器不稳定等。

2019 年 1 月 5 日，国家税务总局消息显示，随着新个税法从该月初开始实施，国家税务总局推出的"个人所得税"App 下载量和注册量大幅提升。但据媒体报道，一批仿冒国家税务总局"个人所得税"App 的软件悄然现身网络，其中有的纯粹蹭热度，有的则是恶意软件，故意窃取用户个人信息。对此，税务部门提醒，因个税登记涉及众多个人隐私信息，用户在使用软件时务必谨慎，不要在非正规渠道下载软件以及登记个人信息。

案例 2　国家税务总局印发通知全力推进减税降费政策落实

2019 年 1 月 24 日，新华网、中国政府网、国家税务总局网等媒体报道称，税务总局日前印发《关于深入贯彻落实减税降费政策措施的通知》，要求全国税务系统贯彻落实各项减税降费政策，提升企业和民众获得感，提振市场信心，实现经济高质量发展。《通知》要求，各省税务机关需指定专门部门、专人负责中小微企业服务工作。各级税务机关需做好减税降费政策措施落实情况，事后需统计完善数据，并对数据进行分析，务必做到"心中有数""底账清晰"。各省税务机关还需对减免税数据进行日常审查，提升统计数据的质量和时效；需积极主动评估减税政策实施情况，及时汇报政策运行情况及经济效应分析。舆论认为全力推进减税降费政策落实，政策性举措与服务性举措并进，使群众更具获得感。也有舆论认为，随着经济增长放缓及减税降费政策实施，中国地方政府或将面临更大的财政压力。2019年1月1日至4月25日，国家税务总局全力推进减税降费政策相关信息总量为249.4万条（见图2-19）。

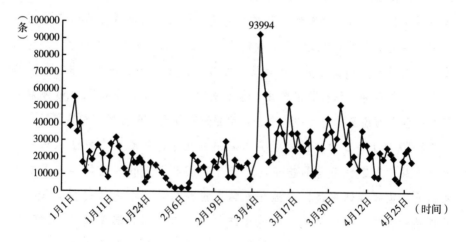

图2-19　2019年1月1日~4月25日中央减税降费政策相关话题全网传播趋势

腾讯指数大数据分析显示，社会公众对减税降费类话题的情感倾向以正面为主，相关占比约为67%。主要以点赞政府出台系列减税降费政策为主，认为政策切实惠民。负面观点占比为13%，认为税收政策改革道路漫长，各方面均亟待完善优化（见图2-20）。

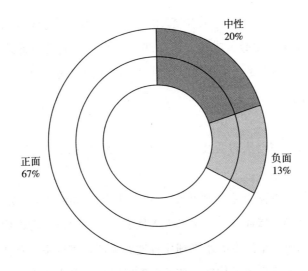

图 2 - 20 减税降费话题网民立场占比

统计周期内，涉减税降费相关话题引发舆论热烈探讨，腾讯指数大数据分析显示，"专项附加扣除""进项税额""加计抵减政策"等词传播热度位居前列，其中"专项附加扣除"成为高频词汇，充分体现网民对个税改革的高度关注，认为个税改革为百姓减负，提升了民众获得感。"实施""税改""上线""享受""第一时间体验"成为舆论讨论高频词，体现出网民对减税降费政策的肯定，同时也能看出网民对各项措施切实惠民给予希望。

2. 问题与风险

在减税降费有关话题中，舆论主要关心以下几个问题。一是呼吁加强税务工作人员作风建设，提升纳税机关办事满意度，增强纳税人获得感是我国实施推进新时代税收现代化新征程的坚强保证。如 2019 年 1 月 18 日，国家税务总局召开全国税务系统全面从严治党工作会议，要求各地税务部门领导和工作人员积极去除形式主义、官僚主义，积极开展思想政治工作，督促队伍融合，进一步加强作风建设。二是认为税收政策制定与现实存在脱节问题，亟待进行改革完善。有观点认为，个税专项附加扣除零申报等于中断纳税，或影响个人落户、购房、购车资格，质疑系官方通过政策卡人，与现实

存在差异。三是在经济下行压力较大的情况下，减税降费对于大型企业而言虽然在一定程度上降低了成本，但对部分中小企业而言反而增加了运营成本。"大账"获得满足，而激发市场活力、推动经济增长的"小账"却受到了严重损害。

3. 对策建议

针对减税降费落实过程中存在的问题，舆论建议主要集中在以下几个方面。

一是建议个税起征点考虑地区差异，让起征标准具备一定弹性。新华网、中国江苏网等媒体报道，全国人大代表颜宝玲建议，考虑到全国各地经济发展差异，应按地区发展水平细化各地的起征点和税率。有文章认为，我国地域广，各地区发展不均衡，各地经济发展程度和人民生活水平存在较大差异，应该制定更加具有弹性的个税起征点。文章建议我国税制应考虑地区弹性问题，依据不同地区人均工资和消费水平制定浮动税率区间，具体浮动范围由政府部门通过大数据分析加以控制，因地制宜征收个税，才能切合当前我国国情。

二是建议重视并解决国地税机构合并后的遗留问题，让改革无后顾之忧。有文章认为，国地税合并后，税务人员如何安置成为改革的一股阻力，改革内容和工作量大极有可能造成税收征管、人事管理、内部审查等方面出现缺漏，使税收监督制约机制无法发挥效用。此外，如何提升在不同管理体制下国家税务总局与地方政府的合作默契，又是国地税合并的另一大难题。新时代税收体系发展和完善任重道远，大量遗留问题必将成为改革之路的绊脚石，因此，解决好改革遗留问题才能使改革无后顾之忧。

三是强化地方政府预算支出约束，使税率下调传导效应更好受益于实体经济。有文章认为，政府应进一步改革财政分配体制，合理化预算分配。此外，政府应加大住房市场、教育体制、医疗三大民生领域的改革治理力度，加快供给侧结构性改革步伐，提高广大人民群众的可支配收入，为扩大社保覆盖面奠定物质、经济基础。

八 公共教育领域热点问题：学术造假与违规招生

2019 年，涉及公共教育领域的热点事件频频爆出，学术不端、违规招生、区域教育公平等话题一再被提及。针对以上问题，相关部门印发《关于进一步弘扬科学家精神加强作风和学风建设的意见》，出台文件规范民办学校招生、加强学籍管理，受到舆论认可。与此同时，有关专家呼吁对学术不端行为要"坚决发现一起、核实一起、查处一起，绝不姑息"，建议发挥政府主导作用，办好均衡高质量的公办学校，规范民办教育发展，以促进公共教育服务整体水平的提升。

1. 典型案例

案例 1 演员翟天临学术造假风波

2019 年 2 月 8 日，央广网、新华网、中国网等媒体报道，曾参与 2019 年央视春晚节目演出的演员翟天临被曝光违规获得博士学位，公开发表的论文涉嫌抄袭。事件因其 1 月底在新浪微博晒出北京大学光华管理学院博士后通知书而起，随后网民曝光其在 2018 年一期直播中"不知知网为何物"，舆论质疑迅速发酵（见图 2-21）。随后，翟天临博士学位授予单位北京电影学院陈浥、张辉等相关人员陆续被爆料涉嫌博导资历不足、职务腐败、利益输送等多项违规违纪行为。翟天临涉嫌学历造假事件，从最初的娱乐热点，逐步发展到公众对北京电影学院、北京大学两大高校博士生招收培养工作，以及翟天临导师及院校其他老师涉嫌若干违法违规行为的拷问，学术不端、高校腐败、教育公平等成为舆论痛点。北京电影学院、北京大学有关回应被指故意拖延、"甩锅"，未得到舆论认可，呼吁教育部、纪委等更高级别部门介入调查，严惩涉事高校有关人员违法行为的声音高涨。2019 年 2 月 19 日，北京电影学院公布关于"翟天临涉嫌学术造假"等问题的调查进展，宣布撤销翟天临博士学位，取消陈浥博导资格。

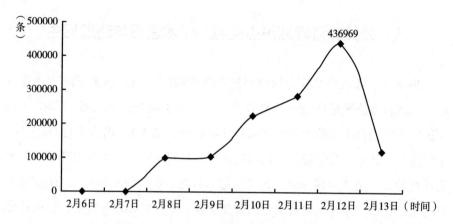

图 2-21 2019 年 2 月 6 ~ 13 日演员翟天临学术造假事件全网传播趋势

案例 2 北大三次退档河南考生事件

2019 年 8 月 13 日，中国经济网、中国新闻网等媒体报道，2019 年高招期间，北京大学在河南省"国家专项计划"理工类招生计划 8 人。第一志愿报考考生有 8 人，其中，第 6 名考生考分为 667 分，第 7 名 542 分，第 8 名 536 分，而第二志愿考生中有高分考生。北京大学发布说明称，河南省招生办向北京大学投出"国家专项计划"理工类第一志愿 8 人档案，经双方充分沟通、正常交互后，在录取系统中对第 7 名、第 8 名考生予以退档。接到函件后，河南省曾先后三次向北大发出请求，希望能为这两位遭退档的贫困生争取希望："河南整体生源质量较高，考生基础扎实、请考虑为盼。"但最终北京大学仍以"考生入校后极有可能因完不成学业被退学"为由予以退档。2019 年 8 月 11 日，北京大学回应，涉及的有两名考生，一人 536 分，另一人 542 分，将按程序补录两名已退档考生。北大表示，"国家专项计划"是国家面向贫困地区的专项招生计划，是实现教育公平的政策举措。对于该次招录工作，学校诚恳接受社会批评和监督，积极纠错、自省，未来将加强完善录取工作制度，贯彻落实"国家专项计划"的各项要求，严格遵守招生录取工作制度，帮助每一位学生健康成长成才。该事件引发舆论热议，北大成为众矢之的。整个过程中，"高校招生自主权""高考公平""教育公平"等问题引发持续讨论,部分网民甚至质疑专项计划存在漏洞、规则存在"黑箱",将此事冠以"北大退档贫困生"的标签扩大传播(见图2-22)。

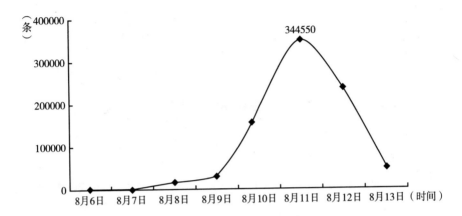

图2-22 2019年8月6~13日北大三次退档河南考生事件全网传播趋势

案例3 北师大珠海分校停办引发争议

据《新京报》、中国教育在线等媒体报道,2019年4月8日,教育部批复同意北京师范大学建设珠海校区。原北师大珠海分校将从2019年起逐年调减招生计划,于2021年停止招生,2024年终止办学。北京师范大学珠海分校面临停办,学校将逐步移交给北京师范大学珠海校区。陆续有消息称,过渡期间将"隔离"两校学生教学,官方文件提及"加强新生入学教育工作,避免珠海校区和分校学生身份混淆"。由于此前北师大官方未对停办后学生权益保障等问题做出说明,引发分校部分学生和家长抗议。截至6月12日15时,北师大珠海分校停办全网相关信息传播量约34.9万条(见图2-23)。

案例4 南京应用技术学校暴露招生乱象亟待治理

2019年4月24日,新浪微博多位网民曝光南京应用技术学校"虚假招生"以及由此引发的家长上访、学生闹事等情况,引发舆论持续关注。此后,《这到底是知识的殿堂还是人间炼狱?》以及《"南应"又刷屏?聊聊这

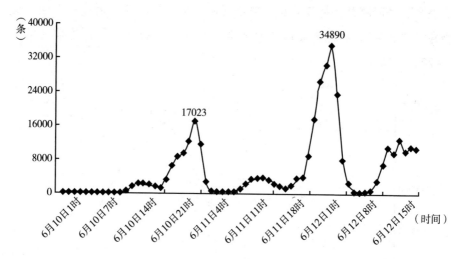

图2-23 2019年6月10日1时~12日15时北师大珠海分校停办全网传播趋势

篇文章背后的"许长安"》两篇文章在社交媒体上刷屏，舆情两次被推至顶峰（见图2-24）。5月7日，南京市委宣传部新闻发布官方微博"@南京发布"发布关于南京应用技术学校部分学生学籍问题处理情况的通报称，南京应用技术学校采取虚假宣传、随意允诺的方式违规招生，南京市和江宁区正展开深入调查，将依法依规严肃追究相关责任人。对于造谣生事，闯入校园煽动闹事、打砸设施人员，公安机关已依法处置。5月8日，教育部召开新闻发布会，介绍高职扩招专项工作情况和《高职扩招专项工作实施方案》主要内容，并回应南京应用技术学校事件。5月22日，南京东方文理研修学院董事长、应天职业技术学院原党委书记王中平和南京应用技术学校校长张璟，因涉嫌诈骗被南京市公安机关依法刑事拘留。此次事件引发舆论关注民办学校违规招生乱象，舆论纷纷呼吁"刑拘负责人不是句号"，要坚决防止民办职业学校在职业教育改革的背景下试图走捷径、套私利，损害学生利益的行为。

社会各界对教育领域的关注度持续走高，上述事件相关讨论均被延伸至学术规范、教育公平、违规招生等多个方面。腾讯大数据分析发现，在公共

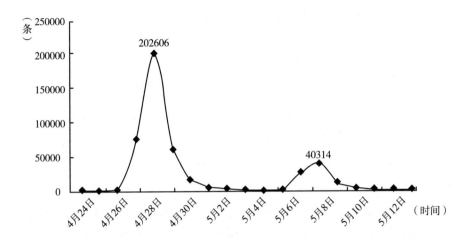

图2-24　2019年4月24日~5月12日南京应用技术学校事件全网传播趋势

教育类社会热点事件的讨论中，22%的正面观点肯定教育部门在扶持基础教育、农村教育方面做出的工作；38%的中性观点呼吁出台更多改革政策，加大对学术不端行为的惩处力度；40%的负面观点对当前教育工作和教育形势呈现悲观态度，表达出对阶层固化和教育资源分配不均的不满（见图2-25）。

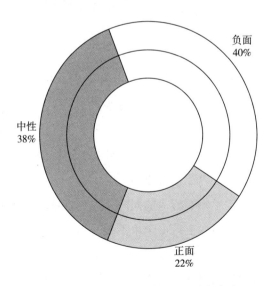

图2-25　涉公共教育话题网民立场占比

2. 问题与风险

教育问题一直是社会及互联网舆论关注的重点和敏感点，梳理发现在涉及公共教育领域的话题中，存在以下问题与风险。一是近年来论文抄袭、学位注水等学术不端行为接连曝出，翟天临事件和华南理工大学教师篡改考生成绩等事件，引发舆论再度聚焦高校种种学术乱象，相关讨论已从学术造假逐渐向教育公平、阶层固化等方向转移，需警惕舆论衍生出对当今教育体制、学术圈乱象、官本位思想、资本市场逐利等多方批判声音，造成负面影响。二是北大提档又退档引发舆论痛斥高校对契约精神和规则的漠视，教育公信力备受拷问。事件传导出的教育资源分配不均的冲突和精英教育漠视规则的傲慢与偏见，导致舆论大多数同情弱者，事件展现出的教育扶贫政策存在的落实难困境，引发舆论对政策的精准性和有效性产生怀疑。三是公共教育领域频出的负面典型案例间接诱发公众日趋上涨的焦虑情绪，唯恐落于人后的从众心理，从侧面助涨了择校热和辅导潮。民办、私立学校竞相"掐尖"，非公立学校的快速崛起引发"公退民进"问题，逐步出现教育资源失衡的现象，加大了社会总体教育负担。而部分高校、职校违规招生问题也引发舆论高度关注，教育问题引发的社会阶层分化问题再度引发舆论担忧阶层固化。

3. 对策建议

针对学术造假等科研作风问题，2019年6月，中办、国办印发《关于进一步弘扬科学家精神加强作风和学风建设的意见》，引发舆论点赞。各界舆论纷纷呼吁加强学风建设，弘扬科学家精神，营造风清气正的科研生态，杜绝学术造假、违规招生等不良风气。此外，舆论围绕教育领域突出问题提出有关建议，主要集中于以下几个方面。

一是建议在严惩学术不端行为的同时，建立有效的沟通机制，确立导师对学生的连带责任，从根源上打击学术不端行为，并从国家层面建立起学术规范制度，让学术监督和惩戒有章可循、有法可依，从而遏制住当前在学术界弥漫的浮躁学风和学术泡沫。

二是建议发挥政府主导作用，办好均衡高质量的公办学校，最大限度缩小校际差距。政府可通过加大经费投入，提高师资建设，改善贫困学校的办学条件，提高办学质量。与此同时，加强对民办、私立学校办学机制的监管，保证教育公平公正。

三是针对民办教育过度发展、公办教育投入不足，个别民办学校违规招生、违规办学等问题，建议政府、学校等有关部门加强学籍信息管理，规范学校招生程序。如《经济观察报》评论称，目前，国家对职业教育正不断放开限制，先是 2019 年 2 月出台了《国家职业教育改革实施方案》，再是 5 月教育部宣布高职要扩招 100 万人，并取消高职招收中职毕业生的比例限制。在此背景下，对职校招生乱象的治理更是当务之急，要坚决防止民办职业学校在职业教育改革的背景下试图走捷径、套私利，损害学生利益的行为。

评 价 报 告

Evaluation Reports

B.3

2019年主要城市公共服务满意度
评价报告[*]

摘　要：　本报告以地方政府基本公共服务力评价指标体系为依据，对
全国38个主要城市的公共服务现状进行系统评价和横向比较
分析，全面揭示各主要城市公共服务满意度的基本情况，并
根据不同的分类标准对不同类型城市的基本公共服务满意度
评价情况进行对比研究。从总体来看，西部城市基本公共服
务满意度最高，其次是东部城市，得分最低的是中部城市；
计划单列市的基本公共服务满意度总体得分最高，其次是经
济特区城市，直辖市和省会城市得分相对较低。

关键词：　基本公共服务　基本公共服务满意度　城市治理

---

　　* 执笔:罗紫罗兰、万相昱、郑晓君;统稿:钟君、刘志昌。

一 38个主要城市基本公共服务满意度评估概要

（一）2019年珠海市基本公共服务满意度评估概要

珠海市在2019年城市基本公共服务满意度网络调查中得分为69.81，在我国38个主要城市中排名第1。从10个基本公共服务满意度单项指标来看，珠海基础教育、公共文化体育2项要素满意度在38个城市中排名第1，公职服务、社会保障和就业创业2项要素满意度排名第2，城市环境和公共住房2项要素满意度排名第3，其他要素满意度排名也均在38个城市前10，其中公职服务、城市环境、公共安全、公共文化体育、基础教育、医疗卫生、公共信息化服务7项要素满意度得分高于70分，表现突出，满意度情况整体优秀且较为均衡（见表3-1、图3-1）。

表3-1 2019年珠海市基本公共服务满意度各要素得分排名

珠海	公共交通	公共安全	公共住房	基础教育	社会保障和就业创业	公共信息化服务	医疗卫生	城市环境	公共文化体育	公职服务	总体满意度
得分	64.43	73.33	58.10	71.27	67.77	70.72	70.75	73.40	71.70	76.68	69.81
排名	10	9	3	1	2	7	4	3	1	2	1

（二）2019年拉萨市基本公共服务满意度评估概要

拉萨市在2019年城市基本公共服务满意度网络调查中得分为69.58，在我国38个主要城市中名列第2。从10个基本公共服务满意度单项指标来看，拉萨公共安全、城市环境、社会保障和就业创业、公共住房4项要素满意度在38个城市中排名第1，基础教育单项要素满意度排名第2，医疗卫生、公共文化体育和公共交通3项也名列前十，只有公共信息化服务单项排名较为靠后。从满意度得分来看，10项要素中公共安全、城市环境、公职

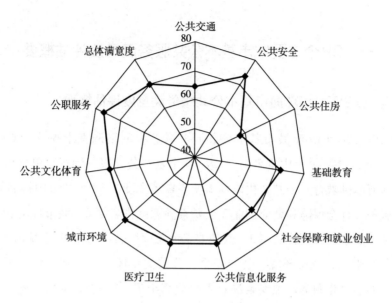

图3-1 2019年珠海市基本公共服务满意度各要素得分

服务、医疗卫生、公共文化体育、基础教育6项得分超过70，表现突出，满意度情况整体较为优秀（见表3-2、图3-2）。

表3-2 2019年拉萨市基本公共服务满意度各要素得分排名

拉萨	公共交通	公共安全	公共住房	基础教育	社会保障和就业创业	公共信息化服务	医疗卫生	城市环境	公共文化体育	公职服务	总体满意度
得分	64.48	77.70	59.37	70.10	69.14	65.55	70.72	76.88	70.16	71.67	69.58
排名	9	1	1	2	1	24	5	1	7	11	2

（三）2019年西宁市基本公共服务满意度评估概要

2019年西宁市在城市基本公共服务满意度网络调查中得分为69.34，在我国38个主要城市中排名第3。从10个基本公共服务满意度单项指标来看，西宁公职服务满意度在38个城市中排名第1，公共安全、公共住房2

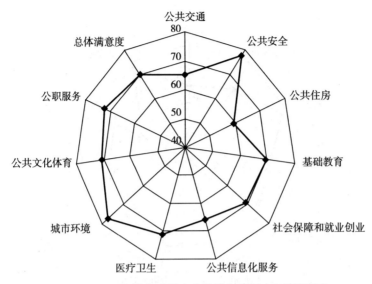

图3-2 2019年拉萨市基本公共服务满意度各要素得分

项要素满意度排名第2,公共交通排名第4,公共信息化服务排名第5,城市环境排名第6,社会保障和就业创业排名第7,医疗卫生、基础教育排名第8,公共文化体育排名第9,均进入38个城市前10,其中公职服务、公共安全、城市环境、公共信息化服务要素满意度得分超过70,说明该城市居民在这4项上的满意度水平较高,整体城市基本公共服务满意度情况较为优秀(见表3-3、图3-3)。

表3-3 2019年西宁市基本公共服务满意度各要素得分排名

西宁	公共交通	公共安全	公共住房	基础教育	社会保障和就业创业	公共信息化服务	医疗卫生	城市环境	公共文化体育	公职服务	总体满意度
得分	65.72	77.19	58.61	67.46	65.66	71.05	69.62	71.92	68.86	77.35	69.34
排名	4	2	2	8	7	5	8	6	9	1	3

(四)2019年厦门市基本公共服务满意度评估概要

2019年厦门市在城市基本公共服务满意度网络调查中得分为68.72,在

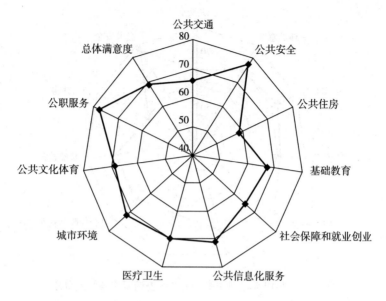

图 3 - 3　2019 年西宁市基本公共服务满意度各要素得分

我国 38 个主要城市中排名第 4。从 10 个基本公共服务满意度单项指标来看，厦门城市环境要素满意度在 38 个城市中排名第 2，医疗卫生排名第 3，公共安全、公共文化体育、公共信息化服务 3 项要素满意度排名第 4，基础教育、社会保障和就业创业排名第 6，公职服务、公共交通单项分别排名第 7、第 8，均进入 38 个城市前 10，其中公共安全、城市环境、公职服务、公共文化体育、公共信息化服务、医疗卫生得分超过 70，说明该城市居民在这 6 项上的满意度水平较高，城市整体满意度情况较为优秀，只是公共住房的满意度得分有待提升（见表 3 - 4、图 3 - 4）。

表 3 - 4　2019 年厦门市基本公共服务满意度各要素得分排名

厦门	公共交通	公共安全	公共住房	基础教育	社会保障和就业创业	公共信息化服务	医疗卫生	城市环境	公共文化体育	公职服务	总体满意度
得分	64.60	75.40	52.11	68.77	65.98	71.30	70.82	74.60	71.36	72.29	68.72
排名	8	4	11	6	6	4	3	2	4	7	4

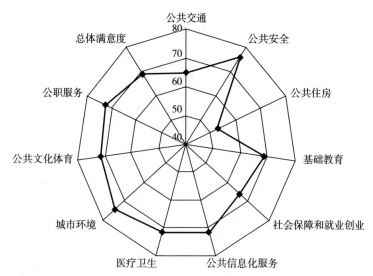

图3-4 2019年厦门市基本公共服务满意度各要素得分

（五）2019年兰州市基本公共服务满意度评估概要

2019年兰州市在城市基本公共服务满意度网络调查中得分为68.40，在我国38个主要城市中排名第5。从10个基本公共服务满意度单项指标来看，兰州医疗卫生满意度在38个城市中排名第1，基础教育、社会保障和就业创业2项排名第3，公共文化体育、公共安全、公职服务、公共住房、城市环境、公共信息化服务单项排名均进入38个城市前10，其中公共安全、公职服务、医疗卫生、公共文化体育、城市环境得分超过70，市民满意度较高，只有公共交通单项排名相对较低。整体来看，兰州市基本公共服务满意度较为优秀但均衡性有待提高（见表3-5、图3-5）。

表3-5 2019年兰州市基本公共服务满意度各要素得分排名

兰州	公共交通	公共安全	公共住房	基础教育	社会保障和就业创业	公共信息化服务	医疗卫生	城市环境	公共文化体育	公职服务	总体满意度
得分	63.31	74.95	53.13	69.31	67.28	69.22	72.29	70.93	71.06	72.45	68.40
排名	14	6	6	3	3	9	1	8	5	6	5

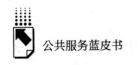

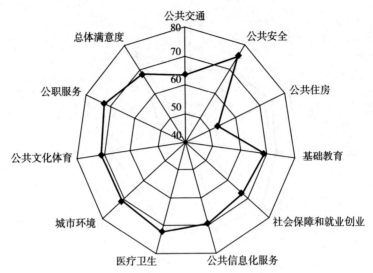

图3-5 2019年兰州市基本公共服务满意度各要素得分

(六) 2019年宁波市基本公共服务满意度评估概要

宁波市在2019年城市基本公共服务满意度网络调查中得分为68.33,在我国38个主要城市中排名第6。从10个基本公共服务满意度单项指标来看,宁波公共交通满意度在38个城市中排名第3,社会保障和就业创业单项排名第4,公共信息化服务、医疗卫生、公共文化体育排名第6,公共安全、城市环境、基础教育排名第7,公职服务、公共住房排名第8,全部要素单项排名均进入前10,其中公共安全、公职服务、城市环境、公共信息化服务、医疗卫生、公共文化体育6项的满意度得分超过70。整体来看,宁波市基本公共服务满意度表现较好但均衡性还有待提高(见表3-6、图3-6)。

表3-6 2019年宁波市基本公共服务满意度各要素得分排名

宁波	公共交通	公共安全	公共住房	基础教育	社会保障和就业创业	公共信息化服务	医疗卫生	城市环境	公共文化体育	公职服务	总体满意度
得分	65.99	74.16	52.86	68.26	66.54	70.78	70.61	71.59	70.42	72.12	68.33
排名	3	7	8	7	4	6	6	7	6	8	6

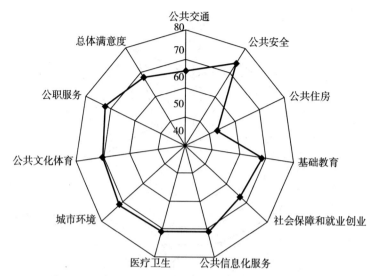

图 3-6　2019 年宁波市基本公共服务满意度各要素得分

（七）2019年贵阳市基本公共服务满意度评估概要

贵阳市在2019年城市基本公共服务满意度网络调查中得分为67.60，在我国38个主要城市中排名第7。从10个基本公共服务满意度单项指标来看，贵阳医疗卫生、公共信息化服务满意度在38个城市中排名第2，公共文化体育单项排名第3，城市环境、基础教育、社会保障和就业创业、公共安全、公职服务排名亦均进入前10，其中公共安全、城市环境、公职服务、公共信息化服务、公共文化体育、医疗卫生6项要素满意度得分超过70，但公共住房、公共交通2项要素排名靠后且满意度较低，需要重点关注。整体来看，贵阳市基本公共服务满意度表现较好，但均衡性亟须提升，特别是在公共交通和公共住房方面（见表3-7、图3-7）。

表 3-7　2019 年贵阳市基本公共服务满意度各要素得分排名

贵阳	公共交通	公共安全	公共住房	基础教育	社会保障和就业创业	公共信息化服务	医疗卫生	城市环境	公共文化体育	公职服务	总体满意度
得分	58.12	73.46	50.00	68.78	66.42	71.73	71.11	72.90	71.38	72.08	67.60
排名	35	8	23	5	5	2	2	4	3	9	7

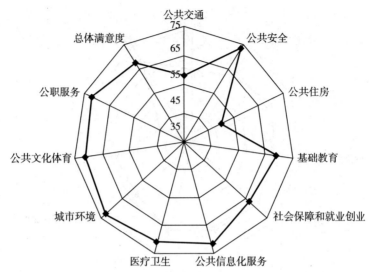

图 3 - 7　2019 年贵阳市基本公共服务满意度各要素得分

（八）2019年汕头市基本公共服务满意度评估概要

汕头市在 2019 年城市基本公共服务满意度网络调查中得分为 66.56，在我国 38 个主要城市中排名第 8。从 10 个基本公共服务满意度单项指标来看，汕头基础教育满意度在 38 个城市中排名第 4，表现突出，医疗卫生单项排名第 7，公共文化体育、社会保障和就业创业单项排名第 8，公共安全、城市环境、公共信息化服务排名第 10，其中公共安全、公职服务满意度得分超过 70，说明当地居民对于这些项的满意度较高，但公共交通和公共住房不仅排名靠后且得分较低，说明有较大提升空间，特别是公共交通需要重点关注。整体来看，汕头市基本公共服务满意度表现较好，但均衡性有待提高（见表 3-8、图 3-8）。

表 3 - 8　2019 年汕头市基本公共服务满意度各要素得分排名

汕头	公共交通	公共安全	公共住房	基础教育	社会保障和就业创业	公共信息化服务	医疗卫生	城市环境	公共文化体育	公职服务	总体满意度
得分	59.40	73.19	49.67	69.26	64.91	68.64	69.72	69.74	69.45	71.58	66.56
排名	31	10	25	4	8	10	7	10	8	12	8

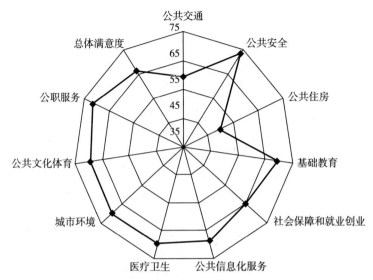

图 3 – 8　2019 年汕头市基本公共服务满意度各要素得分

（九）2019年杭州市基本公共服务满意度评估概要

杭州市在 2019 年城市基本公共服务满意度网络调查中得分为 65.54，在我国 38 个主要城市中排名第 9。从 10 个基本公共服务满意度单项指标来看，杭州公共信息化服务满意度在 38 个城市中排名第 3，城市环境排名第 5，公共交通排名第 6，医疗卫生排名第 9，在得分上城市环境、公共信息化服务、公职服务、公共安全 4 项满意度得分超过 70，单项表现较好，但是公共住房、基础教育、社会保障和就业创业这 3 项满意度得分和排名相对较低，有较大提升空间，特别是公共住房和基础教育需要重点着力提升。整体来看，杭州市基本公共服务满意度表现较好，但均衡性有待提高（见表 3 – 9、图 3 – 9）。

表 3 – 9　2019 年杭州市基本公共服务满意度各要素得分排名

杭州	公共交通	公共安全	公共住房	基础教育	社会保障和就业创业	公共信息化服务	医疗卫生	城市环境	公共文化体育	公职服务	总体满意度
得分	64.69	70.37	48.52	60.35	61.04	71.48	67.92	72.47	67.37	71.18	65.54
排名	6	15	29	22	18	3	9	5	11	13	9

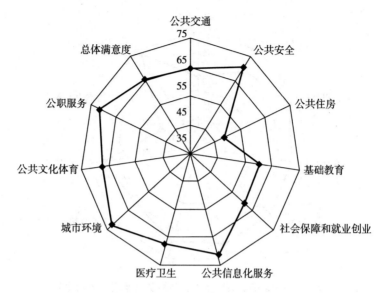

图 3 – 9　2019 年杭州市基本公共服务满意度各要素得分

（十）2019年大连市基本公共服务满意度评估概要

　　大连市在 2019 年城市基本公共服务满意度网络调查中得分为 65.37，在我国 38 个主要城市中排名第 10。从 10 个基本公共服务满意度单项指标来看，大连基础教育、社会保障和就业创业、公共住房 3 项满意度在 38 个城市中排名第 9，公共文化体育排名第 10，在得分上公共安全满意度超过 70，单项表现较为优秀，而医疗卫生、公职服务、公共信息化服务、公共交通这 4 项满意度得分和排名处于中等偏上水平，城市环境则还有较大提升空间。整体来看，大连市基本公共服务满意度表现较好且较为均衡（见表 3 – 10、图 3 – 10）。

表 3 – 10　2019 年大连市基本公共服务满意度各要素得分排名

大连	公共交通	公共安全	公共住房	基础教育	社会保障和就业创业	公共信息化服务	医疗卫生	城市环境	公共文化体育	公职服务	总体满意度
得分	63.11	71.51	52.80	65.49	62.36	66.96	66.94	67.90	67.51	69.08	65.37
排名	15	12	9	9	9	15	13	19	10	15	10

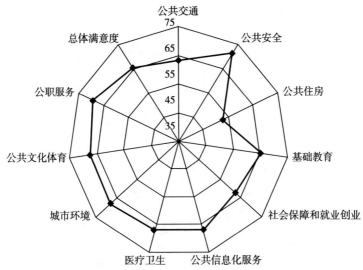

图 3 – 10　2019 年大连市基本公共服务满意度各要素得分

（十一）2019年银川市基本公共服务满意度评估概要

银川市在 2019 年城市基本公共服务满意度网络调查中得分为 65.19，在我国 38 个主要城市中排名第 11。从 10 个基本公共服务满意度单项指标来看，银川公职服务、公共住房 2 项满意度在 38 个城市中排名第 5，公共交通排名第 7，公共安全排名第 11，其中公职服务和公共安全满意度高于70 分，表现较为优秀，而公共信息化服务、医疗卫生、公共文化体育满意度排名也相对较好，但是基础教育、社会保障和就业创业 2 项满意度得分和排名相对较低，有较大提升空间，可以重点关注。整体来看，银川市基本公共服务满意度表现良好且较为均衡（见表 3 – 11、图 3 – 11）。

表 3 – 11　2019 年银川市基本公共服务满意度各要素得分排名

银川	公共交通	公共安全	公共住房	基础教育	社会保障和就业创业	公共信息化服务	医疗卫生	城市环境	公共文化体育	公职服务	总体满意度
得分	64.64	72.14	53.74	60.64	60.27	67.48	65.95	68.20	65.94	72.84	65.19
排名	7	11	5	21	20	13	16	18	16	5	11

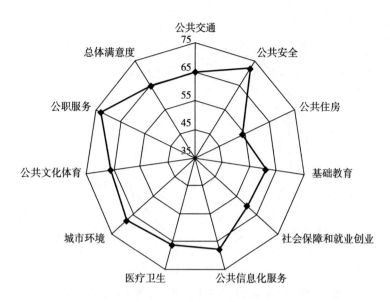

图 3 – 11　2019 年银川市基本公共服务满意度各要素得分

（十二）2019年南昌市基本公共服务满意度评估概要

南昌市在 2019 年城市基本公共服务满意度网络调查中得分为 64.77，在我国 38 个主要城市中排名第 12。从 10 个基本公共服务满意度单项指标来看，南昌公职服务和公共住房 2 项满意度在 38 个城市中均排名第 4，其中公职服务满意度得分超过 70，表现较为优秀，而公共信息化服务、基础教育、社会保障和就业创业、公共安全排名居中，但是城市环境、医疗卫生、公共文化体育、公共交通满意度得分和排名居中偏后，提升空间相对较大。整体来看，南昌市基本公共服务满意度表现尚可，但均衡性亟须提升（见表 3 – 12、图 3 – 12）。

表 3 – 12　2019 年南昌市基本公共服务满意度各要素得分排名

南昌	公共交通	公共安全	公共住房	基础教育	社会保障和就业创业	公共信息化服务	医疗卫生	城市环境	公共文化体育	公职服务	总体满意度
得分	62.21	69.88	55.80	62.74	61.55	68.09	64.63	65.13	64.60	73.07	64.77
排名	21	19	4	14	15	11	23	26	23	4	12

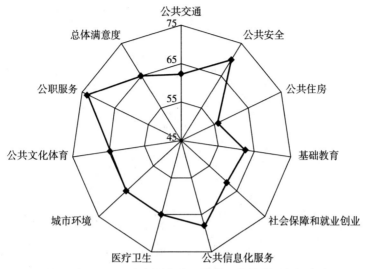

图 3 – 12　2019 年南昌市基本公共服务满意度各要素得分

（十三）2019年上海市基本公共服务满意度评估概要

上海市在 2019 年城市基本公共服务满意度网络调查中得分为 64.68，在我国 38 个主要城市中排名第 13。从 10 个基本公共服务满意度单项指标来看，上海公共交通、公共信息化服务、医疗卫生 3 项满意度分别在 38 个城市中排名第 5，第 8、第 10，表现相对较好，而城市环境、公共文化体育、公共安全、公共住房、社会保障和就业创业、基础教育排名居中，且公共安全满意度得分超过 70，但是公职服务的单项排名相对较低，有较大提升空间。整体来看，上海市基本公共服务满意度在 38 个城市中排名尚属前列，且在四个直辖市当中表现最佳，但仍有提升空间，个别方面需要重点关注（见表 3 – 13、图 3 – 13）。

表 3 – 13　2019 年上海市基本公共服务满意度各要素得分排名

上海	公共交通	公共安全	公共住房	基础教育	社会保障和就业创业	公共信息化服务	医疗卫生	城市环境	公共文化体育	公职服务	总体满意度
得分	64.94	70.60	51.25	61.13	61.40	69.27	67.24	68.93	67.30	64.75	64.68
排名	5	14	16	19	16	8	10	12	12	22	13

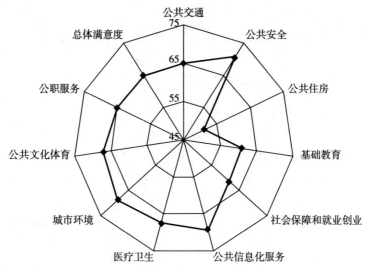

图3-13 2019年上海市基本公共服务满意度各要素得分

(十四)2019年青岛市基本公共服务满意度评估概要

青岛市在2019年城市基本公共服务满意度网络调查中得分为64.53，在我国38个主要城市中排名第14。从10个基本公共服务满意度单项指标来看，青岛公共交通满意度在38个城市中排名第1，也是唯一一个单项进入前十的指标，表现尤为突出，基础教育、公共信息化服务、公共文化体育、公共住房、医疗卫生、城市环境、社会保障和就业创业排名居中，而公共安全和公职服务排名相对较低，有较大提升空间。整体来看，青岛市基本公共服务满意度在38个城市中排名居中靠前，但均衡性有待加强，需要有针对性地扬长补短（见表3-14、图3-14）。

表3-14 2019年青岛市基本公共服务满意度各要素得分排名

青岛	公共交通	公共安全	公共住房	基础教育	社会保障和就业创业	公共信息化服务	医疗卫生	城市环境	公共文化体育	公职服务	总体满意度
得分	66.86	69.38	51.47	63.18	61.07	67.12	65.97	68.69	66.05	65.50	64.53
排名	1	21	14	13	17	14	15	17	14	21	14

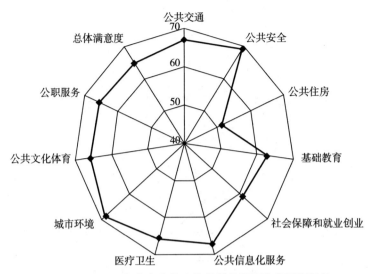

图3-14　2019年青岛市基本公共服务满意度各要素得分

（十五）2019年海口市基本公共服务满意度评估概要

海口市在2019年城市基本公共服务满意度网络调查中得分为64.23，在我国38个主要城市中排名第15。从10个基本公共服务满意度单项指标来看，海口公共信息化服务满意度在38个城市中排名第1，公共文化体育单项排名第2，公职服务、公共安全排名第3，这4项要素表现突出，且得分均在70以上，满意度水平较高，而公共住房单项排名居中，其余的公共交通、医疗卫生、社会保障和就业创业、基础教育、城市环境5项则排名靠后，特别是公共交通和医疗卫生在38个城市中排名最后，需要重点关注。整体来看，海口市基本公共服务满意度在38个城市中排名居中，但各要素间极不均衡，满意度最高和最低的要素在得分和排名上都较为悬殊，公共交通、医疗卫生等方面需要重点关注，着力提升（见表3-15、图3-15）。

表3-15　2019年海口市基本公共服务满意度各要素得分排名

海口	公共交通	公共安全	公共住房	基础教育	社会保障和就业创业	公共信息化服务	医疗卫生	城市环境	公共文化体育	公职服务	总体满意度
得分	57.28	75.51	51.30	59.49	55.35	71.85	58.30	65.16	71.50	76.54	64.23
排名	38	3	15	26	35	1	38	25	2	3	15

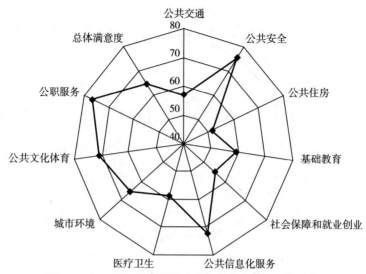

图 3 – 15　2019 年海口市基本公共服务满意度各要素得分

（十六）2019年呼和浩特市基本公共服务满意度评估概要

呼和浩特市在 2019 年城市基本公共服务满意度网络调查中得分为 64.12，在我国 38 个主要城市中排名第 16。从 10 个基本公共服务满意度单项指标来看，呼和浩特公职服务、公共住房满意度在 38 个城市中均排名第 10，特别是公职服务满意度得分超过 70，表现相对较好，社会保障和就业创业、公共安全、医疗卫生、基础教育、公共信息化服务、公共文化体育排名居中，而城市环境和公共交通排名相对较低，有较大提升空间。整体来看，呼和浩特市基本公共服务满意度在 38 个城市中排名居中，均衡性有待提升，公共交通方面需要重点关注（见表 3 – 16、图 3 – 16）。

表 3 – 16　2019 年呼和浩特市基本公共服务满意度各要素得分排名

呼和浩特	公共交通	公共安全	公共住房	基础教育	社会保障和就业创业	公共信息化服务	医疗卫生	城市环境	公共文化体育	公职服务	总体满意度
得分	59.97	70.01	52.42	61.91	61.66	66.13	65.84	66.39	64.84	72.04	64.12
排名	29	17	10	18	14	19	18	20	19	10	16

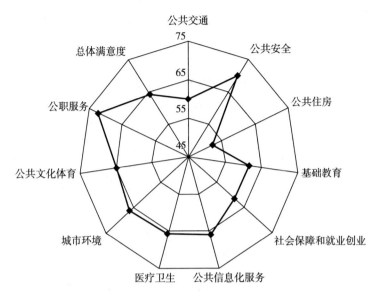

图 3 – 16　2019 年呼和浩特市基本公共服务满意度各要素得分

（十七）2019年济南市基本公共服务满意度评估概要

济南市在 2019 年城市基本公共服务满意度网络调查中得分为 64.05，在我国 38 个主要城市中排名第 17。从 10 个基本公共服务满意度单项指标来看，济南社会保障和就业创业满意度在 38 个城市中排名第 10，表现相对较好，基础教育、公共住房、医疗卫生、公职服务、公共信息化服务、公共安全排名居中，而公共交通、公共文化体育、城市环境排名相对靠后，满意度得分也有很大提升空间。整体来看，济南市基本公共服务满意度在 38 个城市中排名居中，均衡性亟须加强，公共交通、公共文化体育等方面需要重点关注（见表 3 –17、图 3 –17）。

表 3 –17　2019 年济南市基本公共服务满意度各要素得分排名

济南	公共交通	公共安全	公共住房	基础教育	社会保障和就业创业	公共信息化服务	医疗卫生	城市环境	公共文化体育	公职服务	总体满意度
得分	59.84	69.98	52.11	64.10	62.08	66.71	66.78	65.88	64.13	68.94	64.05
排名	30	18	12	11	10	17	14	22	25	16	17

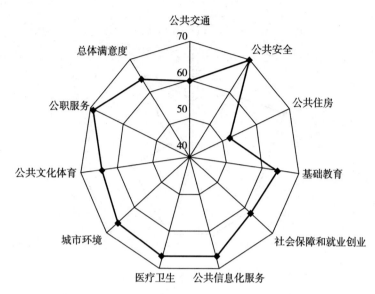

图3-17　2019年济南市基本公共服务满意度各要素得分

（十八）2019年长春市基本公共服务满意度评估概要

长春市在2019年城市基本公共服务满意度网络调查中得分为63.93，在我国38个主要城市中排名第18。从10个基本公共服务满意度单项指标来看，长春公共安全、公共文化体育、公职服务满意度分别在38个城市中排名第13、第13、第14，表现相对较好，尤其是公共安全满意度得分超过70，公共信息化服务、基础教育、医疗卫生、公共住房、社会保障和就业创业排名居中，而公共交通、城市环境的满意度排名相对较低，有较大提升空间。整体来看，长春市基本公共服务满意度在38个城市中排名居中，均衡性欠缺，公共交通、城市环境等方面需要重点关注（见表3-18、图3-18）。

表3-18　2019年长春市基本公共服务满意度各要素得分排名

长春	公共交通	公共安全	公共住房	基础教育	社会保障和就业创业	公共信息化服务	医疗卫生	城市环境	公共文化体育	公职服务	总体满意度
得分	60.87	70.65	51.15	62.41	60.69	66.85	65.93	65.46	66.17	69.14	63.93
排名	27	13	17	16	19	16	17	23	13	14	18

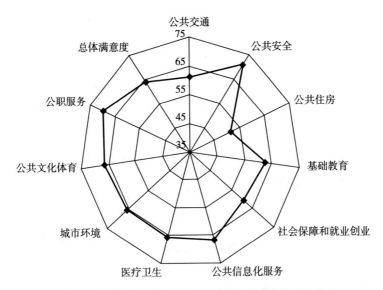

图 3 - 18　2019 年长春市基本公共服务满意度各要素得分

（十九）2019 年太原市基本公共服务满意度评估概要

太原市在 2019 年城市基本公共服务满意度网络调查中得分为 63.93，在我国 38 个主要城市中排名第 19。从 10 个基本公共服务满意度单项指标来看，太原在公共安全方面满意度表现较好，得分 70.06，医疗卫生、基础教育、社会保障和就业创业、公共安全、公职服务、公共文化体育、公共住房排名居中，其中只有公共住房满意度得分低于 60，公共信息化服务、公共交通、城市环境排名相对靠后，有较大提升空间。整体来看，太原市基本公共服务满意度在 38 个城市中排名居中，各指标满意度得分较不均衡，城市环境、公共交通等方面需要重点关注（见表 3 - 19、图 3 - 19）。

表 3 - 19　2019 年太原市基本公共服务满意度各要素得分排名

太原	公共交通	公共安全	公共住房	基础教育	社会保障和就业创业	公共信息化服务	医疗卫生	城市环境	公共文化体育	公职服务	总体满意度
得分	61.90	70.06	51.14	63.48	61.67	66.11	66.94	64.49	65.58	67.95	63.93
排名	23	16	18	12	13	20	12	27	18	17	19

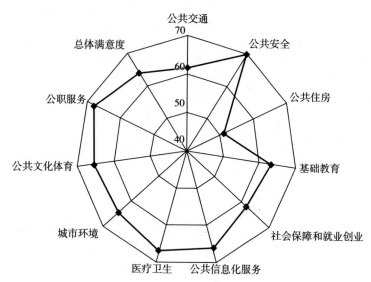

图3-19　2019年太原市基本公共服务满意度各要素得分

（二十）2019年昆明市基本公共服务满意度评估概要

昆明市在2019年城市基本公共服务满意度网络调查中得分为63.68，在我国38个主要城市中排名第20。从10个基本公共服务满意度单项指标来看，昆明基础教育满意度在38个城市中排名第10，表现相对较好，城市环境、医疗卫生、社会保障和就业创业排名第11，相对靠前，公职服务、公共安全、公共文化体育、公共信息化服务排名居中偏后，而公共交通、公共住房排名和得分均较低，特别是公共住房满意度得分低于50，需着力提升。整体来看，昆明市基本公共服务满意度在38个城市中排名偏后，公共住房、公共交通等方面需要重点关注（见表3-20、图3-20）。

表3-20　2019年昆明市基本公共服务满意度各要素得分排名

昆明	公共交通	公共安全	公共住房	基础教育	社会保障和就业创业	公共信息化服务	医疗卫生	城市环境	公共文化体育	公职服务	总体满意度
得分	57.89	69.71	48.51	64.92	61.74	65.65	67.12	69.67	64.83	66.74	63.68
排名	37	20	30	10	11	22	11	11	20	19	20

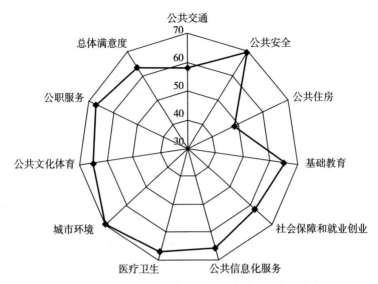

图 3 – 20　2019 年昆明市基本公共服务满意度各要素得分

（二十一）2019年福州市基本公共服务满意度评估概要

福州市在 2019 年城市基本公共服务满意度网络调查中得分为 63.55，在我国 38 个主要城市中排名第 21。从 10 个基本公共服务满意度单项指标来看，福州在城市环境、基础教育、公共交通、公职服务 4 项指标上单项排名居中，满意度得分均超过 60，表现相对较好；而公共安全、公共信息化服务、医疗卫生、公共文化体育、社会保障和就业创业排名相对靠后，说明较其他城市而言，福州在这几项需要重点关注。整体来看，福州市基本公共服务满意度在 38 个城市中排名居中偏后，且公共住房、社会保障和就业创业 2 项满意度得分低于 60，需要着力提升（见表 3 – 21、图 3 – 21）。

表 3 – 21　2019 年福州市基本公共服务满意度各要素得分排名

福州	公共交通	公共安全	公共住房	基础教育	社会保障和就业创业	公共信息化服务	医疗卫生	城市环境	公共文化体育	公职服务	总体满意度
得分	63.01	68.33	50.98	62.73	59.06	65.64	64.76	68.89	64.67	67.39	63.55
排名	16	25	20	15	22	23	22	14	22	18	21

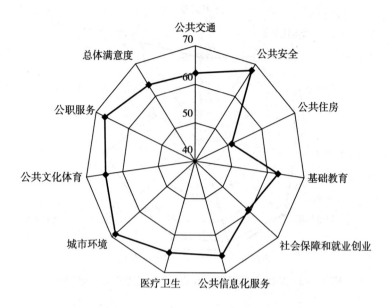

图3-21 2019年福州市基本公共服务满意度各要素得分

（二十二）2019年南宁市基本公共服务满意度评估概要

南宁市在2019年城市基本公共服务满意度网络调查中得分为62.61，在我国38个主要城市中排名第22。从10个基本公共服务满意度单项指标来看，南宁城市环境单项指标的满意度在38个城市中排名第9，得分为69.86，表现较为优秀；公共文化体育排名居中，公共交通、基础教育排名居中靠后，公共住房、社会保障和就业创业、公职服务、公共信息化服务、医疗卫生、公共安全排名处于相对靠后的位置，特别是公共住房满意度得分低于50，社会保障和就业创业得分低于60，说明南宁在这几项需要重点关注。整体来看，南宁市基本公共服务满意度在38个城市中排名偏后且各指标表现不均衡，需要着力提升公共住房、社会保障与就业创业等方面服务水平（见表3-22、图3-22）。

表3-22　2019年南宁市基本公共服务满意度各要素得分排名

南宁	公共交通	公共安全	公共住房	基础教育	社会保障和就业创业	公共信息化服务	医疗卫生	城市环境	公共文化体育	公职服务	总体满意度
得分	62.22	68.47	48.64	61.12	57.55	64.62	64.49	69.86	65.61	63.46	62.61
排名	20	24	27	20	26	26	24	9	17	26	22

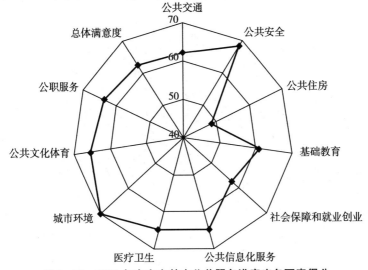

图3-22　2019年南宁市基本公共服务满意度各要素得分

（二十三）2019年乌鲁木齐市基本公共服务满意度评估概要

乌鲁木齐市在2019年城市基本公共服务满意度网络调查中得分为62.54，在我国38个主要城市中排名第23。从10个基本公共服务满意度单项指标来看，乌鲁木齐公共安全指标满意度得分超过75，单项在38个城市中排名第5，表现优秀，公共住房排名第7，虽然得分只有52.96，但相较其他城市表现较好，社会保障和就业创业、基础教育2项指标排名居中，而其他指标的满意度排名则相对较低，尤其是公共信息化服务单项排在38个城市最后一名，满意度得分也低于60，公共文化体育、公职服务、公共交通也都处于相对靠后的位置。整体来看，乌鲁木齐市基本公共服务满意度在38个城市中排名偏后且各指标表现非常不均衡，需要着力提升公共信息化服务、公共文化体育、公职服务等方面服务水平（见表3-23、图3-23）。

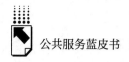

表 3 – 23　2019 年乌鲁木齐市基本公共服务满意度各要素得分排名

乌鲁木齐	公共交通	公共安全	公共住房	基础教育	社会保障和就业创业	公共信息化服务	医疗卫生	城市环境	公共文化体育	公职服务	总体满意度
得分	60.84	75.36	52.96	61.91	61.71	58.40	65.15	65.41	61.94	61.75	62.54
排名	28	5	7	17	12	38	20	24	32	31	23

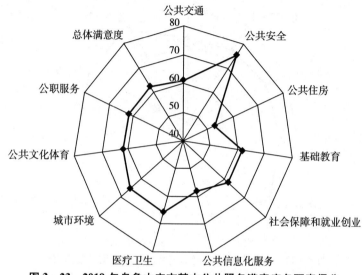

图 3 – 23　2019 年乌鲁木齐市基本公共服务满意度各要素得分

（二十四）2019 年南京市基本公共服务满意度评估概要

南京市在 2019 年城市基本公共服务满意度网络调查中得分为 62.49，在我国 38 个主要城市中排名第 24。从 10 个基本公共服务满意度单项指标来看，南京公共交通满意度在 38 个城市中排名第 2，得分为 66.13，表现相对较好，公共信息化服务和城市环境指标满意度得分也超过 65，排名居中靠前，公共文化体育、公共安全、医疗卫生、公职服务得分均超过 60，但排名偏后，而基础教育、公共住房、社会保障和就业创业等指标的得分较低，排名均处于比较靠后的位置。整体来看，南京市基本公共服务满意度在 38 个城市中排名偏后且各指标表现非常不均衡，需要着力提升基础教育、公共住房等方面服务水平（见表 3 – 24、图 3 – 24）。

表3-24 2019年南京市基本公共服务满意度各要素得分排名

南京	公共交通	公共安全	公共住房	基础教育	社会保障和就业创业	公共信息化服务	医疗卫生	城市环境	公共文化体育	公职服务	总体满意度
得分	66.13	68.80	47.78	56.01	57.78	67.58	63.88	68.91	64.74	63.29	62.49
排名	2	23	32	34	24	12	26	13	21	27	24

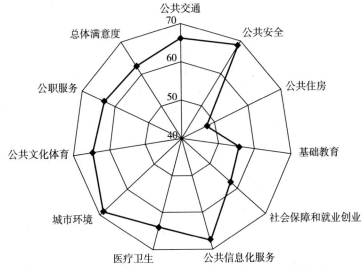

图3-24 2019年南京市基本公共服务满意度各要素得分

（二十五）2019年哈尔滨市基本公共服务满意度评估概要

哈尔滨市在2019年城市基本公共服务满意度网络调查中得分为62.23，在我国38个主要城市中排名第25。从10个基本公共服务满意度单项指标来看，在得分上，哈尔滨公共安全、公职服务、医疗卫生、公共信息化服务、公共文化体育、城市环境、社会保障和就业创业7项指标的满意度得分超过60，但排名居中靠后，公共安全满意度得分为68.82，表现相对较好，而公共交通、基础教育、公共住房3项指标的满意度得分较低，排名也处于相对靠后的位置。整体来看，哈尔滨市基本公共服务满意度在38个城市中排名靠后，需要着力提升公共交通、基础教育、公共住房等方面服务水平（见表3-25、图3-25）。

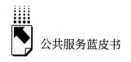

表3-25 2019年哈尔滨市基本公共服务满意度各要素得分排名

哈尔滨	公共交通	公共安全	公共住房	基础教育	社会保障和就业创业	公共信息化服务	医疗卫生	城市环境	公共文化体育	公职服务	总体满意度
得分	58.20	68.82	50.99	59.96	60.09	64.36	65.50	63.62	64.29	66.49	62.23
排名	34	22	19	24	21	27	19	32	24	20	25

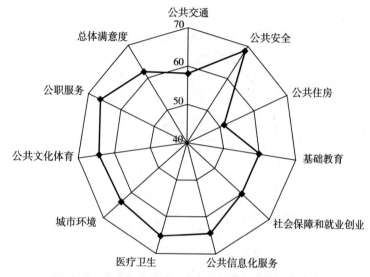

图3-25 2019年哈尔滨市基本公共服务满意度各要素得分

(二十六)2019年沈阳市基本公共服务满意度评估概要

沈阳市在2019年城市基本公共服务满意度网络调查中得分为61.81,在我国38个主要城市中排名第26。从10个基本公共服务满意度单项指标来看,沈阳在公共文化体育单项指标上满意度排名在38个城市中居中,公共住房、公共交通、公职服务排名居中偏后,而城市环境、公共信息化服务、社会保障和就业创业、医疗卫生、公共安全的排名则处于比较靠后的位置。在得分上,公共住房、社会保障和就业创业、基础教育3项指标的满意度得分低于60。整体来看,沈阳市基本公共服务满意度在38个城市中排名偏后,需要着力提升城市环境、公共信息化服务、社会保障和就业创业等方面服务水平(见表3-26、图3-26)。

表3-26　2019年沈阳市基本公共服务满意度各要素得分排名

沈阳	公共交通	公共安全	公共住房	基础教育	社会保障和就业创业	公共信息化服务	医疗卫生	城市环境	公共文化体育	公职服务	总体满意度
得分	62.09	67.38	50.84	59.71	56.64	63.89	63.75	63.42	66.00	64.38	61.81
排名	22	27	21	25	28	29	27	33	15	23	26

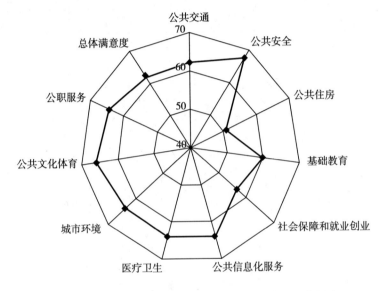

图3-26　2019年沈阳市基本公共服务满意度各要素得分

（二十七）2019年合肥市基本公共服务满意度评估概要

合肥市在2019年城市基本公共服务满意度网络调查中得分为61.79，在我国38个主要城市中排名第27。从10个基本公共服务满意度单项指标来看，合肥在公共安全、公共信息化服务2项指标上满意度得分超过65，但排名居中靠后，公共交通排名在38个城市中相对居中，得分为62.86，而医疗卫生、公职服务、城市环境、公共文化体育、基础教育的得分均高于60，但城市环境和公共文化体育2项的排名较低，公共住房、社会保障和就业创业2项的满意度情况也需要重点关注，得分低于60。整体来看，合肥市基本公共服务满

意度在 38 个城市中排名偏后且各指标表现较不均衡,需要着力提升城市环境、公共文化体育、公共住房等方面服务水平(见表 3-27、图 3-27)。

表 3-27   2019 年合肥市基本公共服务满意度各要素得分排名

合肥	公共交通	公共安全	公共住房	基础教育	社会保障和就业创业	公共信息化服务	医疗卫生	城市环境	公共文化体育	公职服务	总体满意度
得分	62.86	67.39	48.56	60.15	58.38	66.07	64.96	63.31	62.19	64.06	61.79
排名	18	26	28	23	23	21	21	34	31	24	27

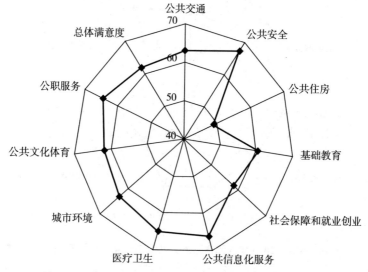

图 3-27   2019 年合肥市基本公共服务满意度各要素得分

(二十八)2019重庆市基本公共服务满意度评估概要

重庆市在 2019 年城市基本公共服务满意度网络调查中得分为 61.60,在我国 38 个主要城市中排名第 28。从 10 个基本公共服务满意度单项指标来看,重庆在公共交通、公共住房 2 项指标上满意度排名居中靠前,城市环境和公共安全 2 项指标满意度得分超过 65,社会保障和就业创业、基础教育、公职服务、公共文化体育、医疗卫生、公共信息化服务等指标排名在 38 个城市中偏后,且得分不高,特别是社会保障和就业创业、基础教育、公共住房3项得分低于60。整体来看，重庆市基本公共服务满意度在38个城市中排名靠后且各指标表现较不均衡，需要着力提升公职服务、医疗卫生、基础教育、社会保障和就业创业等方面服务水平（见表3-28、图3-28）。

表3-28 2019年重庆市基本公共服务满意度各要素得分排名

重庆	公共交通	公共安全	公共住房	基础教育	社会保障和就业创业	公共信息化服务	医疗卫生	城市环境	公共文化体育	公职服务	总体满意度
得分	63.88	67.04	51.91	57.64	56.73	63.29	63.05	68.73	62.72	61.03	61.60
排名	11	29	13	29	27	32	30	16	28	35	28

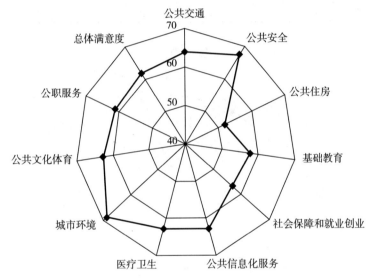

图3-28 2019年重庆市基本公共服务满意度各要素得分

（二十九）2019年深圳市基本公共服务满意度评估概要

深圳市在2019年城市基本公共服务满意度网络调查中得分为61.09，在我国38个主要城市中排名第29。从10个基本公共服务满意度单项指标来看，深圳在城市环境指标上满意度排名居中，且得分为68.75，表现较好，公共安全和公共信息化服务2项指标满意度得分超过65，但排名较为靠后，而公共住房、基础教育、社会保障和就业创业、公共文化体育、医疗卫生的排名和得分均很低，特别是公共住房，满意度得分仅为45.58。整体来看，深圳市基本公共服务满意度在38个城市中排名靠后且各指标表现非常不均衡，需要着力提升公共住房、基础教育、社会保障和就业创业等方面服务水平（见表3-29、图3-29）。

表3-29 2019年深圳市基本公共服务满意度各要素得分排名

深圳	公共交通	公共安全	公共住房	基础教育	社会保障和就业创业	公共信息化服务	医疗卫生	城市环境	公共文化体育	公职服务	总体满意度
得分	61.43	67.02	45.58	56.46	56.60	65.26	63.24	68.75	62.71	63.82	61.09
排名	25	30	37	30	29	25	29	15	29	25	29

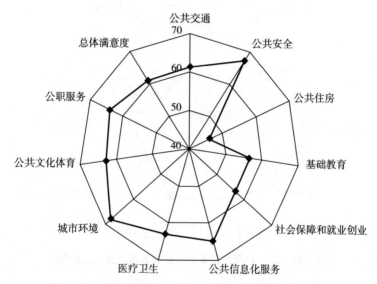

图3-29 2019年深圳市基本公共服务满意度各要素得分

（三十）2019年北京市基本公共服务满意度评估概要

北京市在2019年城市基本公共服务满意度网络调查中得分为60.98，在我国38个主要城市中排名第30。从10个基本公共服务满意度单项指标来看，在得分上，北京在公共安全、公共信息化服务、医疗卫生、城市环境、公共文化体育、公职服务这6项满意度均超过60分，但排名较为靠后，而公共住房、基础教育、社会保障和就业创业、公共交通这4项的排名和得分均很低,尤其是公共住房要素满意度得分低于50。整体来看,北京市基本公共服务满意度在38个城市中排名靠后,需要着力提升公共住房、基础教育、公共交通等方面服务水平(见表3-30、图3-30)。

表3-30 2019年北京市基本公共服务满意度各要素得分排名

北京	公共交通	公共安全	公共住房	基础教育	社会保障和就业创业	公共信息化服务	医疗卫生	城市环境	公共文化体育	公职服务	总体满意度
得分	58.59	67.38	48.16	56.12	57.72	66.18	64.45	64.14	64.12	62.92	60.98
排名	33	28	31	32	25	18	25	29	26	28	30

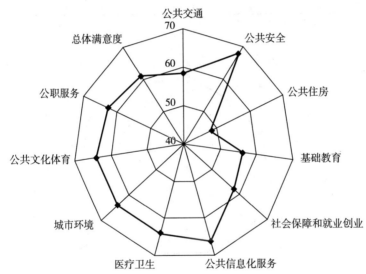

图3-30 2019年北京市基本公共服务满意度各要素得分

(三十一)2019年天津市基本公共服务满意度评估概要

天津市在2019年城市基本公共服务满意度网络调查中得分为60.87,在我国38个主要城市中排名第31。从10个基本公共服务满意度单项指标来看,天津在公共交通指标上满意度排名较其他指标相对较好,排在38个城市第12位,公共安全、城市环境、公共交通、公共信息化服务、医疗卫生、公共文化体育、公职服务 7 项指标满意度得分超过 60，而公共住房、基础教育、社会保障和就业创业 3 项的排名和得分均很低。整体来看，天津市基本公共服务满意度在 38 个城市中排名靠后且各指标表现较不均衡，需要着力提升公共住房、基础教育、社会保障和就业创业、公职服务等方面服务水平（见表 3 -31、图 3 -31）。

表 3 -31　2019 年天津市基本公共服务满意度各要素得分排名

天津	公共交通	公共安全	公共住房	基础教育	社会保障和就业创业	公共信息化服务	医疗卫生	城市环境	公共文化体育	公职服务	总体满意度
得分	63.68	65.41	50.83	57.99	56.18	63.55	63.00	63.80	62.99	61.24	60.87
排名	12	32	22	28	31	31	31	31	27	34	31

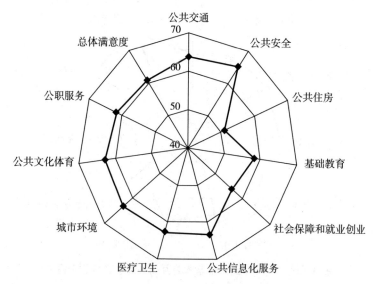

图 3 -31　2019 年天津市基本公共服务满意度各要素得分

（三十二）2019年成都市基本公共服务满意度评估概要

成都市在 2019 年城市基本公共服务满意度网络调查中得分为 60.67，在我国 38 个主要城市中排名第 32。从 10 个基本公共服务满意度单项指标来看，成都在公共交通、城市环境指标上满意度排名较其他指标相对较好，公共安全、城市环境、公共信息化服务、公共交通、医疗卫生、公共文化体育、公职服务7项指标满意度得分均超过60，但排名基本较为靠后，而公共住房、基础教育、社会保障和就业创业的排名和得分均很低。整体来看，成都市基本公共服务满意度在38个城市中排名靠后且各指标表现较不均衡，需要着力提升公职服务、公共住房、医疗卫生、基础教育、公共住房等方面服务水平（见表3-32、图3-32）。

表3-32 2019年成都市基本公共服务满意度各要素得分排名

成都	公共交通	公共安全	公共住房	基础教育	社会保障和就业创业	公共信息化服务	医疗卫生	城市环境	公共文化体育	公职服务	总体满意度
得分	63.67	66.71	47.37	56.22	56.46	63.94	62.94	66.37	62.64	60.40	60.67
排名	13	31	33	31	30	28	32	21	30	37	32

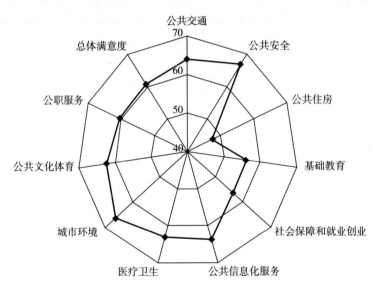

图3-32 2019年成都市基本公共服务满意度各要素得分

（三十三）2019年长沙市基本公共服务满意度评估概要

长沙市在2019年城市基本公共服务满意度网络调查中得分为60.03，在我国38个主要城市中排名第33。从10个基本公共服务满意度单项指标来看，长沙的公共交通满意度排名居中，较其他指标相对较好，其余9项要素排名都较低；从得分上看，公共安全、城市环境、公共交通、公共信息化服务、公职服务、医疗卫生指标满意度超过60，而公共住房、社会保障和就业创业、基础教育、公共文化体育的得分均很低，需要重点关注。整体来看，长沙市基本公共服务满意度在38个城市中排名靠后，在全面加强基本公共服务各方面的基础上，还需要着力提升公共文化体育、社会保障和就业创业等方面服务水平（见表3-33、图3-33）。

表3-33 2019年长沙市基本公共服务满意度各要素得分排名

长沙	公共交通	公共安全	公共住房	基础教育	社会保障和就业创业	公共信息化服务	医疗卫生	城市环境	公共文化体育	公职服务	总体满意度
得分	62.92	64.50	49.07	58.61	55.79	62.77	61.67	63.85	59.36	61.80	60.03
排名	17	35	26	27	33	33	35	30	36	30	33

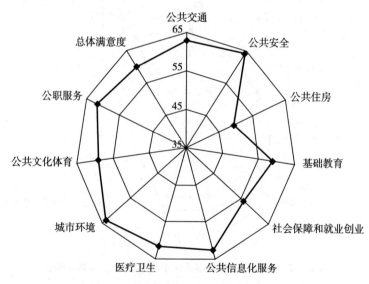

图3-33 2019年长沙市基本公共服务满意度各要素得分

（三十四）2019年石家庄市基本公共服务满意度评估概要

石家庄市在2019年城市基本公共服务满意度网络调查中得分为59.58，

在我国38个主要城市中排名第34。从10个基本公共服务满意度单项指标来看，石家庄的满意度排名都较低，公共交通、公共住房较其他指标相对较好，而基础教育、城市环境、公共信息化服务、公共文化体育、社会保障和就业创业、医疗卫生等指标的排名都很靠后；从得分上来看，有7项指标满意度得分超过60，而公共住房、基础教育、社会保障和就业创业3项指标得分均很低。整体来看，石家庄市基本公共服务满意度在38个城市中排名靠后，在全面加强基本公共服务各方面的基础上，还需要着力提升基础教育、社会保障和就业创业等方面服务水平（见表3-34、图3-34）。

表3-34　2019年石家庄市基本公共服务满意度各要素得分排名

石家庄	公共交通	公共安全	公共住房	基础教育	社会保障和就业创业	公共信息化服务	医疗卫生	城市环境	公共文化体育	公职服务	总体满意度
得分	62.55	65.19	49.81	55.44	55.43	61.53	62.40	61.42	60.47	61.59	59.58
排名	19	33	24	36	34	36	34	36	35	32	34

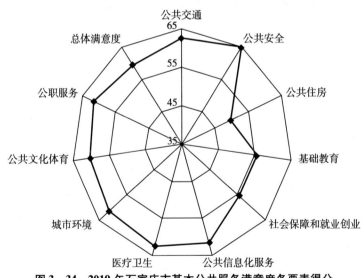

图3-34　2019年石家庄市基本公共服务满意度各要素得分

（三十五）2019年广州市基本公共服务满意度评估概要

广州市在2019年城市基本公共服务满意度网络调查中得分为59.43，

在我国 38 个主要城市中排名第 35。从 10 个基本公共服务满意度单项指标来看，广州的满意度排名都较低，城市环境、医疗卫生较其他指标相对较好，而公共交通、公共住房、公共安全等指标的排名均非常靠后；从得分上看，广州有 6 项指标满意度高于 60，但公共住房、社会保障和就业创业、基础教育、公共交通 4 项的得分低于 60，特别是公共住房的满意度得分仅为 45.85。整体来看，广州市基本公共服务满意度在 38 个城市中排名靠后，在全面加强基本公共服务各方面的基础上，还需要着力提升公共住房、社会保障和就业创业、基础教育、公共交通等方面服务水平（见表 3 - 35、图 3 - 35）。

表 3 - 35   2019 年广州市基本公共服务满意度各要素得分排名

广州	公共交通	公共安全	公共住房	基础教育	社会保障和就业创业	公共信息化服务	医疗卫生	城市环境	公共文化体育	公职服务	总体满意度
得分	58.04	64.67	45.85	56.07	55.82	63.70	63.25	64.21	61.14	61.54	59.43
排名	36	34	35	33	32	30	28	28	33	33	35

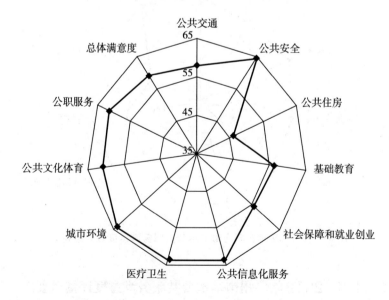

图 3 - 35   2019 年广州市基本公共服务满意度各要素得分

（三十六）2019年武汉市基本公共服务满意度评估概要

武汉市在2019年城市基本公共服务满意度网络调查中得分为59.20，在我国38个主要城市中排名第36。从10个基本公共服务满意度单项指标来看，武汉的满意度排名都较低，公共交通较其他指标相对较好，而社会保障和就业创业、公共住房、公共安全、基础教育、城市环境、公共文化体育、公共信息化服务的排名均非常靠后；再从得分上看，武汉市有7项指标满意度高于60，但公共住房、社会保障和就业创业、基础教育这3项指标不仅得分低于60且排名倒数。整体来看，武汉市基本公共服务满意度在38个城市中排名靠后，在全面加强基本公共服务各方面的基础上，还需要着力提升公共住房、社会保障和就业创业、基础教育等方面服务水平（见表3-36、图3-36）。

表3-36　2019年武汉市基本公共服务满意度各要素得分排名

武汉	公共交通	公共安全	公共住房	基础教育	社会保障和就业创业	公共信息化服务	医疗卫生	城市环境	公共文化体育	公职服务	总体满意度
得分	61.04	64.10	45.70	55.59	54.28	62.62	62.77	62.26	61.08	62.60	59.20
排名	26	36	36	35	37	34	33	35	34	29	36

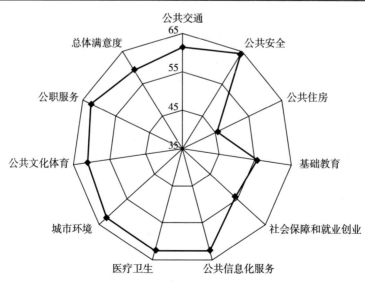

图3-36　2019年武汉市基本公共服务满意度各要素得分

117

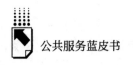

（三十七）2019年郑州市基本公共服务满意度评估概要

郑州市在 2019 年城市基本公共服务满意度网络调查中得分为 58.55，在我国 38 个主要城市中排名第 37。从 10 个基本公共服务满意度单项指标来看，郑州的满意度排名都很低，公共交通较其他指标相对较好，而其余 9 项的排名均非常靠后；再从得分上看，郑州市有 6 项指标满意度高于 60，但公共住房、社会保障和就业创业、基础教育、公共文化体育这 4 项指标不仅得分低于 60 且排名倒数，特别是公共住房要素满意度仅为 46.93 分。整体来看，郑州市基本公共服务满意度在 38 个城市中排名靠后，在全面加强基本公共服务各方面的基础上，还需要着力提升公共住房、社会保障和就业创业、基础教育、公共文化体育等方面服务水平（见表 3 - 37、图 3 - 37）。

表 3 - 37 2019 年郑州市基本公共服务满意度各要素得分排名

郑州	公共交通	公共安全	公共住房	基础教育	社会保障和就业创业	公共信息化服务	医疗卫生	城市环境	公共文化体育	公职服务	总体满意度
得分	61.77	63.57	46.93	54.88	54.86	61.91	61.19	61.28	58.61	60.47	58.55
排名	24	37	34	37	36	35	36	37	37	36	37

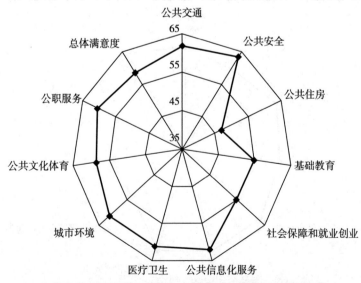

图 3 - 37 2019 年郑州市基本公共服务满意度各要素得分

（三十八）2019年西安市基本公共服务满意度评估概要

西安市在2019年城市基本公共服务满意度网络调查中得分为55.63，在我国38个主要城市中排名第38。从10个基本公共服务满意度单项指标来看，西安的满意度排名都很低，有7项在38个城市中排名倒数第1；从满意度得分上看，仅有公共安全、公职服务2项略高于60，其余8项均有很大提升空间，尤其是公共住房和基础教育2项的满意度得分低于50，需要重点关注。整体来看，西安市基本公共服务满意度在38个城市中排名很不理想，亟须全面加强各方面基本公共服务，还要着力提升公共住房、基础教育、社会保障和就业创业、公共文化体育等方面服务水平（见表3-38、图3-38）。

表3-38　2019年西安市基本公共服务满意度各要素得分排名

西安	公共交通	公共安全	公共住房	基础教育	社会保障和就业创业	公共信息化服务	医疗卫生	城市环境	公共文化体育	公职服务	总体满意度
得分	59.10	60.84	43.99	44.93	51.01	59.88	59.17	59.35	57.96	60.11	55.63
排名	32	38	38	38	38	37	37	38	38	38	38

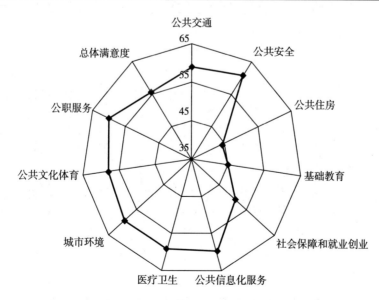

图3-38　2019年西安市基本公共服务满意度各要素得分

二　城市分类视阈中的基本公共服务满意度 评估情况对比分析

为了进一步研究城市基本公共服务满意度所反映出来的问题，我们按照不同的城市分类，对不同区域、不同类型的城市进行了横向对比分析。

（一）不同区域城市基本公共服务满意度对比分析

基本公共服务总体满意度整体得分最高的是西部城市，其次是东部城市，得分最低的是中部城市（与2018年有差异），具体如表3-39和图3-39所示。

表3-39　东中西部城市基本公共服务满意度比较

单位：分

经济区域	公共交通	公共安全	公共住房	基础教育	社会保障和就业创业	公共信息化服务	医疗卫生	城市环境	公共文化体育	公职服务	总体满意度
东部	62.59	69.87	50.56	61.77	60.21	67.34	65.76	67.88	66.31	67.49	63.98
中部	61.47	67.37	49.92	59.73	58.41	64.85	64.20	63.68	62.73	65.70	61.81
西部	61.99	71.13	51.72	62.08	61.30	65.58	66.46	68.88	65.66	67.66	64.25

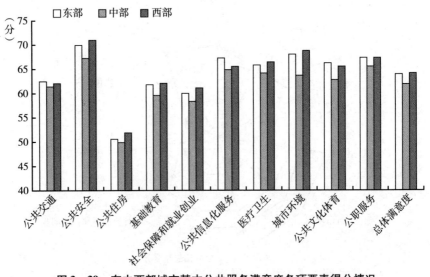

图3-39　东中西部城市基本公共服务满意度各项要素得分情况

对 10 项要素逐一进行比较可得出如下结论。

（1）得分从高到低依次为东部、西部、中部的要素有：公共交通、公共信息化服务、公共文化体育。

（2）得分从高到低依次是西部、东部、中部的要素有：公共安全、公共住房、基础教育、社会保障和就业创业、医疗卫生、城市环境、公职服务。

（二）不同类型城市基本公共服务满意度对比分析

经统计分析可知，2019 年经济特区和计划单列市的基本公共服务满意度总体得分较高，直辖市和省会城市得分相对较低，如表 3－40 所示。

表 3－40　不同类型城市基本公共服务满意度分项得分一览

单位：分

城市类型	公共交通	公共安全	公共住房	基础教育	社会保障和就业创业	公共信息化服务	医疗卫生	城市环境	公共文化体育	公职服务	总体满意度
直辖市	62.78	67.61	50.54	58.22	58.01	65.57	64.44	66.40	64.28	62.49	62.03
省会城市	61.68	69.47	50.57	60.70	59.61	65.73	65.15	66.58	64.71	67.09	63.13
计划单列市	64.40	71.49	50.96	64.43	62.51	68.29	67.51	70.31	67.61	68.56	65.61
经济特区	62.46	72.23	51.36	66.44	63.81	68.98	68.63	71.62	68.80	71.09	66.54
全国总平均值	62.17	69.74	50.79	61.44	60.18	66.26	65.65	67.31	65.25	67.17	63.61

根据表 3－40 的数据，可以绘制不同类型城市基本公共服务满意度分项得分对比图以及各类型城市基本公共服务满意度分项得分雷达图（见图 3－40 至图 3－44）。

对比上述图表可以得出如下结论。

（1）从总体来看，2019 年基本公共服务满意度总体得分排名从高到低依次为经济特区、计划单列市、省会城市和直辖市。

（2）经济特区在公共安全、公共住房、基础教育、社会保障和就业创业、公共信息化服务、医疗卫生、城市环境、公共文化体育、公职服务方面，相比其他三类城市表现更好。

（3）计划单列市在公共交通方面较其他三类城市表现更好。

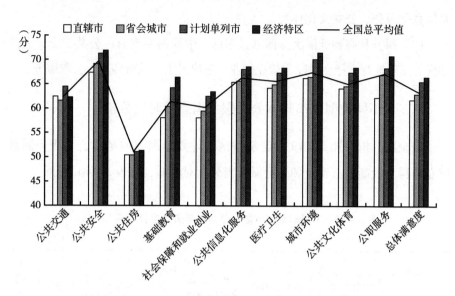

图 3 - 40　不同类型城市基本公共服务满意度分项得分对比

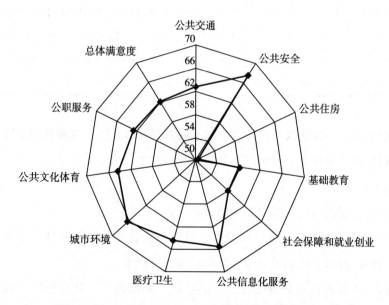

图 3 - 41　直辖市基本公共服务满意度分项得分雷达图

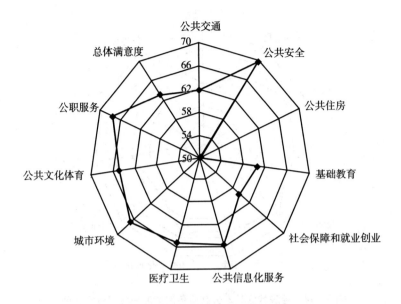

图 3 - 42 省会城市基本公共服务满意度分项得分雷达图

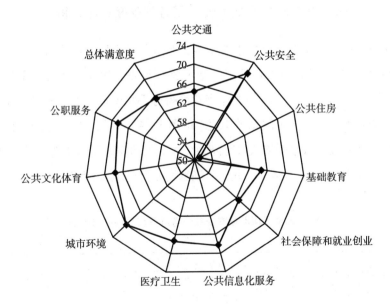

图 3 - 43 计划单列市基本公共服务满意度分项得分雷达图

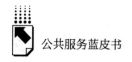

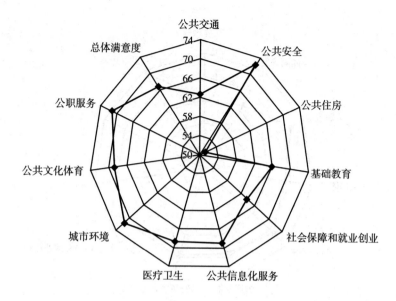

图 3 - 44 经济特区基本公共服务满意度分项得分雷达图

（三）四大直辖市政府基本公共服务满意度对比分析

表 3 - 41 列出了四大直辖市的基本公共服务满意度分项得分情况。由表 3 - 41可见，2019 年，四大直辖市的基本公共服务满意度总体得分平均值为 62.03 分，比全国 38 个城市的总体满意度得分平均值低。四大直辖市中，仅上海的总体满意度高于全国总平均值。由图 3 - 45 可见，四大直辖市在 10 项要素中的满意度得分总平均值仅有公共交通单项的满意度高于全国总平均值，可见直辖市在 2019 年的基本公共服务满意度方面存在亟待解决的问题。

表 3 - 41 四大直辖市基本公共服务满意度分项得分比较一览

单位：分

城市	公共交通	公共安全	公共住房	基础教育	社会保障和就业创业	公共信息化服务	医疗卫生	城市环境	公共文化体育	公职服务	总体满意度
北京	58.59	67.38	48.16	56.12	57.72	66.18	64.45	64.14	64.12	62.92	60.98
天津	63.68	65.41	50.83	57.99	56.18	63.55	63.00	63.80	62.99	61.24	60.87

续表

城市	公共交通	公共安全	公共住房	基础教育	社会保障和就业创业	公共信息化服务	医疗卫生	城市环境	公共文化体育	公职服务	总体满意度
上海	64.94	70.60	51.25	61.13	61.40	69.27	67.24	68.93	67.30	64.75	64.68
重庆	63.88	67.04	51.91	57.64	56.73	63.29	63.05	68.73	62.72	61.03	61.60
直辖市平均值	62.78	67.61	50.54	58.22	58.01	65.57	64.44	66.40	64.28	62.49	62.03
全国总平均值	62.17	69.74	50.79	61.44	60.18	66.26	65.65	67.31	65.25	67.17	63.61

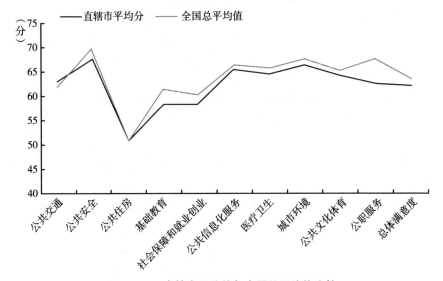

图3-45 直辖市平均值与全国总平均值比较

以下逐项进行分析。

1. 公共交通

根据四大直辖市公共交通方面的数据，绘制雷达图，如图3-46所示。

公共交通方面，2019年四个直辖市满意度得分均值为62.78分，略高于全国38个城市的总平均值（62.17分），较2018年直辖市满意度得分（60.42分）有所提升。比较四大直辖市，上海满意度得分最高，重庆和天津次之，北京则相对较低，可见北京较其他直辖市而言，在公共交通方面仍有一定的发展差距。

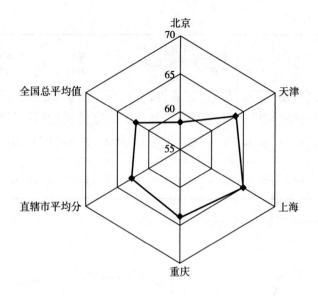

图 3 - 46　四大直辖市公共交通满意度得分雷达图

2. 公共安全

根据四大直辖市公共安全方面的数据，绘制雷达图，如图 3 - 47 所示。

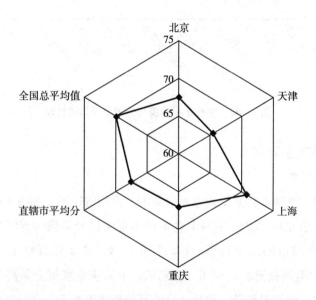

图 3 - 47　四大直辖市公共安全满意度得分雷达图

　　公共安全方面，2019年四个直辖市满意度得分均值为67.61分，是四大直辖市在10项基本公共服务要素中平均得分最高的要素，但低于全国38个城市的平均值（69.74分）。较2018年而言，四大直辖市的公共安全满意度平均得分上升了1.13分，说明四大直辖市在改善公共安全方面的工作有一定的成效。比较四大直辖市，上海表现最为突出，为70.60分。

　　3. 公共住房

　　根据四大直辖市公共住房方面的数据，绘制雷达图，如图3-48所示。

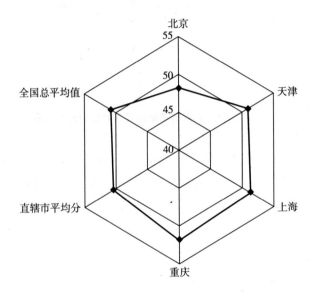

图3-48　四大直辖市公共住房满意度得分雷达图

　　公共住房方面，2019年四个直辖市满意度得分均值为50.54分，略低于全国38个城市的总平均值（50.79分），较2018年而言，四大直辖市的公共住房满意度平均得分上升了4.8分，但是四大直辖市在10项基本公共服务要素中平均得分最低的单项，可见四大直辖市在改善公共住房方面仍需加大力度。

　　4. 基础教育

　　根据四大直辖市基础教育方面的数据，绘制雷达图，如图3-49所示。

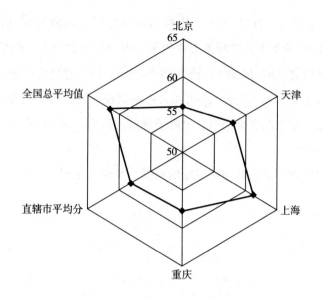

图 3 – 49　四大直辖市基础教育满意度得分雷达图

基础教育方面，2019 年四个直辖市满意度得分均值为 58.22 分，低于全国 38 个城市的总平均值（61.44 分）。其中，上海表现最佳，满意度得分为 61.13 分；天津、重庆次之，其得分差距不大；北京得分则较低，为56.12 分。

5. 社会保障和就业创业

根据四大直辖市社会保障和就业创业方面的数据，绘制雷达图，如图3 – 50 所示。

社会保障和就业创业方面，2019 年四个直辖市满意度得分均值为 58.01分，比全国 38 个城市的总平均值（60.18 分）低 2.17 分。比较四大直辖市，仅上海的满意度得分（61.40 分）高于四个直辖市满意度得分均值，可见上海在社会保障和就业创业方面的工作较其他直辖市而言有一定的借鉴作用。

6. 公共信息化服务

根据四大直辖市公共信息化服务方面的数据，绘制雷达图，如图 3 – 51所示。

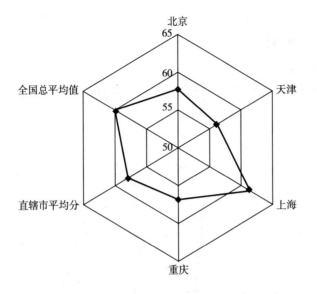

图 3−50　四大直辖市社会保障和就业创业满意度得分雷达图

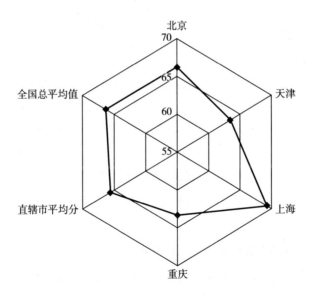

图 3−51　四大直辖市公共信息化服务满意度得分雷达图

公共信息化服务方面，2019 年四个直辖市满意度得分均值为 65.57 分，低于全国 38 个城市的总平均值（66.26 分），是四大直辖市在 10 项基本公

共服务要素中平均得分第3的要素。从各直辖市比较来看，上海得分最高，为69.27分；北京次之。

7. 医疗卫生

根据四大直辖市医疗卫生方面的数据，绘制雷达图，如图3-52所示。

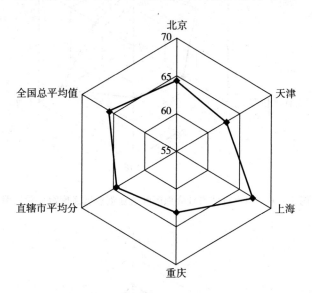

图3-52 四大直辖市医疗卫生满意度得分雷达图

医疗卫生方面，2019年四个直辖市满意度得分均值为64.44分，稍低于全国38个城市的总平均值（65.65分）。其中，上海满意度得分最高，为67.24分；北京次之；天津、重庆得分较低。可见在改善提升医疗卫生满意度方面，天津、重庆仍需加大力度。

8. 城市环境

根据四大直辖市城市环境方面的数据，绘制雷达图，如图3-53所示。

城市环境方面，2019年四个直辖市满意度得分均值为66.40分，虽略低于全国38个城市的总平均值（67.31分），但较2018年直辖市城市环境满意度得分均值（66.25分）有所提高。其中，上海、重庆得分差别不大，均在城市环境方面有较好的表现；相较而言，北京、天津需要有针对性地改善提升。

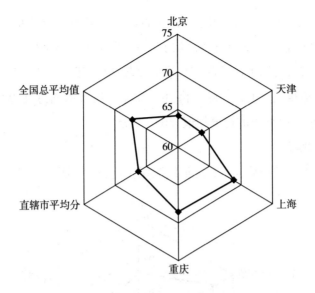

图3-53 四大直辖市城市环境满意度得分雷达图

9.公共文化体育

根据四大直辖市公共文化体育方面的数据，绘制雷达图，如图3-54所示。

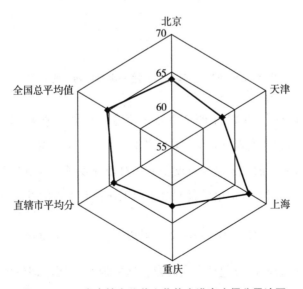

图3-54 四大直辖市公共文化体育满意度得分雷达图

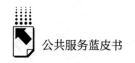

公共文化体育方面，2019 年四个直辖市满意度得分均值为 64.28 分，比 2018 年四个直辖市满意度得分均值（57.40 分）高 6.88 分。在公共文化体育方面，四大直辖市市民的综合满意度较 2018 年均有所提升，且提升幅度较大。但值得注意的是，除上海外，其他直辖市的满意度得分都略低于 2019 年全国 38 个城市的得分均值（65.25 分）。

10. 公职服务

根据四大直辖市公职服务方面的数据，绘制雷达图，如图 3 - 55 所示。

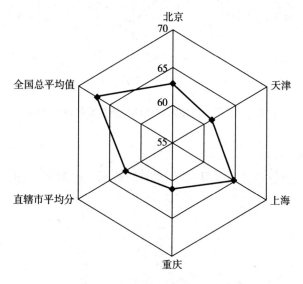

图 3 - 55　四大直辖市公职服务满意度得分雷达图

公职服务方面，2019 年四个直辖市满意度得分均值为 62.49 分，与全国 38 个城市的满意度得分均值（67.17 分）存在一定差距。四大直辖市中，上海在公职服务方面的公众满意度得分相对表现较好，但相对于全国满意度得分均值而言，四大直辖市的公职服务的工作仍有很大的发展空间。

（四）27个省会城市基本公共服务满意度对比分析

把 27 个省会城市（包括省会和自治区首府）按照地理位置分布进行分组，可以分为 8 个东部省会城市、8 个中部省会城市和 11 个西部省会城市。

将这3个小组的公共服务满意度得分进行比较可知。

从总体来看，2019年西部省会城市的基本公共服务满意度平均得分最高，为64.49分；其次是东部省会城市平均得分，为62.58分；中部省会城市平均得分最低，为61.81分。

对10项要素逐一进行比较，西部地区省会城市在公共交通、公共安全、公共住房、基础教育、社会保障和就业创业、医疗卫生、城市环境、公共文化体育、公职服务方面的表现较其他地区省会城市突出；东部地区省会城市仅在公共信息化服务方面表现较为突出；而中部地区省会城市的各项要素满意度得分没有特别突出的单项，如图3-56所示。

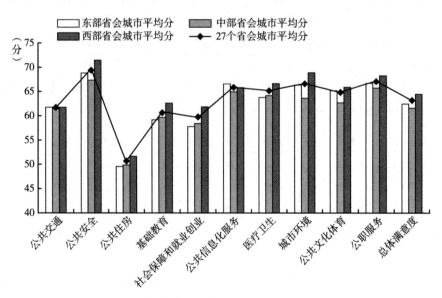

图3-56 不同地区省会城市基本公共服务满意度分项得分对比

1. 东部省会城市

东部省会城市基本公共服务满意度分项得分如表3-42所示。

对表3-42及具体数据进行分析，可以得出以下结论。

（1）2019年，我国8个东部省会城市的基本公共服务满意度平均分为62.58分，略低于全国27个省会城市平均分（63.13分），较2018年东部省会城市的基本公共服务满意度平均分（58.03分）而言有所提升。

表 3-42　东部省会城市基本公共服务满意度分项得分一览

单位：分

城市	公共交通	公共安全	公共住房	基础教育	社会保障和就业创业	公共信息化服务	医疗卫生	城市环境	公共文化体育	公职服务	总体满意度
福州	63.01	68.33	50.98	62.73	59.06	65.64	64.76	68.89	64.67	67.39	63.55
广州	58.04	64.67	45.85	56.07	55.82	63.70	63.25	64.21	61.14	61.54	59.43
海口	57.28	75.51	51.30	59.49	55.35	71.85	58.30	65.16	71.50	76.54	64.23
杭州	64.69	70.37	48.52	60.35	61.04	71.48	67.92	72.47	67.37	71.18	65.54
济南	59.84	69.98	52.11	64.10	62.08	66.71	66.78	65.88	64.13	68.94	64.05
南京	66.13	68.80	47.78	56.01	57.78	67.58	63.88	68.91	64.74	63.29	62.49
沈阳	62.09	67.38	50.84	59.71	56.64	63.89	63.75	63.42	66.00	64.38	61.81
石家庄	62.55	65.19	49.81	55.44	55.43	61.53	62.40	61.42	60.47	61.59	59.58
东部省会城市平均分	61.70	68.78	49.65	59.24	57.90	66.55	63.88	66.30	65.00	66.85	62.58
全国省会城市平均分	61.68	69.47	50.57	60.70	59.61	65.73	65.15	66.58	64.71	67.09	63.13

（2）2019 年东部省会城市的基本公共服务满意度得分离散度为 6.11，与 2018 年相比有所下降。东部 8 个城市中，杭州市总体满意度得分最高，为 65.54 分，广州市最低，得分为 59.43 分。

（3）在 10 项基本公共服务要素中，东部省会城市在公共交通、公共信息化服务、公共文化体育三大要素满意度得分高于全国 27 个省会城市平均值。其中，在公共住房方面的满意度得分最低，为 49.65 分，在公共安全方面的满意度得分最高，为 68.48 分。

（4）总体说来，8 个东部城市各要素满意度得分平均值与 27 个省会城市的平均值相比均相差不大，整体发展情况处于稳中保持提升的状态。

2. 中部省会城市

中部省会城市基本公共服务满意度分项得分如表 3-43 所示。

表3-43 中部省会城市基本公共服务满意度分项得分一览

单位：分

城市	公共交通	公共安全	公共住房	基础教育	社会保障和就业创业	公共信息化服务	医疗卫生	城市环境	公共文化体育	公职服务	总体满意度
长春	60.87	70.65	51.15	62.41	60.69	66.85	65.93	65.46	66.17	69.14	63.93
长沙	62.92	64.50	49.07	58.61	55.79	62.77	61.67	63.85	59.36	61.80	60.03
哈尔滨	58.20	68.82	50.99	59.96	60.09	64.36	65.50	63.62	64.29	66.49	62.23
合肥	62.86	67.39	48.56	60.15	58.38	66.07	64.96	63.31	62.19	64.06	61.79
南昌	62.21	69.88	55.80	62.74	61.55	68.09	64.63	65.13	64.60	73.07	64.77
太原	61.90	70.06	51.14	63.48	61.67	66.11	66.94	64.49	65.58	67.95	63.93
武汉	61.04	64.10	45.70	55.59	54.28	62.62	62.77	62.26	61.08	62.60	59.20
郑州	61.77	63.57	46.93	54.88	54.86	61.91	61.19	61.28	58.61	60.47	58.55
中部省会城市平均分	61.47	67.37	49.92	59.73	58.41	64.85	64.20	63.68	62.73	65.70	61.81
全国省会城市平均分	61.68	69.47	50.57	60.70	59.61	65.73	65.15	66.58	64.71	67.09	63.13

对表3-43及具体数据进行分析，可以得出以下结论。

（1）2019年，我国8个中部省会城市的基本公共服务满意度平均分为61.81分，低于27个省会城市平均值（63.13分），较2018年中部省会城市的基本公共服务满意度得分（55.57分）有一个较大的提升。在三大区域中，仍是得分最低的，与东部省会城市相差0.77分，与西部省会城市相差2.68分，这些数据从侧面反映出我国27个省会城市的基本公共服务发展并不均衡。

（2）2019年中部省会城市的基本公共服务满意度得分离散度为6.22。从2017年起，中部省会城市间基本公共服务满意度得分离散度一直呈下降的趋势。8个城市中，南昌市基本公共服务总体满意度得分最高，为64.77分，郑州市最低，为58.55分，较2018年而言均有所变化。

（3）在10项基本公共服务要素中，中部省会城市的公共安全要素满意度得分最高，为67.37分，公共住房要素满意度得分最低，为49.92分，二

者相差 17.45 分，较 2018 年相比有所缩小，但各要素之间发展并不均衡的问题仍需注意。

（4）从总体来看，中部城市的 10 项基本公共服务要素的满意度得分均低于 27 个省会城市均值，这说明在基本公共服务发展方面，中部省会城市仍存在不少问题，亟待持续发力。

3. 西部省会城市

西部省会城市基本公共服务满意度分项得分如表 3-44 所示。

表 3-44 西部省会城市基本公共服务满意度分项得分一览

单位：分

城市	公共交通	公共安全	公共住房	基础教育	社会保障和就业创业	公共信息化服务	医疗卫生	城市环境	公共文化体育	公职服务	总体满意度
成都	63.67	66.71	47.37	56.22	56.46	63.94	62.94	66.37	62.64	60.40	60.67
贵阳	58.12	73.46	50.00	68.78	66.42	71.73	71.11	72.90	71.38	72.08	67.60
呼和浩特	59.97	70.01	52.42	61.91	61.66	66.13	65.84	66.39	64.84	72.04	64.12
昆明	57.89	69.71	48.51	64.92	61.74	65.65	67.12	69.67	64.83	66.74	63.68
拉萨	64.48	77.70	59.37	70.10	69.14	65.55	70.72	76.88	70.16	71.67	69.58
兰州	63.31	74.95	53.13	69.31	67.28	69.22	72.29	70.93	71.06	72.45	68.40
南宁	62.22	68.47	48.64	61.12	57.55	64.62	64.49	69.86	65.61	63.46	62.61
乌鲁木齐	60.84	75.36	52.96	61.91	61.71	58.40	65.15	65.41	61.94	61.75	62.54
西安	59.10	60.84	43.99	44.93	51.01	59.88	59.17	59.35	57.96	60.11	55.63
西宁	65.72	77.19	58.61	67.46	65.66	71.05	69.62	71.92	68.86	77.35	69.34
银川	64.64	72.14	53.74	60.64	60.27	67.48	65.95	68.20	65.94	72.84	65.19
西部省会城市平均分	61.81	71.50	51.70	62.48	61.72	65.79	66.76	68.90	65.93	68.26	64.49
全国省会城市平均分	61.68	69.47	50.57	60.70	59.61	65.73	65.15	66.58	64.71	67.09	63.13

对表 3-44 及具体数据进行分析，可以得出以下结论。

（1）2019 年，我国 11 个西部省会城市的基本公共服务满意度平均分为 64.49 分，高于 27 个省会城市平均值（63.13 分）。较 2018 年（57.39 分）相比高了 7.1 分，可见西部省会城市 2019 年在改善基本公共服务方面的工作有一定的成效。

（2）2019 年西部省会城市的基本公共服务满意度得分中，得分最高的是拉萨，为 69.58 分，得分最低的是西安，为 55.63 分，与 2018 年保持一致。其中，贵阳、呼和浩特、西宁、兰州较 2018 年相比有明显进步，其得分较 2018 年均提升 10 分以上。

（3）在 10 项基本公共服务要素中，西部省会城市的公共安全方面表现得最好，得分为 71.50 分，公共住房要素满意度得分最低。各要素得分离差较大，存在要素间发展不均衡的问题，尤其是在得分较低的公共住房方面，其工作存在很大的发展空间。

（4）从总体来看，西部城市的 10 项基本公共服务要素的满意度得分均高于 27 个省会城市均值，整体发展表现较好。

（五）五个计划单列市基本公共服务满意度对比分析

表 3-45 列出了五个计划单列市的基本公共服务满意度分项得分情况。由表 3-45 可见，2019 年，五个计划单列市的基本公共服务满意度总体得分平均值为 65.61 分，高于全国 38 个城市的总体满意度得分平均值（63.61分），比 2018 年五个计划单列市的总体满意度得分平均值高 3.52 分。如图 3-57 所示，总体而言，五个计划单列市的各项要素的总体满意度得分均高于全国 38 个城市的平均水平。10 项基本公共服务要素中，计划单列市满意度最高的是公共安全，其得分为 71.49 分，满意度最低的是公共住房，得分为 50.96 分。

表 3-45 五个计划单列市基本公共服务满意度水平评价一览

单位：分

城市	公共交通	公共安全	公共住房	基础教育	社会保障和就业创业	公共信息化服务	医疗卫生	城市环境	公共文化体育	公职服务	总体满意度
大连	63.11	71.51	52.80	65.49	62.36	66.96	66.94	67.90	67.51	69.08	65.37
宁波	65.99	74.16	52.86	68.26	66.54	70.78	70.61	71.59	70.42	72.12	68.33

续表

城市	公共交通	公共安全	公共住房	基础教育	社会保障和就业创业	公共信息化服务	医疗卫生	城市环境	公共文化体育	公职服务	总体满意度
青岛	66.86	69.38	51.47	63.18	61.07	67.12	65.97	68.69	66.05	65.50	64.53
深圳	61.43	67.02	45.58	56.46	56.60	65.26	63.24	68.75	62.71	63.82	61.09
厦门	64.60	75.40	52.11	68.77	65.98	71.30	70.82	74.60	71.36	72.29	68.72
计划单列市平均分	64.40	71.49	50.96	64.43	62.51	68.29	67.51	70.31	67.61	68.56	65.61
全国总平均分	62.17	69.74	50.79	61.44	60.18	66.26	65.65	67.31	65.25	67.17	63.61

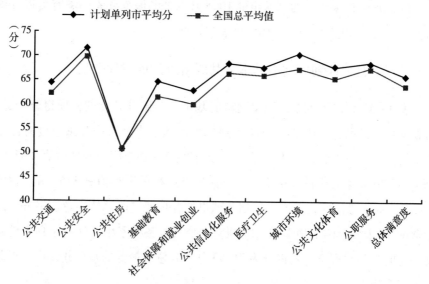

图3-57 计划单列市平均分与全国总平均分对比

以下逐项进行分析。

1. 公共交通

根据计划单列市公共交通方面的数据，绘制雷达图，如图3-58所示。

公共交通方面，2019年五个计划单列市的满意度平均得分为64.40分，比全国38个城市的总平均值高2.23分。其中，五个计划单列市中，青岛满意度得分最高，为66.86分，在全国38个城市的公共交通满意度排名中位

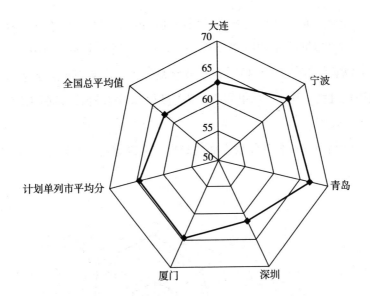

图 3 – 58 计划单列市公共交通满意度得分雷达图

居第 1。深圳的公共交通满意度得分最低,为 61.43 分。

2. 公共安全

根据计划单列市公共安全方面的数据,绘制雷达图,如图 3 – 59 所示。

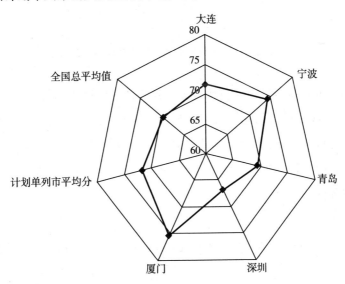

图 3 – 59 计划单列市公共安全满意度得分雷达图

公共安全方面，2019年五个计划单列市的满意度平均得分为71.49分，比全国38个城市的总平均值高1.75分。其中，五个计划单列市中，厦门表现最好，其满意度得分为75.40分；宁波紧跟其后，其满意度得分为74.16分；深圳表现较逊色于其他计划单列市，满意度得分相对较低，为67.02分。

3. 公共住房

根据计划单列市公共住房方面的数据，绘制雷达图，如图3-60所示。

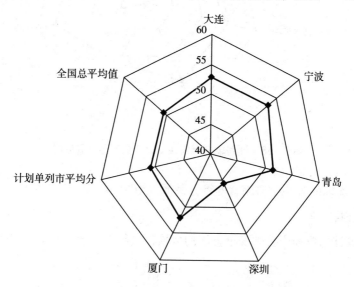

图3-60　计划单列市公共住房满意度得分雷达图

公共住房方面，2019年五个计划单列市的满意度平均得分为50.96分，稍高于全国38个城市的总平均分（50.79分）。其中，五个计划单列市中，宁波满意度得分最高，为52.86分；深圳满意度得分最低，为45.58分。在公共住房方面，各大计划单列市的满意度得分均处于较低的水平，亟待采取相关措施进行发展提升。

4. 基础教育

根据计划单列市基础教育方面的数据，绘制雷达图，如图3-61所示。

基础教育方面，2019年五个计划单列市的满意度平均得分为64.43分，

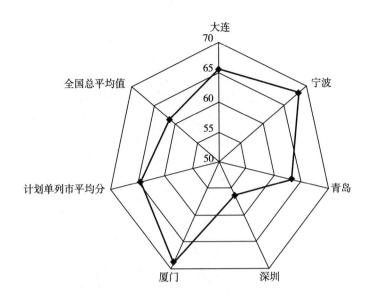

图3-61 计划单列市基础教育满意度得分雷达图

比全国38个城市的总平均值高2.99分。其中，五个计划单列市中，厦门满意度得分最高，为68.77分；宁波、大连次之；深圳满意度得分最低，为56.46分。可见计划单列市中，在基础教育方面的发展存在地区不均衡的情况，深圳在基础教育方面还需要着力提升。

5. 社会保障和就业创业

根据计划单列市社会保障和就业创业方面的数据，绘制雷达图，如图3-62所示。

社会保障和就业创业方面，2019年五个计划单列市的满意度平均得分为62.51分，比全国38个城市的总平均值高2.33分。其中，五个计划单列市中，宁波表现最为突出，其满意度得分为66.54分，在38个城市中位列第4；其次是厦门，其得分为65.98分，与宁波差异不大；深圳的满意度得分则相对较低，为56.60分。

6. 公共信息化服务

根据计划单列市公共信息化服务方面的数据，绘制雷达图，如图3-63所示。

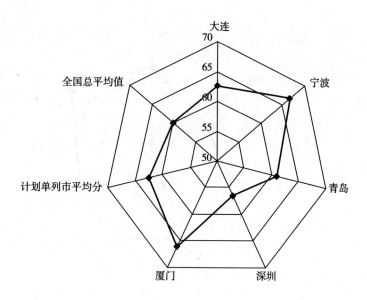

图 3 - 62　计划单列市社会保障和就业创业满意度得分雷达图

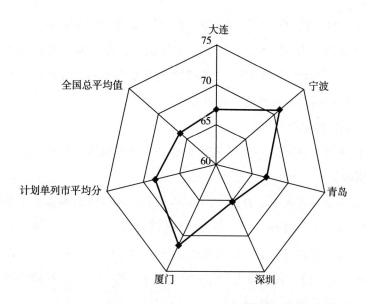

图 3 - 63　计划单列市公共信息化服务满意度得分雷达图

2019 年增加了公共信息化服务,五个计划单列市的满意度平均得分为68.29 分,比全国 38 个城市的总平均值高 2.03 分。其中,五个计划单列市中，除深圳得分较低外，其余城市均超过全国 38 个城市的总平均值。厦门满意度得分最高，为 71.30 分，在 38 个城市中位列第 4；其次是宁波，其满意度得分为 70.78 分，与厦门差距不大。

7. 医疗卫生

根据计划单列市医疗卫生方面的数据，绘制雷达图，如图 3-64 所示。

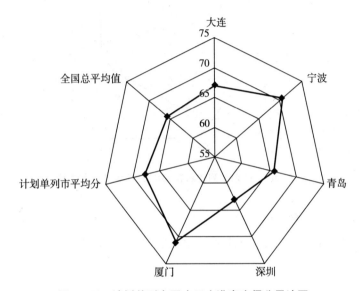

图 3-64　计划单列市医疗卫生满意度得分雷达图

医疗卫生方面，2019 年五个计划单列市的满意度平均得分为 67.51 分，比全国 38 个城市的总平均值高 1.86 分。其中，五个计划单列市中，厦门与宁波的表现较好，其满意度得分均超过 70。满意度得分最低的是深圳，为 63.24 分。

8. 城市环境

根据计划单列市城市环境方面的数据，绘制雷达图，如图 3-65 所示。

城市环境方面，2019 年五个计划单列市的满意度平均得分为 70.31 分，比全国 38 个城市的总平均值高 3 分。五个计划单列市的满意度得分均超过全国平均值，整体发展处于良好的态势。其中，厦门的满意度得分最高，为 74.60 分，在 38 个城市中位列第 2。

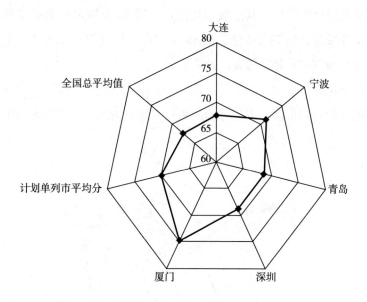

图 3 – 65　计划单列市城市环境满意度得分雷达图

9. 公共文化体育

根据计划单列市公共文化体育方面的数据，绘制雷达图，如图 3 – 66 所示。

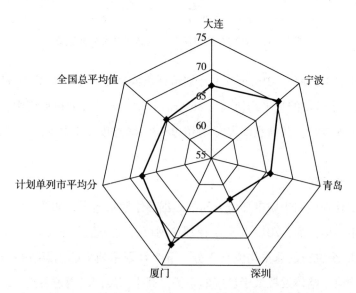

图 3 – 66　计划单列市公共文化体育满意度得分雷达图

公共文化体育方面，2019年五个计划单列市的满意度平均得分为67.61分，比全国38个城市的总平均值高2.36分。除深圳满意度得分较低外，其余四个单列市的满意度得分均超过全国总平均值，厦门满意度得分最高，为71.36分。

10.公职服务

根据计划单列市公职服务方面的数据，绘制雷达图，如图3-67所示。

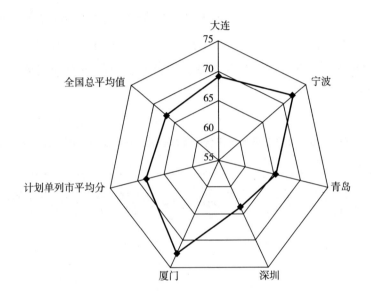

图3-67 计划单列市公职服务满意度得分雷达图

公职服务方面，2019年五个计划单列市的满意度平均得分为68.56分，比全国38个城市的总平均值高1.39分。五个计划单列市中，厦门与宁波表现最佳；满意度得分最高的是厦门市，为72.29分；宁波次之，得分为72.12分，与厦门得分相近；深圳在公职服务方面的满意度得分较低，为63.82分。

（六）四大经济特区城市基本公共服务满意度对比分析

表3-46列出了四大经济特区的基本公共服务满意度分项得分情况。

由表 3-46 可见，2019 年，四大经济特区的基本公共服务满意度总体得
分平均值为 66.54 分，比全国 38 个城市的总体满意度得分平均值高 2.93
分，其中珠海表现最佳，其满意度得分为 69.81 分，深圳满意度得分较
低，为 61.09 分，亟待在基本公共服务方面发力提升。相较于 2018 年，
四大经济特区的基本公共服务总体满意度均有所提升，在四个经济特区
城市中，尤其是汕头市，2019 年总体满意度得分（66.56 分）较 2018 年
的总体满意度得分（53.35 分）高 13.21 分。如图 3-68 所示，四大经
济特区的各项满意度得分均高于全国 38 个城市的各项满意度得分，可见
四大经济特区的基础公共服务发展较为良好，但需对得分较低的公共住
房进行关注。

表 3-46　2019 年四大经济特区基本公共服务满意度分项得分一览

单位：分

城市	公共交通	公共安全	公共住房	基础教育	社会保障和就业创业	公共信息化服务	医疗卫生	城市环境	公共文化体育	公职服务	总体满意度
汕头	59.40	73.19	49.67	69.26	64.91	68.64	69.72	69.74	69.45	71.58	66.56
深圳	61.43	67.02	45.58	56.46	56.60	65.26	63.24	68.75	62.71	63.82	61.09
厦门	64.60	75.40	52.11	68.77	65.98	71.30	70.82	74.60	71.36	72.29	68.72
珠海	64.43	73.33	58.10	71.27	67.77	70.72	70.75	73.40	71.70	76.68	69.81
经济特区平均分	62.46	72.23	51.36	66.44	63.81	68.98	68.63	71.62	68.80	71.09	66.54
全国总平均分	62.17	69.74	50.79	61.44	60.18	66.26	65.65	67.31	65.25	67.17	63.61

以下逐项进行分析。

1. 公共交通

根据四大经济特区公共交通满意度评价得分，制作雷达图，如图 3-69
所示。

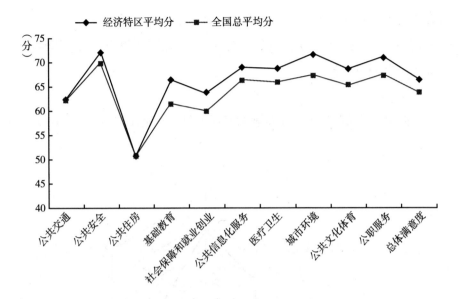

图 3 – 68　四大经济特区平均分与全国总平均分对比

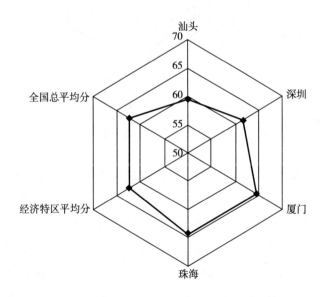

图 3 – 69　经济特区公共交通满意度得分雷达图

在公共交通方面，2019 年四个经济特区城市的满意度平均得分为 62.46 分，稍高于全国 38 个城市平均值（62.17 分），高于 2018 年四个经济特区

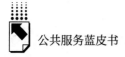

城市的满意度平均得分 3.71 分。其中，满意度得分最高的城市是厦门，为 64.60 分；其次是珠海，满意度得分为 64.43，略低于厦门；汕头满意度得分最低，为 59.40 分。

2. 公共安全

根据四大经济特区公共安全满意度评价得分，制作雷达图，如图 3 - 70 所示。

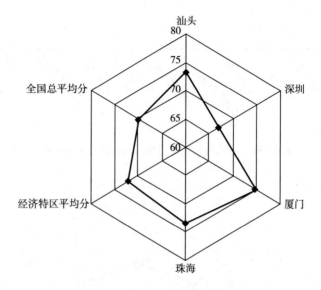

图 3 - 70 经济特区公共安全满意度得分雷达图

在公共安全方面，2019 年四个经济特区城市的满意度平均得分为 72.23 分，是 10 大单项要素中得分最高的要素，比全国 38 个城市平均值（69.74 分）高 2.49 分，较 2018 年四个经济特区城市的满意度平均得分提升了 4.82 分。其中，深圳满意度得分较低，仅为 67.02 分，较 2018 年也有所下降，其余三个经济特区的满意度得分均超过 70 分，其表现均较 2018 年更好，尤其是汕头，较 2018 年公共安全的满意度得分提升了 13.26 分。

3. 公共住房

根据四大经济特区公共住房满意度评价得分，制作雷达图，如图 3 - 71 所示。

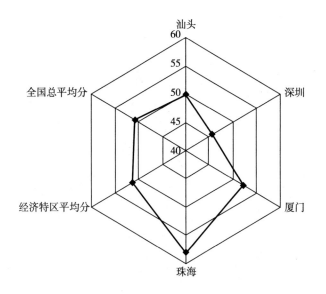

图3－71　经济特区公共住房满意度得分雷达图

在公共住房方面，2019年四个经济特区城市的满意度平均得分为51.36分，略高于全国38个城市平均值（50.79分），但仍需注意的是其得分整体偏低，是10大单项要素中得分最低的要素。其中，满意度得分最高的城市是珠海市，为58.10分，较2018年增加了13.53分，其有关提升公共住房的满意度得分的经验值得其他城市借鉴。汕头、深圳满意度得分均低于50分，需对公共住房方面进行重点关注。

4. 基础教育

根据四大经济特区基础教育满意度评价得分，制作雷达图，如图3－72所示。

在基础教育方面，2019年四个经济特区城市的满意度平均得分为66.44分，比全国38个城市平均分（61.44分）高5分，较2018年四个经济特区城市的满意度得分（59.74分）有所提升。其中，除深圳外，其余三个经济特区都有较好的表现，珠海满意度得分最高，为71.27分，其次，汕头的满意度得分为69.26分，较2018年的满意度得分（52.85分）有飞跃性提升。

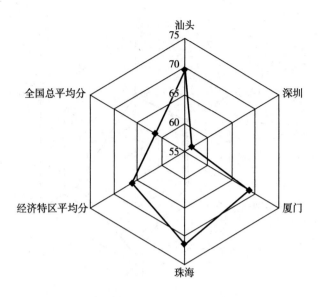

图 3-72　经济特区基础教育满意度得分雷达图

5. 社会保障和就业创业

根据四大经济特区社会保障和就业创业满意度评价得分，制作雷达图，如图 3-73 所示。

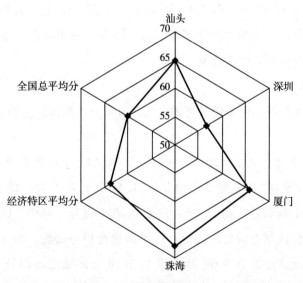

图 3-73　经济特区社会保障和就业创业满意度得分雷达图

在社会保障和就业创业方面，2019 年四个经济特区城市的满意度平均得分为 63.81 分，比全国 38 个城市平均分（60.18 分）高 3.63 分。四大经济特区中，珠海的满意度得分最高，为 67.77 分，其次是厦门（65.98 分）、汕头（64.91 分），深圳的满意度得分较低，仅为 56.60 分，远低于四个经济特区城市的平均分，其提升空间较大。

6. 公共信息化服务

根据四大经济特区公共信息化服务满意度评价得分，制作雷达图，如图 3-74 所示。

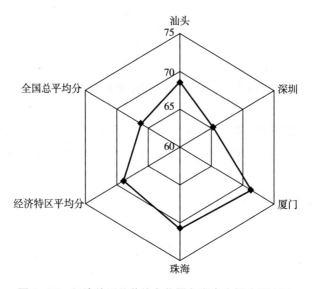

图 3-74　经济特区公共信息化服务满意度得分雷达图

在公共信息化服务方面，2019 年四个经济特区城市的满意度平均得分为 68.98 分，比全国 38 个城市平均分（66.26 分）高 2.72 分。四个经济特区城市中，满意度得分最高的是厦门，为 71.30 分，其次是珠海，为 70.72 分。得分最低的是深圳，低于全国平均值，仅为 65.26 分。

7. 医疗卫生

根据四大经济特区医疗卫生满意度评价得分，制作雷达图，如图 3-75 所示。

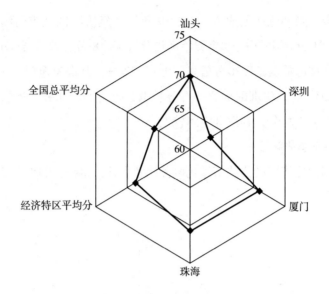

图3-75 经济特区医疗卫生满意度得分雷达图

在医疗卫生方面,2019年四个经济特区城市的满意度平均得分为68.63分,比全国38个城市平均分(65.65分)高2.98分。四个经济特区城市中,厦门、珠海、汕头在医疗卫生方面均表现较为良好,且得分基本无异。深圳在医疗卫生方面的表现较其他城市差,得分最低,为63.24分。

8. 城市环境

根据四大经济特区城市环境满意度评价得分,制作雷达图,如图3-76所示。

在城市环境方面,2019年四个经济特区城市的满意度平均得分为71.62分,是10大单项要素中得分排名第2的要素,比全国38个城市平均分(67.31分)高4.31分。四个经济特区城市的满意度得分均超过全国38个城市的平均分,在城市环境方面,经济特区的发展整体较良好。其中厦门表现最为突出,满意度得分为74.60分;其次是珠海,满意度得分为73.40分。

9. 公共文化体育

根据四大经济特区公共文化体育满意度评价得分,制作雷达图,如图3-77所示。

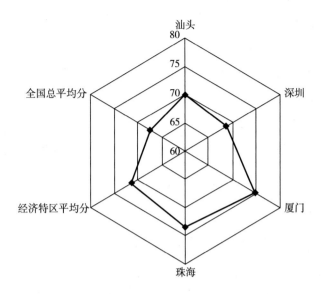

图 3-76 经济特区城市环境满意度得分雷达图

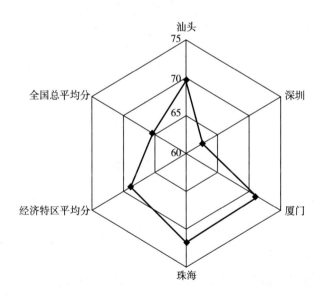

图 3-77 经济特区公共文化体育满意度得分雷达图

在公共文化体育方面,2019 年四个经济特区城市的满意度平均得分为 68.80 分,比全国 38 个城市平均分(65.25 分)高 3.55 分,和 2018 年四个

经济特区城市的满意度平均得分（58.96分）相比，提高了9.84分。在四个经济特区城市中，珠海与厦门满意度得分较高，分别为71.70分和71.36分；深圳在文化体育方面的满意度得分远低于其他经济特区，为62.71分，需对文化体育进行重点关注。

10. 公职服务

根据四大经济特区公职服务满意度评价得分，制作雷达图，如图3-78所示。

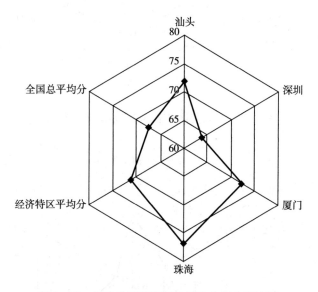

图3-78　经济特区公职服务满意度得分雷达图

在公职服务方面，2019年四个经济特区城市的满意度平均得分为71.09分，位列经济特区十大要素满意度得分第3，比全国38个城市平均分（67.17分）高3.92分。其中，珠海表现最为突出，其满意度得分为76.68分；其次是厦门和汕头，得分差异不大，均超过70分；四个经济特区城市中，深圳的表现较为逊色，满意度得分仅63.82分，可见深圳在公职服务方面需要进行改善提升。

B.4
2019年公共服务基本要素满意度
单项评价报告*

摘　要：　本报告对公共交通、公共安全、公共住房、基础教育、社会
保障和就业创业、公共信息化服务、医疗卫生、城市环境、
公共文化体育、公职服务十个公共服务的基本要素进行满意
度单项分析，对城市满意度排名进行研究，对要素年评价情
况进行分析，对优秀城市进行点评。

关键词：　基本公共服务　基本公共服务满意度　城市治理

一　公共交通篇

2019 年公共交通要素满意度得分为 62.17 分，与 2018 年的 58.25 分相
比，提高了 3.92 分，在公共服务 10 项要素之中排名第 7。2019 年该要素满
意度排名前三的城市是青岛、南京、宁波，与 2018 年前三位相比略有变化，
南京跻身前三城市，拉萨跌落至第 9 名。在 38 个主要城市中，2019 年满意
度得分超过 2018 年满意度得分的城市有 34 个，表明中国主要城市的公共交
通领域整体呈现出良好发展的态势（见图 4-1、表 4-1）。

（一）横向对比

2019 年公共交通要素满意度得分为 62.17 分，在公共服务 10 项要素之中排

＊　执笔:万相昱、郑晓君、王硕、周广华、奥博、丁燕鹏;统稿:钟君、刘志昌、刘须宽。

名第7，较2018年排名下降两位。2019年排名前三的城市分别是青岛（66.86分）、南京（66.13分）、宁波（65.99分），位列前10的城市还有西宁、上海、

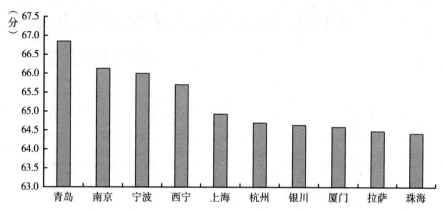

图4-1　2019年公共交通要素满意度前10城市得分

表4-1　2019年38个城市公共交通要素满意度总体排名

城市	得分	排名	城市	得分	排名
青岛	66.86	1	南宁	62.22	20
南京	66.13	2	南昌	62.21	21
宁波	65.99	3	沈阳	62.09	22
西宁	65.72	4	太原	61.90	23
上海	64.94	5	郑州	61.77	24
杭州	64.69	6	深圳	61.43	25
银川	64.64	7	武汉	61.04	26
厦门	64.60	8	长春	60.87	27
拉萨	64.48	9	乌鲁木齐	60.84	28
珠海	64.43	10	呼和浩特	59.97	29
重庆	63.88	11	济南	59.84	30
天津	63.68	12	汕头	59.40	31
成都	63.67	13	西安	59.10	32
兰州	63.31	14	北京	58.59	33
大连	63.11	15	哈尔滨	58.20	34
福州	63.01	16	贵阳	58.12	35
长沙	62.92	17	广州	58.04	36
合肥	62.86	18	昆明	57.89	37
石家庄	62.55	19	海口	57.28	38
全国要素满意度	62.17				

杭州、银川、厦门、拉萨、珠海，高于全国平均水平的城市有21个。从满意度数值上来看，38个主要城市中满意度得分高于60分的城市有28个，超过总数的2/3，得分最低的海口（57.28分）与全国平均得分相比，相差仅为4.89分，相比2018年的10.3分，差距显著减小，说明我国主要城市公共交通建设取得了明显的进步。

（二）纵向对比

1.2019年38个城市公共交通满意度要素发展指数

整体上看，2019年全国公共交通满意度要素发展指数为0.06717，较2018年的-0.05019有较大的提升，38个城市中，兰州等34个城市的公共交通满意度要素发展指数为正数。具体来看，兰州、呼和浩特、汕头3个城市的公共交通满意度要素发展指数排名居前3位，分别为0.32038、0.22866、0.21466，2019年多所城市的公共交通满意度要素发展指数提升幅度较大（见表4-2）。

表4-2　2019年38个城市公共交通满意度要素发展指数排行

城市	发展指数	排名	城市	发展指数	排名
兰州	0.32038	1	福州	0.06281	17
呼和浩特	0.22866	2	大连	0.06244	18
汕头	0.21466	3	武汉	0.05512	19
贵阳	0.15538	4	北京	0.05462	20
西安	0.14875	5	成都	0.05351	21
长春	0.12876	6	沈阳	0.05068	22
银川	0.11331	7	杭州	0.04772	23
南京	0.10997	8	昆明	0.04705	24
哈尔滨	0.10499	9	石家庄	0.04627	25
西宁	0.10199	10	上海	0.04315	26
南昌	0.09596	11	乌鲁木齐	0.03955	27
济南	0.07576	12	重庆	0.03884	28
南宁	0.07190	13	长沙	0.03758	29
合肥	0.06709	14	太原	0.02660	30
珠海	0.06640	15	天津	0.02119	31
郑州	0.06363	16	青岛	0.01305	32

续表

城市	发展指数	排名	城市	发展指数	排名
广州	0.00863	33	拉萨	−0.00342	36
厦门	0.00624	34	海口	−0.01730	37
深圳	−0.00101	35	宁波	−0.03279	38
全国要素发展指数	0.06717				

2. 2019年与2018年公共交通满意度前10城市对比

从图 4 - 2 和表 4 - 3 中可以看出，2019 年公众对公共交通要素的满意程度总体上有较大上升。对比 2019 年和 2018 年满意度排名前十城市得分可以发现，青岛、宁波、上海、杭州、厦门、拉萨连续两年排名进入前 10。南京的公共交通服务发展较为迅速，从 2018 年的排名第 16 位一跃跻身 2019 年的第 2 位。

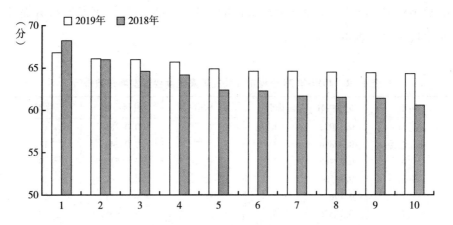

图 4 - 2 2019 年与 2018 年公共交通要素满意度排名前 10 城市得分对比

表 4 - 3 2019 年与 2018 年公共交通要素满意度排名前 10 城市得分情况

2019 年排名			2018 年排名		
城市	得分	排名	城市	得分	排名
青岛	66.86	1	宁波	68.23	1
南京	66.13	2	青岛	66.00	2
宁波	65.99	3	拉萨	64.71	3
西宁	65.72	4	厦门	64.20	4

2019 年排名			2018 年排名		
城市	得分	排名	城市	得分	排名
上海	64.94	5	天津	62.36	5
杭州	64.69	6	上海	62.26	6
银川	64.64	7	杭州	61.74	7
厦门	64.60	8	重庆	61.50	8
拉萨	64.48	9	深圳	61.49	9
珠海	64.43	10	长沙	60.64	10
全国要素满意度	62.17		全国要素满意度	58.25	

3. 2011～2019年公共交通要素满意度及排名对比

图 4 - 3 反映的是 2011～2019 年 9 年间公共交通要素满意度得分的变化情况。从图中可以看出，2011 年的满意度得分在 9 年之中最高，达到了 65.34，2012 年这一要素的满意度得分下降幅度较大，此后 2013～2018 年间，得分出现幅度较小的上下波动，但整体趋势较为平稳。2019 年满意度得分出现较大的回升，上升至 62.17 分，为 2012 年以来的最高值，这表明公共交通服务方面改观较大，不断向好，由此也进一步说明我国主要城市的公共交通领域正在不断完善。

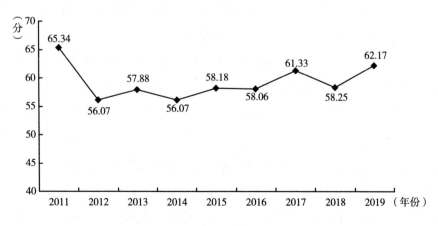

图 4 - 3　2011～2019 年公共交通要素满意度分值变化

图 4 – 4 反映的是 2011～2019 年 9 年内公共交通要素满意度排名变化。从图中可以看出，2011 年，该要素满意度排名最高，位列第 2。2012～2017年，公共交通满意度在 10 项要素之中排名变化不大，居于第 7 位或第 8 位，处于下游水平，在 2018 年，该要素排名回升至第 5 位，但在 2019 年，又回落至第 7 位，说明公共交通服务水平与公众预期之间还有一定的差距。

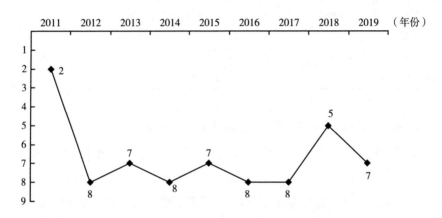

图 4 – 4　2011～2019 年公共交通要素满意度排名变化

（三）结果分析

第一，2019 年 38 个主要城市的公共交通要素满意度得分均值为 62.17分，高于 2018 年的 58.25 分，2017 年的 61.33 分，2016 年的 58.06 分，38个城市之中满意度得分高于 60 分的城市有 28 个，与 2018 年的 13 个相比，有显著增加，从长期发展趋势来看，我国公共交通的整体满意度在一个平稳期后出现抬升趋势，平均满意度水平逐渐上移。虽然 2019 年的满意度得分回升较大，但是与 2011 年的历史最高水平相比还有一定的差距，公共交通服务仍然有一定的改善和发展空间。改善公共交通状况，需要各城市政府不断重视，以规划引领、优化布局、科学管理的思路，结合城市特色和智能交通，打造现代化城市公共交通体系，不断提供更加优质的公共交通服务，满足公众日益增长的出行需求，提高人民群众公共交通出行的体验。

第二，提高城市公共交通运营效率，优化公共交通服务的落脚点和依托点是城市公共交通优先发展的战略定位，加强公共交通基础设施的建设，应用科学管理技术依然是有效途径。近年来大数据与智能体系发展迅速，习近平总书记在中共中央政治局第二次集体学习时强调，大数据发展日新月异，我们应该健全大数据辅助科学决策和社会治理的机制，推进政府管理和社会治理模式创新。因此在公共交通领域，应用智能交通指挥管理系统，健全公共交通大数据系统，进行实时监控、分析、反馈或成为破解公共交通难题的主要手段与发展方向。青岛市正是依靠"互联网＋公交"战略、智能网络系统、大数据综合应用，连续两年名列公共交通要素满意度得分排名前3，2019 年一跃成为榜首。

（四）优秀城市经验推介——青岛市

2019 年，青岛公共交通满意度得分在 38 个主要城市中居第 1 位，相比2018 年的排名第 2 位，上升 1 位，由此可见，青岛在公共交通方面发展良好，稳中有进，其有益探索和宝贵经验可以归结于以下三个方面。

1. 落实公共交通优先发展战略，加强公共交通基础设施建设

自 2015 年起，青岛市通过顶层设计、政策引导、六大领域优先发展公共交通，基本确立了公共交通在城市交通系统中的主体地位。通过加强规划调整能力、加快基础设施建设、加强土地综合开发、保障公交路权优先、规范公交管理、加强政府财政投入六大方面，落实公共交通优先发展战略。2013 年至 2018 年间，在常规公交方面，青岛市新建改造公交场站 53 个，公共交通站点 500 米覆盖率达到 97%，常规公交线路由276 条增至 369 条，增幅高达 33.7%，累计投入车辆 2000 余辆，开通城乡公交线路 300 余条。在轨道交通方面，青岛先后建成并投入运营 172千米的地铁网络，8.77 千米的现代有轨电车。5 年来，青岛不断加强公共交通基础设施建设，已经形成了全域覆盖、城乡结合、形式多样的多层次立体交通网络。

2.持续优化公共交通网络，适当衔接常规公交与轨道交通

2018 年青岛完成了 28 条公交线路走向的优化工作，调整了 43 条线路的运营时间。自地铁 3 号线开通以来，青岛市累计开辟调整公交线路 220 余次，迁移拥堵站点 150 余处。在交通衔接方面，青岛以胶东机场综合交通中心和铁路青岛北站为依托，打造旅客空铁联程运输系统，拓展与地铁线路换乘衔接的公交线路，很大程度地提高了市民出行的便捷度与乘客满意度。

3.着力提升交通发展智能化水平，优化公共交通管理控制

为落实《"十三五"现代综合交通运输体系发展规划》中提升交通发展智能化水平的要求，2019 年青岛市交通运输局印发《青岛公共交通智能化标准规范》，搭建一体化、集中式的智能调度平台，实现数据交换，满足上级管理部门行业管理需求。此外，青岛公交集团积极推动传统客运服务向智能化科技型服务转型，构建智能出行信息服务系统，实时发布消息、到离站实时查询、公交换乘等功能，2012 年推出"青岛公交查询"，与百度、滴滴、高德等互联网企业开展乘客出行信息服务合作，极大程度地提高了公共信息服务水平，使市民快速、便捷、舒适出行。运用公交大数据对公交进行绩效考评，助力公交补贴办法的有效实施。青岛的政策指引与智能化信息系统的构建成为智能交通体系的强有力支撑。

（五）结论与建议

整体来看，我国主要城市的公共交通服务领域发展良好，但市民日益增长的出行需求仍然给交通带来了一定的挑战，交通拥堵、效率低下严重降低了市民的满意度水平，成为亟待解决的重要问题。因此，持续重视公共交通发展，不断提高公共交通服务水平是惠民便民、改善民生的重要举措。

1.做好常规公交与其他交通方式有效衔接，调整交通网络结构

近年来，我国主要城市加大固定资产投资力度，加强公共交通基础设施建设，公共交通服务水平已经取得了长足的进步。从现有国情和城市交通可持续发展角度来看，一方面，城市政府仍要维持公共交通基础建设的投入，并且加强维护工作，保持"量"的增长，满足市民日益增长的出行需求；

另一方面，政府应该优化常规公交与轨道交通、航空运输的衔接方式，恰当规划，调整现有交通网络结构，比如青岛开展的旅客空铁联程运输，力求提升交通网络的运行效率，提高市民出行便捷程度，进行"质"的转变升级。"量"与"质"的有效结合，推动实现公共交通领域的高质量发展。

2. 构建调度、信息、考核三位一体智能系统，创新交通管理模式

我们应该认识到，公共交通服务对象不能局限于公共交通需求者乘客，还应扩展到公共交通供给者即营运者和管理者。构建智能化公交调度体系，与高德、百度等互联网公司紧密合作，综合实时路况信息、乘客信息，实现调度的自我优化、远程化、可视化、可监测化，在提高交通运行效率的同时，也提升营运者和管理者的服务体验感。此外，应增加信息发布平台与数据接口，乘客能够查询等候时间，减少出行时间成本，管理层通过数据交换，通过对公交大数据进行分析与绩效考核，落实各种公共交通管理、激励办法，提高公共交通服务水平。

二 公共安全篇

2019年公共安全要素满意度得分为69.74分，在公共服务10项要素得分中排名第1。2019年该要素满意度排名前3的城市是拉萨、西宁、海口，得分分别为77.70分、77.19分、75.51分，与2018年相比，除拉萨仍然排名第1不变，第2名和第3名的情况有所变化，2018年公共安全要素满意度得分排名前三的城市是拉萨、乌鲁木齐和厦门。其中海口在2018年公共安全满意度得分中排名第25位，在2019年跃升为第3位，说明其在公共安全服务方面的发展取得显著进步。2019年的公共安全要素满意度得分较2018年有所上升，同时就长期趋势而言，我国公共安全领域呈现较为平稳的发展状态（见图4-5、表4-4）。

（一）横向对比

2019年公共安全全国要素满意度得分为69.74分，在公共服务10项要

素得分中排名第 1。2019 年公共安全要素满意度排名前 3 的城市分别为拉萨、西宁、海口，其得分均在 75 分以上。跻身前 10 的城市还有厦门、乌鲁木齐、兰州、宁波、贵阳、珠海、汕头，在 38 个主要城市中，最高分为77.70 分，最低分为 60.84 分，最高分与最低分相差 16.86 分，表明城市之间的发展存在一定差异，有些城市的公共安全状况仍待改善。另外，38 个主要城市中有 19 个城市在该项的得分超过全国平均水平，占比 50%，高于2018 年的比例，表明城市间发展的不均衡性有所改善。

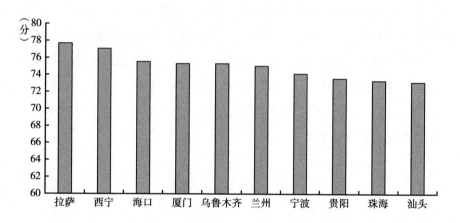

图 4 - 5　2019 年公共安全要素满意度前 10 城市得分

表 4 - 4　2019 年 38 个城市公共安全要素满意度总体排名

城市	得分	排名	城市	得分	排名
拉萨	77.70	1	大连	71.51	12
西宁	77.19	2	长春	70.65	13
海口	75.51	3	上海	70.60	14
厦门	75.40	4	杭州	70.37	15
乌鲁木齐	75.36	5	太原	70.06	16
兰州	74.95	6	呼和浩特	70.01	17
宁波	74.16	7	济南	69.98	18
贵阳	73.46	8	南昌	69.88	19
珠海	73.33	9	昆明	69.71	20
汕头	73.19	10	青岛	69.38	21
银川	72.14	11	哈尔滨	68.82	22

城市	得分	排名	城市	得分	排名
南京	68.80	23	成都	66.71	31
南宁	68.47	24	天津	65.41	32
福州	68.33	25	石家庄	65.19	33
合肥	67.39	26	广州	64.67	34
沈阳	67.38	27	长沙	64.50	35
北京	67.38	28	武汉	64.10	36
重庆	67.04	29	郑州	63.57	37
深圳	67.02	30	西安	60.84	38
全国要素满意度	69.74				

（二）纵向对比

1. 2019年38个城市公共安全满意度要素发展指数

从表4-5中可以看出，除天津、青岛、深圳以外，其他35个主要城市公共安全满意度要素发展指数均为正值，其中兰州的公共安全满意度要素发展指数远高于全国平均水平，其发展经验对于其他城市而言有可借鉴的意义。从发展指数来看，兰州、汕头、海口3个城市的公共安全满意度要素发展指数排前3位，分别为0.24702、0.22122、0.19708。

表4-5 2019年38个城市公共安全满意度要素发展指数排行

城市	发展指数	排名	城市	发展指数	排名
兰州	0.24702	1	南昌	0.12916	11
汕头	0.22122	2	南京	0.10386	12
海口	0.19708	3	太原	0.08365	13
呼和浩特	0.19279	4	南宁	0.07874	14
西宁	0.17494	5	沈阳	0.07152	15
长春	0.16256	6	西安	0.07108	16
贵阳	0.15908	7	珠海	0.06942	17
哈尔滨	0.15072	8	济南	0.06829	18
大连	0.14638	9	合肥	0.06679	19
昆明	0.14637	10	银川	0.06489	20

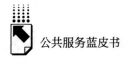
续表

城市	发展指数	排名	城市	发展指数	排名
石家庄	0.05208	21	上海	0.01986	30
厦门	0.03981	22	武汉	0.01085	31
福州	0.03915	23	长沙	0.01030	32
宁波	0.03564	24	广州	0.00844	33
郑州	0.02958	25	拉萨	0.00423	34
北京	0.02850	26	杭州	0.00053	35
成都	0.02772	27	天津	-0.00149	36
乌鲁木齐	0.02148	28	青岛	-0.00650	37
重庆	0.02107	29	深圳	-0.02377	38
全国要素发展指数	0.07407				

2. 2019年与2018年公共安全要素满意度前10城市对比

从图4-6和表4-6可以看出，2019年38个主要城市的公共安全要素满意度得分均值为69.74分，其中得分最高的为拉萨，得分为77.70分，较上年的最高分提高了0.32分，再次成为年公共安全满意度得分最高的城市。从历年情况看，前10名高频出现的城市不少，拉萨、厦门、乌鲁木齐、宁波、珠海连续两年进入该要素前10，拉萨、厦门、宁波、珠海连续三年排名前10位，说明这些城市的公共安全服务总体态势良好。其中，海口和拉萨的公共安全发展效果最为显著，海口从2018年排名第25位跃居至2019年的第3位，拉萨从2013年开始，其公共安全满意度排名始终位列前3，最近两年更是连续第1，对其他城市的公共安全建设有可借鉴的经验。

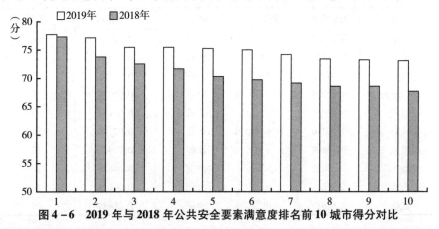

图4-6 2019年与2018年公共安全要素满意度排名前10城市得分对比

表4-6　2019年与2018年公共安全要素满意度排名前10城市得分情况

2019 年排名			2018 年排名		
城市	得分	排名	城市	得分	排名
拉萨	77.70	1	拉萨	77.38	1
西宁	77.19	2	乌鲁木齐	73.78	2
海口	75.51	3	厦门	72.51	3
厦门	75.40	4	宁波	71.60	4
乌鲁木齐	75.36	5	杭州	70.34	5
兰州	74.95	6	青岛	69.83	6
宁波	74.16	7	上海	69.23	7
贵阳	73.46	8	深圳	68.65	8
珠海	73.33	9	珠海	68.57	9
汕头	73.19	10	银川	67.75	10
全国要素满意度	69.74		全国要素满意度	64.83	

3. 2011~2019年公共安全要素满意度及排名对比

图4-7反映的是2011~2019年9年间全国公共安全要素满意度得分变化。其中，2011~2015年的满意度得分持续增加，2015~2019年间存在或高或低的年交替，2019年的公共安全要素满意度得分达到历史新高，为69.74分。从长期趋势上看，我国公共安全服务满意度得分前期呈现出持续增长态势，而后呈现出较为平稳的发展状态。

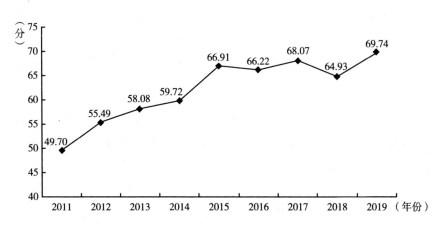

图4-7　2011~2019年公共安全要素满意度分值变化

图 4 - 8 反映的是 2011 ~ 2019 年 9 年间全国公共安全满意度得分在 10 项公共服务中排名的变化。2012 年的排名相较于 2011 年出现小幅下降，2012 ~ 2015 年的排名呈现快速上升状态，在 2015 年排名达到第 1，而后的 2016 年、2017 年均保持排名第 1 的良好水平，2018 年排名虽有小幅下降，但仍然高居第 2，2019 年排名重回第 1，说明近年来我国在公共安全方面的努力取得了良好成效，安全的常态化趋势已经相当稳固。

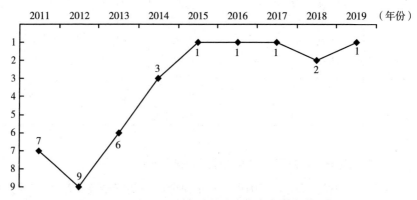

图 4 - 8　2011 ~ 2019 年公共安全要素满意度排名变化

（三）结果分析

第一，从公共安全满意度排名前 10 的城市来看，前 10 名高频出现的城市不少，拉萨、厦门、宁波、珠海连续三年进入该要素前 10，其中拉萨作为公共安全良好发展的典范，连续 7 年排名位居前 3。

第二，虽然从整体上看我国公共安全服务保持稳步发展态势，2019 年公共安全满意度得分也较 2018 年有所提高，但是城市之间的发展仍然存在一定差异，有些城市的公共安全状况仍待改善。随着经济社会转型力度的进一步加大，社会发展仍然存在诸多不稳定、不可预见的因素，我国仍需对公共安全问题加以重视。

（四）优秀城市经验推介——拉萨市

2019 年，拉萨市公共安全服务满意度得分在 38 个主要城市中再次高居第1,而且连续7年进入前3,表明拉萨市在该公共指标单项上的发展成效显著,其在公共安全方面的经验和措施均值得学习和借鉴。

1. 不断探索适合自身的工作模式,健全完善群防群治工作格局

针对拉萨市自身的实际情况,当地政府不断探索适合自身的工作模式。建立起快速反应、及时处置的街面防控警务网格化服务管理模式,在这种模式下,拉萨市投入使用众多便民警务站,全面履行"治安巡控、接警处警、交通管理、受理求助、动态掌控、法治宣传、备警处突"等职能,形成了"核心区域1分钟、其他区域3分钟"警务圈,各站点之间联网、联勤、联动,全天候24小时执勤巡逻和便民服务,实现对违法犯罪的近距离快速精准打击。同时结合"联户平安、联户增收"社会治理模式,把网格和联户单位构筑成基层治理的第一道屏障,处理好社会管理中"条"与"块"的关系,维持社会环境的稳定。

2. 加强社区治理体系建设,全面落实安全主体责任

拉萨市人民政府在《关于加快推进拉萨市建设国家创新型城市的实施意见》中提出要加强社区治理体系建设,健全"复合型"网格化管理机制,在该意见中指出要明确落实行业监管责任人和网格监管责任人的网格事务双重管理责任。如在质量安全主体上,拉萨建立农产品质量安全监管信息系统、放心肉质量安全信息追溯监控系统、食品生产企业电子追溯系统等众多监管平台,同时构建了食品、药品、农产品、工程、旅游质量安全执法联动、重大质量违法突发案件快速反应和重点质量案件督办等监管机制。

3. 完善公共安全顶层设计,不断创新社会治理手段

完善公共安全治理的顶层设计,破解公共安全治理碎片化的难题。公共安全治理是一个系统工程,需要各级政府职能部门相互协调,才能够实现系统治理。公共安全治理问题不单纯是"公共安全"所带来的问题,而且与更广泛、更深层的社会问题交织、关联在一起,相互影响,所以需要完善顶层设计,各政府职能部门通过一系列公共安全治理措施解决公共安全治理难题。同时,拉萨逐步加快推动公共区域视频监控图像全域覆盖、联网共享和社会化利用,不断加强公共安全视频监控网络和社会综合治理等社会化资源

的联网整合，建立政府、社会视频资源双向共享机制，从而建成"高速网络＋万物互联＋计算机资源＋智能应用＋数据资源"的综合平台。

4. 因地制宜，立足实际，着力解决影响人民群众安全感的突出问题

在积极响应国家相关部门工作部署的同时，拉萨市政府紧密结合上一季度的社会治安形势变化，立足实际，着力解决影响人民群众安全感的突出问题。如在 2018 年初，其管理重心为加强对交通、消防、枪支弹药、烟花爆竹、危险化学品、管制刀具等的安全监督管理，特别是针对老城区、重点文物保护单位、大型商场、医院、学校周边等人员聚集区。在第二季度的公共安全服务工作中，则把矛头和重点对准出租大院、娱乐场所、"九小场所"、典当业、刀具售卖店等重点行业场所。不断结合社会治安形势的变化，解决相关突出问题，从而维持社会稳定以及努力提升人民群众的获得感、幸福感、安全感。

（五）结论与建议

就目前我国城市社会安全形势而言，尽管我国的公共安全呈现良好的发展态势，但城市公共安全也面临诸多问题和挑战。各级政府需牢牢把握国家总体安全观的战略思想，灵活运用统筹兼顾的公共安全管理方法，对城市公共安全进行整体布局，着力维护社会和谐稳定。

1. 完善组织机构设置，拓展监管覆盖面

当前体制下，众多公共安全监管部门通常只设置到县级一层且编制工作人员较少，专业技术问题处理能力较弱，地区基层公共安全工作存在死角。要不断拓展公共安全监管覆盖面，解决监管工作死角的问题，确切落实相关责任，将公共安全监管建设延伸至城市的每个社区、乡镇。

2. 创新"智慧城市"管理模式，加强城市应急制度建设

当前，城市公共安全预警需面对海量数据的整理与分析，传统的管理模式将不再适宜，要充分借助城市应急信息平台等科学安全技术，树立"数据驱动、智慧引领"的创新理念，建立完善的公共安全预警机制。第一，需要充分协调与发挥城市中众多主体的安全维护功能，由个体功能汇集成群体功能，强调物联网、互联网和云计算等技术与人的智慧的结合，最终形成

全民参与的智慧安全预警防控网络结构，实现人防与技防的统一。第二，加强公共安全的信息整合与完善信息传递机制。对城市公共安全领域中人力、物资、信息等多元异构的资源进行整合，为公共安全预警防控提供数据、信息以及各种事物间互联互通的结构关系，有效地提高危机预测预警和响应处置效能。例如，在城市反恐斗争中，可以跨部门、跨平台将音频、视频、文本、数据、图片等信息进行整合，形成涉恐"情报池"。通过一系列改革措施，将智慧化基础设施应用到城市建设中，有效加强城市应急制度管理，实现准确预警。

3. 强化公众危机意识，提升公共安全应急能力

公众是公共安全突发事件的第一应对者和第一受害者，居民自身公共安全危机意识的增强及应急能力的提高是提升城市应急管理能力的根本。开展预防危机的宣传教育活动与自救能力培训，广泛宣传相关法律法规和应急预案，做好相关宣传工作，从而提高基层应对突发公共事件的处置能力，提高群众应急能力和自救能力，强化居民风险意识。在实际工作中，可借助现有的互联网优势，充分发挥传统媒体和新媒体的宣传教育作用，在相关信息平台上普及宣传安全知识以及发布国内外社区公共安全事件的典型案例，针对公众生活的新方式进行有效宣传，进而助推我国经济社会的稳定发展。

三　公共住房篇

2019 年公共住房要素满意度得分为 50.79 分，相较于 2018 年有所提高，但是得分在公共服务 10 项要素中的排名仍在末端，这在一定程度上说明公共住房方面的整体满意度有所改善，但仍未达到公众的期望。2019 年公共住房满意度排名前 3 的城市分别为拉萨、西宁和珠海，得分分别为 59.37 分、58.61 分和 58.10 分。其中南昌市成为 2019 年进入前 10 的唯一一个中部城市，进步非常大，从 2018 年的第 21 名提升到 2019 年的第 4 名。进入前 10 的城市中西部城市最多，分别为拉萨、西宁、银川、兰州、乌鲁

木齐、呼和浩特。同时有 3 个东部城市进入前 10，分别为珠海、宁波、大连（见图 4-9、表 4-7）。

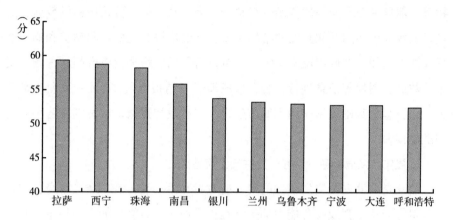

图 4-9 2019 年公共住房要素满意度前 10 城市得分

表 4-7 2019 年 38 个城市公共住房要素满意度总体排名

城市	得分	排名	城市	得分	排名
拉萨	59.37	1	福州	50.98	20
西宁	58.61	2	沈阳	50.84	21
珠海	58.10	3	天津	50.83	22
南昌	55.80	4	贵阳	50.00	23
银川	53.74	5	石家庄	49.81	24
兰州	53.13	6	汕头	49.67	25
乌鲁木齐	52.96	7	长沙	49.07	26
宁波	52.86	8	南宁	48.64	27
大连	52.80	9	合肥	48.56	28
呼和浩特	52.42	10	杭州	48.52	29
厦门	52.11	11	昆明	48.51	30
济南	52.11	12	北京	48.16	31
重庆	51.91	13	南京	47.78	32
青岛	51.47	14	成都	47.37	33
海口	51.30	15	郑州	46.93	34
上海	51.25	16	广州	45.85	35
长春	51.15	17	武汉	45.70	36
太原	51.14	18	深圳	45.58	37
哈尔滨	50.99	19	西安	43.99	38
全国要素满意度	50.79				

（一）横向对比

2019 年，38 个主要城市的公共住房要素满意度平均分为 50.79 分，最高分为 59.37 分，最低分为 43.99 分，排名进入前 10 的城市包括拉萨、西宁、珠海、南昌、银川、兰州、乌鲁木齐、宁波、大连和呼和浩特，其中西部城市 6 个、东部城市 3 个、中部城市只有南昌一个城市进入前 10，说明在公共住房满意度方面西部地区城市最高，东部地区城市次之，中部地区城市的公共住房需要进一步的改善和加强。同时，38 个城市中共有 22 个城市超过该项得分的平均值，相较于 2018 年有较大的进步。

（二）纵向对比

1. 2019年38个城市公共住房满意度要素发展指数

从表 4 - 8 中可以看出，除厦门以外其他 37 个主要城市公共住房满意度要素发展指数均为正值。从发展指数来看，南昌、珠海、西宁 3 个城市的公共安全满意度要素发展指数排前三位，分别为 0.30564、0.30348、0.28682。

表 4 - 8　2019 年 38 个城市公共住房满意度要素发展指数排行

城市	发展指数	排名	城市	发展指数	排名
南昌	0.30564	1	南京	0.16265	14
珠海	0.30348	2	沈阳	0.15626	15
西宁	0.28682	3	郑州	0.15570	16
长春	0.27084	4	西安	0.15325	17
大连	0.27029	5	青岛	0.14557	18
兰州	0.26138	6	南宁	0.14380	19
海口	0.25858	7	宁波	0.14234	20
呼和浩特	0.24622	8	北京	0.13839	21
哈尔滨	0.23199	9	上海	0.12411	22
太原	0.22924	10	长沙	0.12358	23
济南	0.18468	11	昆明	0.12343	24
贵阳	0.17677	12	合肥	0.12243	25

城市	发展指数	排名	城市	发展指数	排名
福州	0.11389	27	乌鲁木齐	0.09138	33
成都	0.10889	28	银川	0.05684	34
重庆	0.10630	29	深圳	0.05578	35
杭州	0.10421	30	天津	0.05563	36
武汉	0.09984	31	拉萨	0.02080	37
石家庄	0.09377	32	厦门	-0.00685	38
汕头	0.16920	13	广州	0.11484	26
全国要素发展指数	0.15154				

2. 2019年与2018年公共住房要素满意度前10城市对比

从图4-10和表4-9可以看出，2019年38个城市的公共住房要素满意度得分为50.79分，其中最高分为拉萨，得分为59.37分，成为本年公共住房满意度最高的城市。从2019年与2018年排名前10的城市得分情况来看，拉萨、西宁、银川、乌鲁木齐和宁波连续两年排名前10。2019年相较于2018年公共住房满意度得分普遍提高，其中中部城市南昌进步相对较大，也是2019年唯一一个进入前10的中部城市。

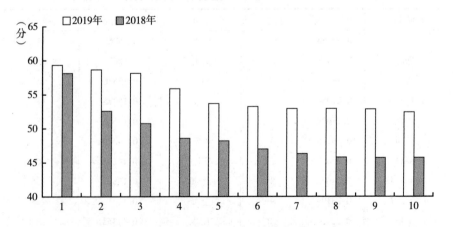

图4-10　2019年与2018年公共住房要素满意度排名前10城市得分对比

表 4 – 9　2019 年与 2018 年公共住房要素满意度排名前 10 城市得分情况

2019 年排名			2018 年排名		
城市	得分	排名	城市	得分	排名
拉萨	59.37	1	拉萨	58.16	1
西宁	58.61	2	厦门	52.47	2
珠海	58.10	3	银川	50.85	3
南昌	55.80	4	乌鲁木齐	48.52	4
银川	53.74	5	天津	48.15	5
兰州	53.13	6	重庆	46.92	6
乌鲁木齐	52.96	7	宁波	46.27	7
宁波	52.86	8	福州	45.77	8
大连	52.80	9	上海	45.59	9
呼和浩特	52.42	10	西宁	45.55	10
全国要素满意度	50.79		全国要素满意度	44.11	

3. 2011~2019 年公共住房要素满意度及排名对比

图 4 – 11 反映的是 2011~2019 年 9 年内公众对公共住房要素满意度得分变化情况。从图中可以看出，2011~2019 年公共住房满意度呈现波动变化的特征，这与中国经济的发展以及国家对公共住房的调控直接相关，同时也可以看出，公众在 2012 年对公共住房的满意度最高，在 2018 年对公共住房的满意度最低，而 2019 年公众对公共住房满意度有所回升。

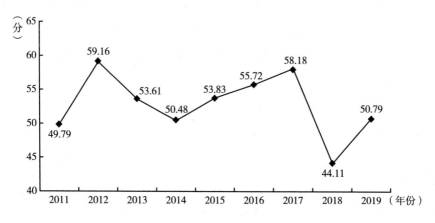

图 4 – 11　2011~2019 年公共住房要素满意度分值变化

图 4 - 12 给出的是 2011～2019 年 9 年间公众对公共住房的满意度在 10 项公共服务中的排名情况，可以看出，2011～2019 年公众对公共住房的满意度都不高，说明目前的公共住房方面还未能让公众感到满意，公共住房方面仍旧需要采取相应的政策措施来达到公众的期望，让公众更能广泛地享受到公共住房的福利，提高公众对公共住房的满意度。

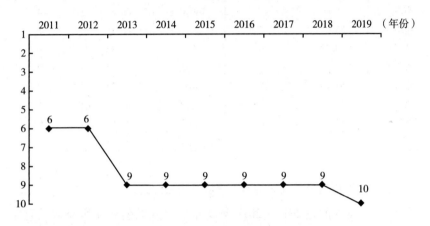

图 4 - 12　2011～2019 年公共住房满意度排名变化

（三）结果分析

在公共住房满意度方面，2019 年相较于 2018 年得分有所提高，说明了国家坚持"房子是用来住的、不是用来炒的"定位是正确的。但是公共住房方面的满意度在 10 项公共服务要素中的排名在最后一位，也说明了公共住房方面还存在诸多问题，现阶段的公共住房状况还不能达到公众的要求。目前的公共住房政策对住房困难的新就业无房职工、稳定就业外来务工人员的保障门槛较高、力度不够，城镇低收入家庭的住房困难问题依旧较大。同时公租房违规转为商品住房的现象大量存在，导致保障性住房不能真正地满足中低收入者的住房需求。国家应该继续加大对保障性住房的供给，并且要将保障性住房真正地落实到中低收入者手中，不断增强困难群众对住房保障的获得感、幸福感和安全感。

（四）优秀城市经验推介——南昌市

南昌市 2019 年公共住房方面满意度在 38 个主要城市中排名第 4 位，是 2019 年唯一进入前 10 的中部城市，南昌市在公共住房方面的进步非常大。这说明近年来南昌市的公共住房政策较好地惠及了广大群众，让广大群众得到了实实在在的住房保障。同时，我们研究其公共住房保障政策时也发现了一些优秀的经验。

1. 真心实意"重保障"

在公共住房保障方面，南昌市政府紧扣"分配入住、租赁补贴、后续管理"等方面，提出了一些先进理念。一是完善制度，积极配合上级行业主管部门制定社会主体自建公租房的分配和使用政策，推动社会主体建设的公租房分配，提高公租房使用效率；启动保障性住房年审、异议复核等工作，制定并推动出台保障性住房后续管理政策，强化保障性住房后续管理。二是提升服务，在全面推行货币化补贴制度的基础上，加快推行"日常申请、随报随审、随审随发"的租赁补贴管理制度，推动租赁补贴申请审核的常态化、动态化，方便困难群众享受住房保障政策。三是扩大覆盖面，按照"量力而行、尽力而为"的原则，研究将符合条件的外来务工人员纳入租赁补贴范畴，适时扩大住房保障覆盖面。

截至 2018 年 8 月，南昌市中心城区（含新建区）70181 套保障性住房已分配 68004 套，分配率为 96.9%，其中政府投资的 57242 套分配率达 100%。南昌市政府真心实意"重保障"理念极大地提升了南昌市住房保障工作水平，给予了南昌市人民在住房保障上的获得感和幸福感。

2. 加大住房困难城镇居民保障力度

南昌市政府为了加大对住房困难城镇居民的保障力度，在《南昌市住房发展规划（2018~2022）》中提出了以下政策措施。第一，优化住房保障方式。进一步加大住房保障货币化工作力度，积极推行发放租赁补贴方式实施公租房保障，鼓励符合公租房保障条件的家庭，通过租赁市场解决住房问题。结合南昌市市场租金水平和住房保障对象实际情况，适时逐步调整租赁补贴标准和范围。第二，扩大住房保障覆盖面。将在城镇稳定就业且办理居住证满3年的外来务工人员，新就业大学生和青年医生、青年教师等专业技术人员，符合公租房保障条件的纳入南昌市公租房保障范围。对提出申请的低保、低收入住房困难家庭，经审核符合住房保障条件的，立即纳入保障范围，做到应保尽保。第三，加强公租房的运营管理。政府统建的公租房应当按照"属地管理"的原则，由各区政府部门做好运营管理工作。鼓励采取购买服务或政府和社会资本合作模式，将现有政府投资和管理的公租房交由专业化、社会化企业运营管理。加强公租房动态管理，对清（腾）退出的公租房加强监管，按有关规定及时分配。

这些政策有效地扩大了住房保障覆盖面，使更多的困难城镇居民得到了住房保障。同时政策加强了后期管理工作，使得住房保障更好地落到实处，让真正困难的群众享受到了住房保障的福利。

3. 稳妥推进棚户区改造和安置住房建设

棚户区改造是中国政府为改造城镇危旧住房、改善困难家庭住房条件而推出的一项民生工程。南昌市政府在推进棚户区改造促进住房保障方面提出了以下措施。第一，继续稳步推进棚户区改造。积极落实中央关于棚户区改造政策，继续扎实推进棚户区改造工作，严格把好棚改范围和标准，重点攻坚改造老城区内"脏乱差"的棚户区、城中村和国有工矿棚户区。按照"成熟一片、改造一片"的原则，稳步推进棚户区改造工作，力争到2020年基本完成需要改造的棚户区改造。第二，因地制宜完善棚改安置政策。严格评估商品房库存、房价上涨压力、财政承受能力等，制定鼓励实物安置优惠政策，积极引导棚户区居民选择实物安置方式解决住房问题，积极探索推广预征收模式，通过精准施策、因城施策，实施好棚户区改造，促进房地产市场平稳健康发展。

南昌市棚户区改造力度非常大，2013～2017年进行了大规模拆迁，实际完成城镇房征迁建筑面积1067.1万平方米，住房套数约66557套。这更好地体现了住房居住属性，切实改善了南昌市城镇住房困难家庭的居住条件。

（五）结论与建议

2019年，公众对公共住房的满意度有所提高，这说明国家的公共住房政策的实施有效地惠及了广大群众。国家应该继续坚持"房子是用来住的、不是用来炒的"定位，加快建立多主体供给、多渠道保障、租购并举的住房制度，让全体人民住有所居。同时，2019年公众对公共住房的满意度在10项公共服务中排名最后一位，也体现出现阶段公共住房存在不少问题。针对目前存在的问题，有以下的建议。

1. 坚持"房住不炒"的定位，让全体人民住有所居

坚持"房住不炒"的定位，加快建立多主体供给、多渠道保障、租购并举的住房制度；坚持完善住房市场体系和住房保障体系这"两个体系"；坚持落实城市主体责任，从而达到稳定住房价格、增加住房供给的目的，让全体人民住有所居。

2. 坚持实物保障与租赁补贴并举

第一，继续做好公租房实物保障工作，公租房保障为维护社会和谐稳定，推进新型城镇化和农业转移人口市民化，增强困难群众获得感、幸福感、安全感发挥了积极作用。但是，公租房发展不平衡不充分的问题仍很突出，部分大中城市公租房保障需求量大，但保障覆盖面较低。第二，国家应该因地制宜加大公租房发展力度，并且防止市场与保障住房出现错位，既不能把公租房违规转为商品住房，也不能将对公租房的支持政策用于发展商品住房，使得公租房真正落实到困难群众的手中。第三，积极发展公租房租赁补贴，更好地贯彻党的十九大精神，进一步深化住房制度改革，促进房地产市场平稳健康发展，积极培育和发展住房租赁市场，加快改善居民住房条件。

3. 加快健全住房保障体系，解决新市民住房问题

首先要健全公租房的申请、轮候、准入和退出机制，提高公租房管理服务水平。其次要加大培育住房租赁市场，落实支持政策，加强租赁住房的供应，解决新市民等群体的住房问题。最后还要因地制宜发展共有产权

住房，鼓励人口流入大、房价高的城市根据自己的情况发展共有产权住房。共有产权住房是配售型保障房的主要形式。近几年，北京、上海等城市深入推进共有产权住房试点。2017 年，北京制定《共有产权住房管理暂行办法》，明确未来 5 年供应 25 万套共有产权住房的目标。2018 年，上海印发《关于进一步完善本市共有产权保障住房工作的实施意见》，将共有产权保障住房供应对象扩大至非户籍常住人口。这些政策将会有效地完善住房保障体系，缓解新市民的住房困难，改善城镇中低收入家庭的住房条件。

4. 稳步推进棚户区改造

"棚改是重大民生工程，也是发展工程"，稳步推进棚户区改造是住房保障工作的重要内容。要坚持以人民为中心的发展思想，更好体现住房居住属性。一是要按照新棚改计划，督促各地加快开工进度，加大配套基础设施建设，严格工程质量安全监管，保证分配公平，确保按时完成棚改任务。二是严格把好棚改范围和标准，坚持将老城区内脏乱差的棚户区和国有工矿区、林区、垦区棚户区作为改造重点。因地制宜调整完善棚改货币化安置政策，商品住房库存不足、房价上涨压力大的市县要尽快取消货币化安置优惠政策。三是各地要严格评估财政承受能力，科学确定各年棚改任务。对棚改建设用地在新增用地计划中予以保障，通过拆旧建新、改扩建、翻建等多种方式，让更多住房困难群众早日住进新居。

四　基础教育篇

2019 年基础教育满意度平均得分为 61.44 分，较上年上涨 6.68 分，在公共服务 10 项要素中排名第 8，与 2018 年排名持平。2019 年该要素满意度排名前 3 的城市分别是珠海、拉萨、兰州，其得分分别为 71.27 分、70.10 分、69.31 分，排名较 2018 年略有变动，兰州基础教育满意度进步显著，由 2018 年的排名第 33 位一跃升至 2019 年的排名第 2 位。

（一）横向对比

2019 年，38 个主要城市的基础教育要素满意度平均分为 61.44 分。在 38 个城市之中，珠海该要素满意度得分最高，为 71.27 分，西安得分最低，为 44.93 分。38 个主要城市之中，超过平均分的城市有 18 个，还未超过总数的 1/2，这表明我国基础教育整体进步空间巨大。珠海、拉萨、兰州、汕头、贵阳、厦门、宁波、西宁、大连、昆明位列前 10（见图 4 - 13、表 4 - 10）。

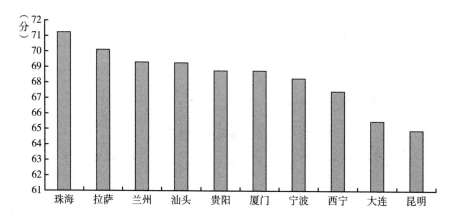

图 4 - 13　2019 年基础教育要素满意度前 10 城市得分

表 4 - 10　2019 年 38 个城市基础教育要素满意度总体排名

城市	得分	排名	城市	得分	排名
珠海	71.27	1	昆明	64.92	10
拉萨	70.10	2	济南	64.10	11
兰州	69.31	3	太原	63.48	12
汕头	69.26	4	青岛	63.18	13
贵阳	68.78	5	南昌	62.74	14
厦门	68.77	6	福州	62.73	15
宁波	68.26	7	长春	62.41	16
西宁	67.46	8	乌鲁木齐	61.91	17
大连	65.49	9	呼和浩特	61.91	18

城市	得分	排名	城市	得分	排名
上海	61.13	19	重庆	57.64	29
南宁	61.12	20	深圳	56.46	30
银川	60.64	21	成都	56.22	31
杭州	60.35	22	北京	56.12	32
合肥	60.15	23	广州	56.07	33
哈尔滨	59.96	24	南京	56.01	34
沈阳	59.71	25	武汉	55.59	35
海口	59.49	26	石家庄	55.44	36
长沙	58.61	27	郑州	54.88	37
天津	57.99	28	西安	44.93	38
全国要素满意度	61.44				

(二)纵向对比

1. 2019年38个城市基础教育满意度要素发展指数排行

2019 年全国基础教育满意度要素发展指数为 0.12187。38 个城市中，仅深圳市该要素发展指数为负值（-0.00703）。兰州、汕头、长春 3 个城市的基础教育满意度要素发展指数排名前 3 位，分别为 0.35806、0.31060、0.30788（见表 4 - 11）。

表 4 - 11　2019 年 38 个城市基础教育满意度要素发展指数排行

城市	发展指数	排名	城市	发展指数	排名
兰州	0.35806	1	太原	0.21006	10
汕头	0.31060	2	南昌	0.19227	11
长春	0.30788	3	银川	0.15502	12
西宁	0.26819	4	沈阳	0.13630	13
昆明	0.26780	5	海口	0.12664	14
呼和浩特	0.26291	6	南宁	0.11706	15
贵阳	0.26082	7	南京	0.11383	16
大连	0.24296	8	济南	0.10875	17
哈尔滨	0.22569	9	珠海	0.10870	18

续表

城市	发展指数	排名	城市	发展指数	排名
西安	0.10394	19	武汉	0.04339	29
宁波	0.09843	20	郑州	0.04123	30
福州	0.09582	21	成都	0.03684	31
合肥	0.09362	22	广州	0.03484	32
石家庄	0.08234	23	拉萨	0.03286	33
北京	0.06103	24	杭州	0.02942	34
厦门	0.05831	25	长沙	0.02357	35
乌鲁木齐	0.05759	26	重庆	0.02294	36
青岛	0.05025	27	天津	0.01345	37
上海	0.04840	28	深圳	−0.00703	38
全国要素发展指数	0.12187				

2. 2019年与2018年基础教育要素满意度前10城市对比

2019 年基础教育要素满意度得分为 61.44 分，较上年上涨 6.68 分。从图 4 - 14 和表 4 - 12 中可以看出，2019 年公众对基础教育要素的满意度大幅度上升。对比 2018 年和 2019 年排名前 10 的城市，珠海、拉萨、厦门、宁波连续两年位列前 10。西部城市兰州、昆明进步较大，兰州由 2018 年的排名第 33 位跃升至 2019 年的排名第 3 位，昆明由 2018 年的排名第 32 位跃升至 2019 年的排名第 10 位，说明西部地区基础教育情况有所改善。

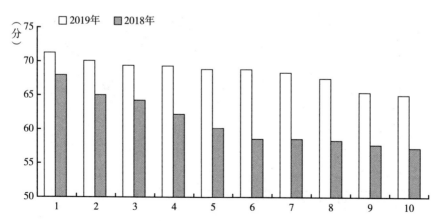

图 4 - 14　2019 年与 2018 年基础教育要素满意度排名前 10 城市得分对比

183

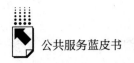

表4－12　2019年与2018年基础教育要素满意度排名前10城市得分情况

2019 年排名			2018 年排名		
城市	得分	排名	城市	得分	排名
珠海	71.27	1	拉萨	67.87	1
拉萨	70.10	2	厦门	64.98	2
兰州	69.31	3	珠海	64.28	3
汕头	69.26	4	宁波	62.14	4
贵阳	68.78	5	青岛	60.16	5
厦门	68.77	6	杭州	58.62	6
宁波	68.26	7	乌鲁木齐	58.54	7
西宁	67.46	8	上海	58.30	8
大连	65.49	9	济南	57.81	9
昆明	64.92	10	长沙	57.26	10
全国要素满意度	61.44		全国要素满意度	54.76	

3. 2011~2019年基础教育要素满意度及排名对比

图4－15反映的是2011～2019年9年间基础教育满意度得分变化。整体来看，该要素满意度得分波动幅度较大，长期趋势并不明显。2011～2013年得分呈现持续上升趋势，2014～2015年得分不断下滑至54.69分，2018年由于满意度评价体系及评价方法发生重大变化，评价结果仅供参考，2019年得分为61.44分，较2016年、2017年得分略有下滑。

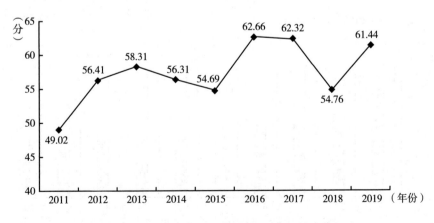

图4－15　2011～2019年基础教育要素满意度分值变化

图4－16反映的是2011～2019年9年间基础教育满意度排名变化。从图中可以看出，2011～2017年间，基础教育满意度排名波动较大，但多居于第7名、第8名，其中2013年和2016年排名略有提升，分别为第5名和第4名。2018～2019年，该要素排名稳居第8位，处于较低水平。

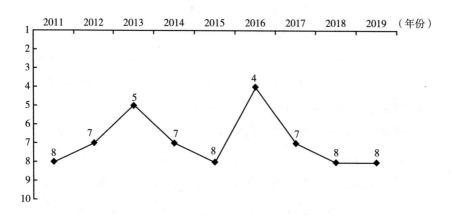

图4－16　2011～2019年基础教育要素满意度排名变化

（三）结果分析

2019年，38个主要城市的基础教育要素满意度得分均值为61.44分，在公共服务10项要素之中排名第8。得分超过均分的城市共有18个，未超过总数的1/2，珠海该要素满意度得分最高，为71.27分，西安得分最低，为44.93分，相差26.34分，差距明显。综合来说，我国的基础教育服务水平与国民期待值差距还很大，整体发展并不均衡。西部城市兰州、昆明进步明显，排名上升幅度较大，说明西部地区基础教育服务水平开始向好，东西部地区发展不平衡问题略有缓解，但我们仍需继续着力推动我国基础教育均衡化发展，合理分配教育资源，不断提高基础教育服务水平，深化改革，以早日满足公民对于基础教育的预期。

（四）优秀城市经验推介——兰州市

在 2019 年的城市基本公共服务满意度调查之中，兰州市以 69.31 分位列基础教育要素满意度得分排行榜第 3，要素发展指数为 0.35806，名列第 1。相比 2018 年，兰州满意度得分和要素发展指数都有较大幅度的增长，为其他城市提供了一些可借鉴的经验。

1. 推进城乡义务教育均衡发展，扩大教育资源

2019 年，兰州市缩小市县域内城乡义务教育差距，着力扩大优质教育资源，提升教育品质，打造优秀教育品牌，实施《兰州市消除义务教育大班额专项规划（2018～2020 年)》，合理规划学校布局。在"十三五"期间，实施城镇义务教育学校新建与优质学校改扩建工程，全市新建配建中小学 50 所左右，增加学位 5.2 万个，新建配建普惠性幼儿园 260 所，增加学位 3 万个，在新城区、轨道交通沿线、新建人口聚居区和小城镇，科学配置一批优质学校，推进远郊区县教育园区建设，解决区县政府所在地教育资源不足问题。

同时，兰州市优化城乡师资均衡配备，着力破解义务教育学校优质师资总量不足、配置不均、乡村教师结构性短缺、城镇学校生师比超标等问题，通过科学核定教职工编制，实施交流轮岗制度，实施乡村教师支持计划，提高乡村教师待遇水平、专业化水平等措施，缩小城乡教育差距，减缓"大班额"问题，不断地将优质师资资源分配到发展薄弱的学校中去。

2. 多管齐下，保障教育公平

兰州市推进义务教育学校标准化建设，要求县域内城乡义务教育学校建设标准统一、教师编制统一、生均公用经费基准定额统一、基本装备配置标准统一，九年一贯制学校、十二年一贯制学校义务教育阶段规模不超过 2500 人；小学、初中所有班级学生分别不超过 45 人、50 人，力求办好每一所学校。

规范办学行为，全面实行阳光招生。兰州市坚持义务教育阶段免试就近

入学原则，禁止跨区域招生，严格落实学生学籍管理制度，禁止随意转学插班，保障教育公平。

健全留守儿童关爱体系，坚持办好特殊教育。兰州市建立关爱农村留守儿童工作联席会议制度，建立关爱网络，搭建亲子平台，开展帮扶结对，保障了留守儿童受教育权益，推进教育公平。除此之外，兰州市建成特殊教育学校6所、特教班6个，随班就读资源教师67个，为近100名重度残疾儿童少年实施送教上门，要求全县残疾儿童少年入学率达到95%以上。

3. 推进教育内涵发展，提高教育质量

兰州市实施"金城萃英"人才工程计划，遴选出一批具有良好发展潜力、有志于在一线钻研的青年专家。为"强化课堂主阵地作用，切实提高课堂教学质量"，建立新型智库，给30个学科基地挂牌，遴选出326名教师担任教研员，创设教研员与教师互帮互助、共同发展的平台，提高教研员的课程指导力和教师的课程执行力，不断深化课程改革和学科教学研究，提高教学质量，推进教育向更高水平发展。

（五）结论与建议

习近平总书记在全国教育大会上强调"党的十九大从新时代坚持和发展中国特色社会主义的战略高度，做出了优先发展教育事业、加快教育现代化、建设教育强国的重大部署"。教育是民族振兴、社会进步的基石，在习近平新时代中国特色社会主义思想指引下，我国教育事业释放出发展活力，人民群众获得感显著增强，中国特色愈加明显，国际影响力迅速提升，中国人民的思想道德素质和科学文化素质全面提升。虽然我国在教育领域取得了一系列可喜的成就，但不可否认的是，当下基础教育在发展过程中仍然存在教育发展不平衡不充分，德智体美劳全面培养的教育体系还不够健全，应试教育、唯分数论仍然是主流模式，教育公平保障还不够充分，师资队伍建设仍需加强等诸多问题，办好人民满意的教育仍然任重道远。从公共服务和管理的角度来看，当下我们可以从以下几方面着手，提高基础教育服务水平，契合人民群众的期待。

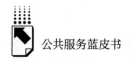

1. 推进城乡义务教育均衡发展，保障教育公平

随着城镇化进程的加快，城乡二元结构矛盾突出，教育资源配置不均衡，具体表现在外来务工人员、进城定居人员子女在城区中小学就读，导致城区基础教育资源十分短缺，出现了教育资源区域性短缺，教育质量受到影响的严重问题。除此之外，农村学校优质教师总量不足、高水平教师结构性短缺，使得城乡义务教育差距逐渐被拉大。为使城乡义务教育均衡发展，应该推进义务教育标准化建设，硬件软件建设并进，在硬件建设上，规定城乡义务教育基本装备配置标准统一，在软件建设上，借鉴兰州经验，通过实施科学核定教职工编制，实施交流轮岗制度，实施乡村教师支持计划，提高乡村教师待遇水平、专业化水平等措施，将优质师资资源分配到发展薄弱的地区中去。

规范办学，保障教育公平。严格把控学籍管理制度，遵守国家规定，坚持义务教育阶段就近入学原则，阳光招生。不断健全完善城乡义务教育经费保障制度，统一城乡生均公用经费基准定额，对寄宿制学校、特殊教育学校、规模较小学校适当提高补助水平，推进教育公平。

2. 建设高水平师资队伍，培育优质师资力量

习近平总书记明确指出："国家繁荣、民族振兴、教育发展，需要我们大力培养造就一支师德高尚、业务精湛、结构合理、充满活力的高素质专业化教师队伍，需要涌现一大批好老师。"建设一支高水平的师资队伍，有效保障了基础教育的高质量发展。因此，要强化师风师德建设，加强教师专业化能力建设，把立德树人作为教师课堂教学和学科建设的根本任务，改革教师职称和考核评价制度，把教学成果、教学质量、课后服务行为作为考核教师的主要指标，与教师的奖金、工资挂钩，以此规范教师课堂与课后行为。与此同时，不断提高教师待遇，增强广大教师群体的荣誉感，吸引更多优秀人才加入教师队伍，从根本上解决"课后强制补课"的乱象。

3. 与时俱进创新教育理念，深化教育体制改革

高水平人才培养体系，应该是立德树人贯穿思想道德教育、知识教育、实践培育的德智体美劳全面培养的教育体系。基础教育的目标是培养创新人

才、高素质人才，因此应该清楚地认识到教育事业的新任务，准确把握教育理念发展的新规律，摒弃唯分数、唯考试论的思想，健全立德树人落实机制、多元化教育评价体系。

与时俱进，发展"互联网＋教育"，通过构建网络课堂平台、打造精品网络课程、网上教育资源共享等，加强教师网上培训，创新人才培养模式。

五 社会保障和就业创业篇

2019 年，全国 38 个主要城市社会保障和就业创业要素满意度平均得分为 60.18，得分排名在公共服务十项要素中居于第 9 位。在 38 个主要城市中，拉萨、珠海、兰州三个城市的社会保障和就业创业要素满意度得分排名前 3，得分分别为 69.14 分、67.77 分、67.28 分。

相比 2018 年，只有拉萨连续两年进入前 3 名且位居榜首，说明拉萨市的社会保障和就业创业领域的发展呈现良好态势。在 38 个主要城市中，2019 年满意度得分超过平均水平的有 20 个城市，相较于 2018 年的 16 个城市，增加了 4 个，说明我国在社会保障和就业创业方面的发展取得了一定进展（见图 4 - 17、表 4 - 13）。

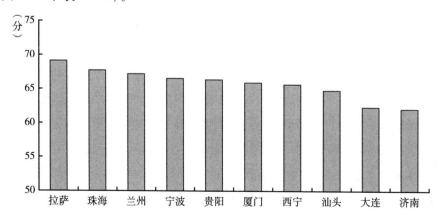

图 4 - 17 2019 年社会保障和就业创业要素满意度前 10 城市得分

表 4-13 2019 年 38 个城市社会保障和就业创业要素满意度总体排名

城市	得分	排名	城市	得分	排名
拉萨	69.14	1	银川	60.27	20
珠海	67.77	2	哈尔滨	60.09	21
兰州	67.28	3	福州	59.06	22
宁波	66.54	4	合肥	58.38	23
贵阳	66.42	5	南京	57.78	24
厦门	65.98	6	北京	57.72	25
西宁	65.66	7	南宁	57.55	26
汕头	64.91	8	重庆	56.73	27
大连	62.36	9	沈阳	56.64	28
济南	62.08	10	深圳	56.60	29
昆明	61.74	11	成都	56.46	30
乌鲁木齐	61.71	12	天津	56.18	31
太原	61.67	13	广州	55.82	32
呼和浩特	61.66	14	长沙	55.79	33
南昌	61.55	15	石家庄	55.43	34
上海	61.40	16	海口	55.35	35
青岛	61.07	17	郑州	54.86	36
杭州	61.04	18	武汉	54.28	37
长春	60.69	19	西安	51.01	38
全国要素满意度	60.18				

（一）横向对比

在 2019 年的社会保障和就业创业满意度调查中，38 个主要城市的平均得分为 60.18 分，其中最高分为 69.14 分，最低分为 51.01 分，最高分与最低分相差 18.13 分，说明城市之间的发展存在较大差异。排名前 10 位的城市依次为拉萨、珠海、兰州、宁波、贵阳、厦门、西宁、汕头、大连、济南，其中东部城市有 6 个，西部城市有 4 个，而且 38 个主要城市中有 20 个城市该项的得分超过平均值，占比超过 1/2，这些数据从侧面反映出我国社会保障和就业创业工作在各地区的发展逐渐趋于均衡态势。

（二）纵向对比

1. 2019年38个城市社会保障与就业创业满意度要素发展指数排行

2019年全国社会保障与就业创业满意度要素发展指数为0.07785。38个城市中有28个该项指标为正数。汕头、兰州、哈尔滨3个城市的社会保障与就业创业满意度要素发展指数排名前3位，分别为0.29753、0.29359、0.23328（见表4-14）。

表4-14 2019年38个城市社会保障和就业创业满意度要素发展指数排行

城市	发展指数	排名	城市	发展指数	排名
汕头	0.29753	1	宁波	0.06547	20
兰州	0.29359	2	合肥	0.05776	21
哈尔滨	0.23328	3	石家庄	0.05392	22
贵阳	0.20662	4	福州	0.05283	23
长春	0.20179	5	郑州	0.04985	24
西宁	0.19973	6	乌鲁木齐	0.04041	25
南昌	0.18318	7	厦门	0.03543	26
大连	0.18192	8	青岛	0.00866	27
呼和浩特	0.16823	9	重庆	0.00036	28
昆明	0.16654	10	北京	-0.00279	29
太原	0.13681	11	上海	-0.00323	30
珠海	0.12981	12	天津	-0.00520	31
济南	0.11403	13	长沙	-0.00792	32
沈阳	0.09867	14	广州	-0.01530	33
银川	0.08676	15	武汉	-0.02629	34
南京	0.08024	16	成都	-0.02856	35
西安	0.07477	17	拉萨	-0.03472	36
海口	0.07340	18	杭州	-0.03847	37
南宁	0.06881	19	深圳	-0.05564	38
全国要素发展指数	0.07785				

2. 2019年与2018年社会保障和就业创业要素满意度前10城市对比

从图4-18和表4-15中可以看出，2019年社会保障和就业创业要素满意度得分与 2018 年相比总体有明显上升态势。通过对比满意度前 10 城市，可以发现拉萨、珠海、宁波、厦门连续两年进入该要素前 10 名，说明这些城市的社会保障和就业创业取得良好发展。其中，拉萨的社会保障和就业创业工作发展效果最为显著，连续两年蝉联榜首，说明拉萨在社会保障和就业创业发展方面更加受到人民群众的认可，对其他城市的社会保障和就业创业方面有可借鉴的经验。

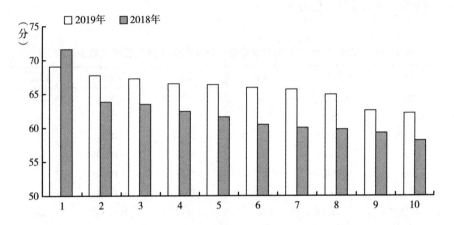

图 4 - 18　2019 年与 2018 年社会保障和就业创业要素满意度排名前 10 城市得分对比

表 4 - 15　2019 年与 2018 年社会保障和就业创业要素满意度排名前 10 城市得分情况

2019 年排名			2018 年排名		
城市	得分	排名	城市	得分	排名
拉萨	69.14	1	拉萨	71.63	1
珠海	67.77	2	厦门	63.72	2
兰州	67.28	3	杭州	63.49	3
宁波	66.54	4	宁波	62.45	4
贵阳	66.42	5	上海	61.60	5
厦门	65.98	6	青岛	60.54	6
西宁	65.66	7	珠海	59.98	7
汕头	64.91	8	深圳	59.93	8
大连	62.36	9	乌鲁木齐	59.31	9
济南	62.08	10	成都	58.12	10
全国要素满意度	60.18		全国要素满意度	55.83	

3. 2011~2019年社会保障和就业创业要素满意度及排名对比

图4-19反映的是2011~2019年9年间社会保障和就业创业要素满意度得分变化。2011~2017年，社会保障和就业创业要素满意度得分呈明显上升趋势，其中2011~2012年的满意度得分增幅最大，达到45%，2012~2017年呈现出稳步增长的态势，社会保障和就业创业要素满意度得分在2017年达到历史最高值，为64.90分，2018~2019年由于满意度评价体系及评价方法发生重大变化，数值方面存在较大波动，评价结果仅供参考。

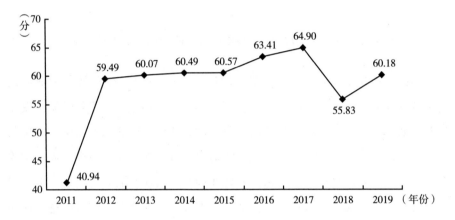

图4-19 2011~2019年社会保障和就业创业要素满意度分值变化

图4-20反映的是过去9年间公众对社会保障和就业创业要素满意度排名变化。可以看出，从2011年至2019年社会保障和就业创业要素满意度排名变化波动较大，2011~2014年社会保障和就业创业要素满意度排名逐步上升至第1位，2015~2017年排名保持在第2位，2017~2019年逐渐下降至第9位，未有提升。说明公众对社会保障和就业创业的期待值较大，而当前的服务水平并没有很好地满足公众的期待。另需注明，2019年满意度要素评价指标由9项变为10项，排名变化仅供参考。

（三）结果分析

2019年，社会保障和就业创业方面满意度超过65分的城市有7个，得

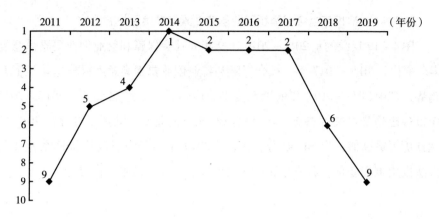

图 4-20　2011~2019 年社会保障和就业创业要素满意度排名变化

分最高的城市拉萨为 69.14 分，仍未超过 70 分，社会保障和就业创业方面的满意度在公共服务 10 项要素中排在第 9 位，表明我国在社会保障和就业创业方面仍存在较大问题，现有的服务还没有达到兜底线、织密网、建机制的要求，还没有建成覆盖全民、城乡统筹、权责清晰、保障适度、可持续的多层次社会保障体系。在社会保障和就业创业领域现有的问题主要集中在城镇社会保险覆盖面窄、农村社会保障体系不健全、社保基金难以维持、社保基金管理存在漏洞、社会保障法滞后以及就业难创业成功率低等相关问题。需要政府继续坚持把脱贫攻坚摆在治国理政突出位置上，继续完善社会保障制度以及相关政策，加强城镇养老、失业、医疗等社会保险制度建设和城乡最低生活保障制度建设。

（四）优秀城市推介——珠海市

2019 年，珠海市社会保障和就业创业满意度得分在 38 个主要城市中排名第 2 位，2018 年得分排名第 7 位，排名明显上升，说明珠海市在社会保障和就业创业方面的经验值得其他城市学习。

1. 完善政策，建立健全就业创业政策体系

一是完备政策方针，建立健全失业保障体制，珠海市颁布了一系列当前和今后失业保障的相关工作文件。二是强化协作，促进本区域专项政策的有

效落实，妥善运用专项政策和定向疗法进一步完善并提升社会保障和就业创业政策的服务体系和服务能力，其中一方面建立试点帮扶方法，另一方面从政策措施上刺激产业劳动力的自主性。三是完善失业相关报告以及数据统计。不仅对用人单位展开大规模的失业注册报告，而且对长期失业者和大规模失业者突发事件展开报告。四是搭建平台，千方百计为产业业务服务。例如，促进产业参与校企协作大会等。五是弘扬企业家精神，有效提升企业家保障就业的积极性，举办创业项目推介会，支持优秀企业家的相关融资计划。

2. 优化政策，建立健全社会保障各项制度

要继续深化改革，促进社会保险事业可持续发展。全面实施全民参保计划，采取多种措施，实施动态管理和更广泛覆盖，尤其是要做到建档立卡贫困人口等重点人群全覆盖。要完善统一的城乡居民基本医保和大病保险制度，积极推进医保支付方式改革，扎实开展长期护理保险制度试点，落实好提高城乡居民基本医保财政补助标准等工作。深入推进跨省异地就医住院费用直接结算工作，把基层医疗机构和外出农民工、外来就业创业人员纳入进来。按照集中、统一、整合、优化、拓展、创新、共享的理念，大力推进"互联网＋人社"工作，加大社保卡发行和推广应用力度，优化工作流程，改进工作手段，创新服务模式，变"群众跑腿"为"信息跑路"。

3. 人才优先，大力加强人才队伍建设

第一，加大人才引进集聚力度。加强人才需求开发，深入推进大湾区人力资源开发合作工作，提升外籍人员在珠海就业创业服务的便利水平。第二，规范人力资源市场秩序。开展职业介绍机构清理整顿工作，实施人力资源服务机构年验证制度，加强人力资源服务机构和人力资源服务业诚信体系建设。第三，搭建招才引智平台，服务产业发展。做好留学人员服务工作，举办各类洽谈会，扶持留学人员企业发展。第四，探索职称制度改革，推动优化职称评价体系。创新人才评价机制，发挥用人主体在职称评审中的主导作用，实现职称评价为人才培养和使用服务，为行业和企业发展服务。

4. 服务至上，不断提高社会保障服务水平

第一，及时完成社会保险待遇足额发放，保障社会保险权益。做好养老

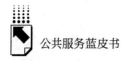

保险待遇的审核发放工作，做好工伤保险待遇的审核支付工作，做好失业保险待遇的审核发放工作。第二，加快落实惠民利民政策，做好社保经办管理工作。继续实施机关事业单位养老保险制度改革，执行城乡居民养老保险丧葬补助金制度，努力探索劳动能力鉴定工作新模式。第三，防控社保经办风险，强化基金监督管理。落实事中、事后监管要求，履行日常稽核管理职能。第四，深化推进社保公共服务体系试点建设。深化经办改革，推进"放管服"改革，持续开展"减证便民"专项行动。

5. 温暖人社，构建和谐平稳劳动关系

第一，协同联动推进和谐劳动关系构建。全面提升和谐劳动关系水平，开展市级劳动关系和谐单位认定工作，全面落实劳动合同制度，推动工资集体协商工作的全面开展。第二，认真部署开展各项专项执法检查。联合建设局、公安局、总工会等多部门深入开展解决企业工资拖欠问题专项执法检查。第三，加强劳动保障监察，健全劳动保障监察制度。全面推进劳动保障监察"两网化"建设，大力开展劳动监察"双随机"抽查工作。第四，全面推行用人单位工资支付行为信用等级评价工作。同时，将评价等级名单抄报公共信用信息主管部门以及组织部门、统战部门和市解决企业工资拖欠问题部门联席会议有关成员单位，进行守信激励和失信惩戒。第五，加强劳动争议调解仲裁工作。指导基层调解组织建立健全集体劳动争议预告及应急调解机制，制定各区派出庭或调解点硬件建设和软件建设具体标准。

（五）结论与建议

1. 稳步推进社会保障和就业创业稳步改革

进入新时代，要正确认识和把握我国社会主要矛盾变化对人社事业发展的深刻影响。一是就业创业政策体系基本建立，实现了统筹城乡就业，保持了就业局势基本稳定。进入新时代，各族劳动者对更高质量、更加充分就业的需求和不平衡不充分就业发展之间的矛盾成为我国就业领域的主要矛盾。二是覆盖城乡居民的社会保障体系基本建立，实现了绝对不公平向相对不公平转变、群体矛盾向个体矛盾转变。进入新时代，社会保险发展与各族群众更高水平、更有保障、更方便快捷的需求还有一定的差距。三是人才政策体系基本建立，人才队伍规模不断壮大。进入新时代，我国人才的发展环境、事业平台、结构布局还不能很好地适应实现总目标的需要，能力素质也有待进一步提高。

2. 坚持在发展中保障和改善民生和就业

党的十九大报告指出，坚持以人民为中心的发展思想，坚持在发展中保障和改善民生。① 社会保障和就业创业大部分工作涉及民生。贯彻落实以人民为中心的发展思想，坚持在发展中保障和改善民生，是做好人社工作必须坚持的根本原则。要紧紧抓住各族群众最关心最直接最现实的利益问题，坚持把群众关心的就业、社会保险、收入分配等热点问题当作大事来抓，从群众关心的事情做起，多谋民生之利，多解民生之忧，让各族群众更多更公平享有改革发展成果。要牢牢守住保障群众基本生活和基本权益这一民生底线，集中力量做好普惠性、基础性、兜底性民生建设。要坚持社会公平正义，持续推进各项改革，推动政策落实，努力实现各族群众权利公平、机会公平、规则公平。

3. 推动服务升级促进社会保险制度可持续发展

要继续深化改革，促进社会保险事业可持续发展。经过多年改革和发展，我国已经初步形成了以社会保险、社会救助、社会福利为基础，以基本养老、基本医疗、最低生活保障制度为重点，以慈善事业、商业保险为补充的社会保障制度体系。但目前养老保险体系仍存在诸多漏洞和缺失，要加快完善社会保障制度。一是结合新农保推进的情况，在适当时机制定实施城镇非就业居民养老保障制度，并逐步实现城乡居民养老保险制度的统一。二是在总结试点经验基础上，统筹考虑机关事业单位养老保险制度改革。三是落实社会保险关系跨地区转移接续办法，并制定完善城乡相关社会保障制度的衔接办法，减少制度转换障碍，确保参保者的合法权益。四是实施更加有力的支持政策，大力发展补充性社会保险和商业保险，要尽快编织出一张更加完整、更加严密的社会保障网络。

---

① 习近平：《决胜全面建成小康社会　夺取新时代中国特色社会主义伟大胜利——在中国共产党第十九次全国代表大会上的报告》，新华网，http：//www.xinhuanet.com/2017 - 10/27/c_1121867529. htm。

与此同时，扎实做好各项社会保障工作，以办事群众为主视角，再造服务流程，打通部门壁垒，让办事群众少跑路甚至不跑路。完善从中央到省、市、县、乡镇（街道）的五级社会保障管理体系和服务网络建设，为参保单位和群众广泛开展社保登记、待遇支付、政策咨询等服务。以信息化为支撑，加强"金保工程"建设，全面实施"互联网＋人社"行动计划，进一步简化优化再造服务流程，积极推动数据共享和互联互通。与此同时，加强基层经办机构能力建设，持续改进工作作风，不断提升为民服务品质。

4. 坚持市场导向，实现充分就业

我国是人口大国，要实现充分就业，必须坚持市场导向的就业改革不动摇，必须发挥市场机制在人力资源配置中的决定性作用。深入贯彻落实习近平总书记关于就业工作的一系列重要论述，深刻领会做好就业工作的重大意义，正确把握就业工作的基本规律、目标任务和基本要求，把促进就业作为重大政治责任切实抓紧、抓实、抓好。坚持发挥市场在促进就业中的决定性作用，推动统一开放、竞争有序的人力资源市场体系建设，支持鼓励大众创业、万众创新，以创新创业带动就业，逐步形成供求双向选择、劳动者自主就业创业新格局。就业市场化改革的稳步推进，将有力地促进人力资源合理流动和有效配置，进而推动人力资源的充分开发和有效利用。

六 公共信息化服务篇

2019 年公共信息化服务要素满意度得分为 66.26 分，得分在公共服务十项要素中排名第 4 位。2019 年公共信息化服务满意度排名前 3 的城市为海口、贵阳和杭州，得分分别为 71.85 分、71.73 分和 71.48 分。

（一）横向对比

2019 年，38 个主要城市的公共信息化服务要素满意度中，最高分为71.85 分，最低分为 58.40 分，排名进入前 10 的城市包括海口、贵阳、杭州、厦门、西宁、宁波、珠海、上海、兰州、汕头，其中东部城市 7 个，西部城市 3 个，说明在公共信息化服务方面东部城市满意度情况较好，西部尤其是中部地区城市状况有待改善和加强。38 个城市中共有 17 个城市在该项的得分超过平均分，如图 4 - 21 和表 4 - 16 所示。

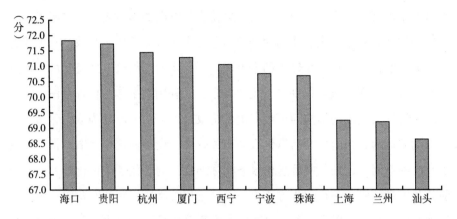

图 4 - 21　2019 年公共信息化服务要素满意度前 10 城市得分

表 4 - 16　2019 年 38 个城市公共信息化服务要素满意度总体排名

城市	得分	排名	城市	得分	排名
海口	71.85	1	太原	66.11	20
贵阳	71.73	2	合肥	66.07	21
杭州	71.48	3	昆明	65.65	22
厦门	71.30	4	福州	65.64	23
西宁	71.05	5	拉萨	65.55	24
宁波	70.78	6	深圳	65.26	25
珠海	70.72	7	南宁	64.62	26
上海	69.27	8	哈尔滨	64.36	27
兰州	69.22	9	成都	63.94	28
汕头	68.64	10	沈阳	63.89	29
南昌	68.09	11	广州	63.70	30
南京	67.58	12	天津	63.55	31
银川	67.48	13	重庆	63.29	32
青岛	67.12	14	长沙	62.77	33
大连	66.96	15	武汉	62.62	34
长春	66.85	16	郑州	61.91	35
济南	66.71	17	石家庄	61.53	36
北京	66.18	18	西安	59.88	37
呼和浩特	66.13	19	乌鲁木齐	58.40	38
全国要素满意度	66.26				

（二）结果分析

2019 年，公共信息化服务方面满意度超过 65 分的城市有 25 个，得分最高的城市海口为 71.85 分，公共信息化服务方面的满意度在公共服务十项要素中排在第 4 位，表明我国在公共信息化服务方面总体水平较高，但仍存在部分问题，主要集中在以下两个方面。一是政府提供公共信息化服务的灵活性与效率方面。政府提供电子化公共服务，利用网络作为传媒手段，改变了政府与社会交流的结构与流程，由传统政府自上而下转变为双向、多向乃至互动的行为，当前公共信息化服务相关软件、设备使用率依旧有很大的进步和改善空间。二是公共信息化服务的标准化、均等化、个性化等方面。当前公共信息化服务存在购买方式单一、价格相对昂贵、实际问题的针对性不强等方面的问题，以及服务供给方式、内容等还是以政府为主导，企业参与度不足等问题。

（三）优秀城市推介——海口市

2019 年，海口市公共信息化服务满意度得分在 38 个主要城市中排名第 1 位，说明海口市在公共信息化服务方面的经验值得其他城市学习。

1. 建立全省统一政府大数据公共服务平台

在海南省信息化建设中，华为为海南各级政府以及电力、交通、金融、教育、医疗、广电、企业等众多行业信息化建设提供了先进的建设经验，下一步海南将加大与华为等全球领先的通信与信息技术解决方案供应商的合作力度。[①]"十三五"前夕，海南将建设光网络智能岛，实现全省行政村光网络全覆盖。建设海口至徐闻出站光缆，重点发展 4G/4G＋/5G 等高速移动宽带网络，及时推进 5G 测试网建设。全面推进云计算和智慧城市建设，推动物联网、云计算、大数据等广泛应用；建设智慧园区、智慧商务区、智慧社

---

① 《加快网络覆盖 海南建全省统一政府大数据公共服务平台》，海口网，http：//www. hkwb. net/news/content/2017－04/11/content_ 3216026. htm。

区、智慧新城，让更多市民享受信息化的便捷和快速。

2019 年，海口市将加大与领先的 ICT 解决方案提供商的合作力度，推进大数据与智慧城市的融合发展，实施"5322"工程，打破信息壁垒和"数据孤岛"。建立跨部门信息交流共享机制，全面实现政府高效服务、城市精细化管理、社会治理现代化、民生服务便利化、大数据产业化发展五大功能。

2. 强力推进海南信息系统共享率100%，全省规划数据整合共享

2018 年 4 月 13 日，在海南省政务数据大厅，省工信厅厅长王静向习近平总书记报告：海南大力推进信息共享，信息系统共享率达 100%，省级政府部门无纸化办公 100% 覆盖。① 通过大力推进大数据分析应用，建立了门禁、"多规融合"、互联网 + 防灾减灾、全球旅游监管服务、精准扶贫、无会议审批、椰城云等一批重点应用系统，三亚旅游监管服务平台、省政府"网上监管室"等。

同时，以人民群众为中心，规划和生成一批跨部门、跨区域的信息共享和业务协同集成平台。结合海南的特点，考虑到工作的重要性和紧迫性，以及现有的基本条件，突出应用的有效性和示范作用，多个跨部门和跨区域的信息共享平台和业务协作集成平台通过多渠道协作生成。

3. 信息化建设推进海口医疗健康融合发展

近年来，海口立足实际不断向纵深推进建设"互联网 + 医疗"，整合人口健康大数据库，优化并合理利用医疗资源，减轻群众就医负担，方便市民办事，在医药体制改革前进道路上留下一个个坚实的脚印。② 海口市规定，从事食品、医药、化妆品、公共场所、饮用水管理等行业的从业人员，需申领健康证，持证上岗，有效期为一年。过去，每年都要体检才能申请健康证，体检合格 3~4 个工作日方可取得合格证，市民至少要跑两次才能拿到

① 《海南实现省级政府部门无纸化办公100% 全覆盖》，中国政府网，http：//www.gov.cn/xinwen/2018 - 03/23/content_ 5276785. htm。
② 《信息化助推健康海口建设 打造电子病历等三大数据库》，海口网，http：//www.hkwb.net/news/content/2018 - 04/23/content_ 3508694. htm。

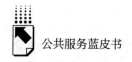

证书。现在健康证明是电子的，市民可通过"海南健康证"微信公众平台预约体检。体检合格之后，其相关信息可与海口市政府创建的"椰城人云"数据信息共享。市民可获得一张带有相关身份证号码的电子健康证，也可在"椰城人云"应用微信公众平台和"海南健康卡"表格查询使用。如果需要健康证明，可以根据需要申请，到相关部门领取或选择快递。在海口，持续的卫生和计划生育改革，增强了人民生活的幸福感和获得感。从出生登记的时限到智能医院的升级，"互联网＋医疗"的新模式逐渐被海口人民所接受和喜爱，已经成为一种新的生活方式。

根据党的十九大提出的"实施健康中国战略，要完善国家卫生政策，为人民提供全方位、全周期的卫生服务"①的指导精神，引进优质医疗资源，以互联网为载体的医疗卫生服务模式的推广，已成为海口市当前和未来卫生计生服务体系协同发展的重要途径。"继续推进和引进北京、上海优质医疗资源，加快打造海口智慧医疗和健康医疗大数据平台，推进建设全市医疗影像中心、心电中心、检验中心和病理中心等，实现全市各医疗卫生机构之间资源共享，临床检查、检验检测结果互认，避免就医重复收费问题。"②

（四）结论与建议

1. 提高公务员素质，进行专业化培训

近年来，我国电子政务领域的专业人才并不多，人才数量也相当稀缺。我国许多政府机关的工作人员基础薄弱，与电子政务建设的预期目标相差甚远。这样，一批熟练掌握电子技术的公务员将成为当前政府机关所需要的人才。一方面，要对公务员进行全方位、可持续的培训，提高其为人民服务的

---

① 习近平：《决胜全面建成小康社会　夺取新时代中国特色社会主义伟大胜利——在中国共产党第十九次全国代表大会上的报告》，新华网，http：//www.xinhuanet.com/2017－10/27/c_1121867529.htm。

② 《信息化建设推进海口医疗健康融合发展》，腾讯网，https：//new.qq.com/omn/20180420/20180420F1W73P.html。

主动性和自觉性，提高运用信息技术处理事务的能力，不断提高为人民服务的水平；另一方面，要从过程入手，选拔任用公务员，加强对计算机技术、信息技术等方面的调研，将计算机能力和公共管理相关要求的落实情况纳入公务员考核体系，并制定相关考核标准，建立适应电子政务发展的高素质公务员队伍。

2. 促进体制改革与机构创新，克服电子化公共服务的障碍

政府应该对如何真正实现电子公共服务有一个完整的认识，从根本上负责电子事业单位的事务。部门间不存在重叠，业务间不存在重复，从而克服跨政府业务的障碍，形成统一的对外窗口，真正做到"一站式"服务。"分段"管理体制极大地阻碍了信息的交流与共享，上级政府必须积极协调、消除跨区域、跨部门存在的问题，充分发挥自身的力量，促进部门间信息交流与共享，从政府提供电子化公共服务，以网络为媒介，改变政府与社会沟通的结构和过程，从传统的政府自上而下向双向、多向甚至互动的行为转变。

3. 明确发展目标和树立服务理念，实现真正的电子化公共服务

几年前，我国电子政务发展的目标和方向还不清楚，电子政务往往陷入强调"电子"而忽视"政务"的误区。此外，早期的电子政务主要用于提高政府自身的工作效率，更多地实现政府的管理职能。因此，政府应明确自身的发展目标，以公众需求为导向，更新服务理念，使公众无须登录多个部门网站即可享受电子公共服务，加强政府与公众的互动，扩大服务对象使其涉及社会各阶层。这既是实施服务型政府的基本原则，也是社会主义民主政治的充分体现。

4. 建立科学的电子化公共服务评估体系

从国外一些电子政务发达国家可以看出，其有一套自然科学、完善的政府网站评价体系，对促进电子公共服务的发展具有关键意义。因此，可以设立专门的评估监督机构，对地方政府门户网站进行评估监督，从经济性、效率性、有效性、公平性四个指标进行评估。这样，才能充分认识到我国各个政府网站电子公共服务的水平和质量，认识到自身的不足，为其指明前进的

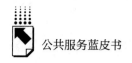
方向，提出改进和完善的方法，真正将电子化公共服务落到实处，真正提高政府服务的质量和效率。

七 医疗卫生篇

2019 年，医疗卫生要素满意度得分为 65.65 分，较 2018 年的 62.95 分提升了 2.7 分，在公共服务 10 项要素中排名第 5 位。在 38 个主要城市中，排名第 1 位的兰州得分为 72.29 分；贵阳排在第 2 位，得分为 71.11 分；厦门排在第 3 位，得分为 70.82 分。

（一）横向对比

如图 4-22 和表 4-17 所示，2019 年，38 个主要城市医疗卫生要素满意度平均分为 65.65 分，得分最高为 72.29 分，最低为 58.30 分。该项得分排名前十的城市依次为兰州、贵阳、厦门、珠海、拉萨、宁波、汕头、西宁、杭州、上海，得分分别为 72.29 分、71.11 分、70.82 分、70.75 分、70.72 分、70.61 分、69.72 分、69.62 分、67.92 分、67.24 分。其中东部城市 6 个，西部城市 4 个。在全国 38 个主要城市中共有 18 个城市在该项的得分超过要素满意度平均分。

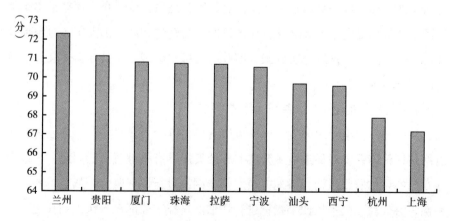

图 4-22 2019 年医疗卫生要素满意度前 10 城市得分

表4-17 2019年38个城市医疗卫生要素满意度总体排名

城市	得分	排名	城市	得分	排名
兰州	72.29	1	乌鲁木齐	65.15	20
贵阳	71.11	2	合肥	64.96	21
厦门	70.82	3	福州	64.76	22
珠海	70.75	4	南昌	64.63	23
拉萨	70.72	5	南宁	64.49	24
宁波	70.61	6	北京	64.45	25
汕头	69.72	7	南京	63.88	26
西宁	69.62	8	沈阳	63.75	27
杭州	67.92	9	广州	63.25	28
上海	67.24	10	深圳	63.24	29
昆明	67.12	11	重庆	63.05	30
太原	66.94	12	天津	63.00	31
大连	66.94	13	成都	62.94	32
济南	66.78	14	武汉	62.77	33
青岛	65.97	15	石家庄	62.40	34
银川	65.95	16	长沙	61.67	35
长春	65.93	17	郑州	61.19	36
呼和浩特	65.84	18	西安	59.17	37
哈尔滨	65.50	19	海口	58.30	38
全国要素满意度	65.65				

（二）纵向对比

1. 2019年38个城市医疗卫生满意度要素发展指数

从表4-18中可以看出，在全国38个主要城市中，有24个城市该项指标为正值。贵阳、兰州、汕头3个城市的医疗卫生满意度要素发展指数排名前3位，分别为0.24185、0.19638、0.19355。

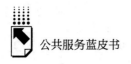

表4－18　2019年38个城市医疗卫生满意度要素发展指数排行

城市	发展指数	排名	城市	发展指数	排名
贵阳	0.24185	1	福州	0.01977	20
兰州	0.19638	2	南宁	0.01814	21
汕头	0.19355	3	沈阳	0.01351	22
哈尔滨	0.16552	4	合肥	0.00956	23
西宁	0.16316	5	乌鲁木齐	0.00776	24
大连	0.13474	6	郑州	－0.00199	25
昆明	0.13157	7	上海	－0.00595	26
呼和浩特	0.11982	8	石家庄	－0.00928	27
南昌	0.11574	9	重庆	－0.01200	28
长春	0.11438	10	武汉	－0.01247	29
太原	0.09061	11	北京	－0.01583	30
南京	0.07583	12	杭州	－0.01709	31
珠海	0.06032	13	长沙	－0.02036	32
宁波	0.05257	14	青岛	－0.02053	33
济南	0.04700	15	成都	－0.03542	34
拉萨	0.04208	16	海口	－0.03570	35
西安	0.03662	17	广州	－0.03815	36
银川	0.02563	18	天津	－0.05479	37
厦门	0.02464	19	深圳	－0.06753	38
全国要素发展指数	0.04301				

2. 2019年与2018年医疗卫生要素满意度前10城市对比

从图4－23和表4－19中可以看出，2019年38个主要城市的医疗卫生要素满意度得分为65.65分，其中得分最高的为兰州市，得分为72.29分。从2019年与2018年排名前10的城市得分对比情况来看，厦门、珠海、拉萨、宁波、杭州、上海连续两年排名位居前10。

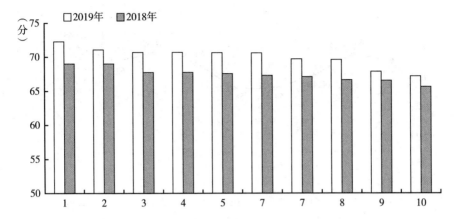

图 4 – 23   2019 年与 2018 年医疗卫生要素满意度排名前 10 城市得分对比

表 4 – 19   2019 年与 2018 年医疗卫生要素满意度排名前 10 城市得分情况

2019 年排名			2018 年排名		
城市	得分	排名	城市	得分	排名
兰州	72.29	1	厦门	69.11	1
贵阳	71.11	2	杭州	69.10	2
厦门	70.82	3	拉萨	67.86	3
珠海	70.75	4	深圳	67.82	4
拉萨	70.72	5	上海	67.64	5
宁波	70.61	6	青岛	67.35	6
汕头	69.72	7	宁波	67.08	7
西宁	69.62	8	珠海	66.72	8
杭州	67.92	9	天津	66.65	9
上海	67.24	10	广州	65.76	10
全国要素满意度	65.65		全国要素满意度	62.95	

3. 2011～2019年医疗卫生要素满意度及排名对比

图 4 – 24 反映的是 2011～2019 年 9 年间医疗卫生要素满意度得分变化情况。可以看出，2011～2019 年医疗卫生要素得分呈现波动趋势。2014 年得分最低，为 58.24 分，2019 年得分最高，为 65.65 分。由于 2018～2019 年满意度评价体系和评价方式发生变化，评价结果仅供参考。

图 4 – 25 反映的是 2011～2019 年 9 年间医疗卫生要素满意度排名变化

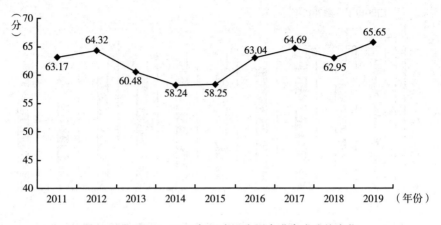

图 4 - 24　2011～2019 年医疗卫生要素满意度分值变化

情况。与满意度分值变化趋势接近，2012 年医疗卫生要素在 10 项要素中排第 1 位，之后排名下降，2015 年排名最低，为第 6 位，2016～2018 年排名稳定在第 3 位，2019 年新增了公共信息化服务，排名在第 5 位。

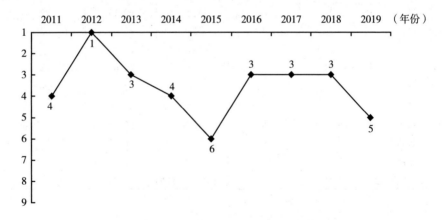

图 4 - 25　2011～2019 年医疗卫生要素满意度排名变化

（三）结果分析

从调查结果来看，2019 年我国医疗卫生要素满意度在公共服务 10 项要素中排名第 5 位，在 38 个主要城市中，得分超过 60 分的有 36 个，超过平均分的有 18 个，表明公众对我国医疗卫生方面总体上满意度较高。

我国能在医疗卫生事业上取得稳定的发展，得益于国家医疗卫生政策的大力支持。近年来，国家在医疗卫生服务等领域承担了越来越多的责任，为促进国民医疗健康发展提供了巨大助力。我国医疗卫生政策范式经历了从"福利化"到"市场化"再到"健康中国"的转型。2019 年 1 月 7 日，全国卫生健康工作会议在北京召开，强调了 2019 年卫生健康改革发展的重点任务，提出要认真贯彻落实党中央、国务院决策部署，深入实施健康中国战略，坚持"三医"联动，把医改推向纵深，聚焦群众看病就医"烦心事"，进一步调动广大医务人员的积极性，为维护人民身体健康、全面建成小康社会作出新贡献。[①]

但是调查结果也显示，当前我国医疗卫生事业仍然存在诸如财政投入不足、资源配置不合理、医疗保障制度包容性欠缺等突出问题。需要政府站在推进国家健康治理体系与治理能力现代化的高度，来统筹推进健康中国战略目标的实现。

（四）优秀城市经验推介——兰州市

2019 年兰州市的医疗卫生要素满意度得分为 72.29 分，在全国 38 个主要城市中排名第 1。在医疗卫生方面，兰州市有许多经验值得我们借鉴。

1. "互联网+医疗"新模式成效显著

兰州市卫健委始终坚持以保障人民健康为出发点，为了实现各类医疗健康信息的互联互通，让健康医疗数据"多跑路"、群众就医"少跑腿"，市卫健委创新性地打造了一套高效、规范、共享的"大健康"信息服务体系，有效地提升了群众医疗健康服务的获得感。

一是建成涵盖公共卫生、医疗保障、医疗服务、计划生育、药品管理、综合管理六大业务系统的全民健康信息平台，实现全员健康档案等核心数据

---

① 《2019 年全国卫生健康工作会议在京召开 强调这些重点任务!》，搜狐网，http://m.sohu.com/a/287435337_100196173。

的共通共享。二是按照便捷高效、服务一流、设施先进的原则，着力推进网上办理"一站式"便民服务，努力破解群众办事难点、堵点问题。三是着力推进居民电子健康卡建设，群众只需携带手机或身份证，就可完成注册开卡、挂号缴费、报告查询等就医流程，解决群众就诊"一院一卡、重复发卡、互不通用"等堵点问题。未来，兰州市还将打造"健康兰州App"，结合微信、支付宝等即时支付工具，在全市二级以上医疗机构中，实现就诊自助缴费和检查检验结果共享查询，鼓励各医疗机构应用互联网等信息技术拓展医疗服务空间和内容，构建覆盖诊前、诊中、诊后的线上线下一体化医疗服务体系。

2. 基本医疗有保障，冲刺清零工作成效显著，消除乡村两级机构人员"空白点"

2019年7月30日，兰州市卫健委下发了《关于下达基本医疗有保障（医疗部分）冲刺清零任务的通知》，并制定了《基本医疗有保障冲刺清零工作方案（医疗部分）》，对冲刺清零的标准、任务及工作措施、整改时限进行了明确规定，全市卫生健康系统按照"省负总责、市县抓落实"的责任体制，逐级明确任务、责任和时限清单，上下协同全力推进问题整改。从8月开始，卫健委采取信息化监测、实地抽查与暗访调研相结合的方式，重点对县、乡、村三级医疗机构建设、设备配置、人员配备等情况进行动态监测；对村卫生室建设、合格村医配备，乡镇卫生院科室设置，县级公立医院等级评审、合格医生配备进行定期通报，及时发现问题并督促整改；对问题严重的两个区县下发限期整改通知。9月中旬，市、县两级全面开展基本医疗有保障（医疗部分）冲刺清零核查核准工作，现场协调解决难点问题，跟踪并督促乡、村两级做好相关工作。①

3. 开展专项行动，推进医疗卫生机构"厕所革命"

兰州市卫健委制定了《兰州市医疗卫生机构"厕所革命"专项行动实施方案》，按照"分布合理、数量充足、方便可及、干净整洁、管理有效、

---

① 《我市基本医疗有保障冲刺清零工作成效显著消除》，阳光博爱论坛，http://www.nbygba.com/yiliaozhengce/43779.html。

服务到位、如厕文明"的要求，以净化、亮化、美化、文化、人性化、生态化为目标，以完善医疗卫生机构基础设施和环境卫生长效管理机制为主要内容，以基层医疗卫生机构为重点，通过合理规划厕所建设、推进厕所升级改造、完善基础设施设备、加大文明如厕宣传力度、切实加强日常监管等措施，力争到 2020 年底，全市一级以上医疗卫生机构卫生厕所基本实现全覆盖，并建立较为完善的长效管理机制。

（五）结论与建议

医疗卫生是基本公共服务的主要内容之一，也是公民应该享有的一项基本权利。世界卫生组织指出："健康是一种基本人权，达到尽可能的健康水平，是世界范围内的一项重要社会性目标。"[①] 因此，提升公众基本医疗卫生服务的获得感，不仅是对公众日益增加的基本医疗卫生服务需求的正面回应，也是基本公共服务供给的出发点和落脚点。

1. 着力医疗健康服务供给侧结构性改革，全面保障人民身体健康

推进健康服务供给侧结构性改革，加快构建多元化健康服务供给体系是满足人民对医疗健康多元化需求的必然选择。从政府层面来看，首先，要明确不同类型、级别卫生服务机构的目标和责任，以分级诊疗制度为基础，打造科学有序的基层首诊和双向转诊就医格局，通过推动城乡联动来打破医疗卫生领域的区域限制，引导卫生服务领域从供给端实现资源的协同整合和合理配置。其次，要打破狭隘的专业分科，使不同医疗机构之间进行横向整合，实现预防、保健、治疗、康复等不同维度的碎片化服务模式向医疗服务一体化模式转变。最后，政府可以出台相关优惠政策来引进社会资本，鼓励社会力量参与到以医养结合为基础的养老服务体系建设中去，通过打造多元化养老服务体系来应对人口老龄化趋势。

---

① 国际初级卫生保健大会：《阿拉木图宣言》，1978 年 9 月 12 日。

2.多元健康治理主体统筹联动，强化内部协作机制

一是建立平等协商合作机制。在实践中要承认多元治理主体之间的平等地位，调动非卫生部门、社会组织、居民等主体参与健康中国建设的积极性，通过构建共商、共治、共享的医疗健康服务体系等措施激励全社会参与实施健康中国战略。二是建立制度化、及时化和渠道多样化的政府回应机制，这是公众知情权和表达权的保障，也是提升政府公信力的基本途径。此外，必要的监督预警机制也是构建有效的政府回应机制的保障。一方面，对可能出现的问题和风险进行预测和防范，提升治理主体的应急管理能力；另一方面，可以监督国家健康政策的贯彻实施，及时向政策制定部门反馈意见和建议，促进政策的调整和完善。三是建立政府间跨部门协调合作机制。可以通过协调卫生、环境、教育、文化等部门成立如健康中国跨部门战略委员会等联合部门，专门负责制定相关健康计划，对各部门制定的具体健康中国建设实施方案进行评估，实现各部门真正参与到医疗健康的治理当中。

3.借助新媒体新技术，打造"互联网＋医疗"信息化健康平台

一是可以通过促进互联网产业和健康产业融合发展，利用健康大数据、云计算、物联网等信息和技术，着力构建远程医疗服务体系，为人们提供远程会诊、精准医疗、健康管理等服务，提高健康供给效率和质量。二是可以通过发展智慧健康产业，借助互联网、移动社交平台、大数据等新媒体新技术，做好公民健康教育和健康宣传工作。三是政府可通过建设丰富、便利的公共信息平台，为不同人群提供不同的健康网络课程，既加强了与公民的健康互动，有效解决了日益复杂的健康治理难题，又使其他健康治理主体能够准确、及时地获取有关健康的各类信息，加深其健康治理参与程度。四是要加强对媒体的管理，营造健康治理的文化氛围，发挥媒体对健康治理的正面引导功能。

八 城市环境篇

2019年城市环境要素满意度得分为67.31分，较2018年的65.47分提

升了1.84分，在公共服务10项要素中得分排第2位。2019年该要素满意度排名前3的城市为拉萨（76.88分）、厦门（74.60分）、珠海（73.40分），与2018年排名前3的拉萨（78.42分）、厦门（77.18分）、海口（74.69分）相比，得分无较大变化。

（一）横向对比

如图4-26和表4-20所示，2019年，全国38个主要城市的城市环境满意度平均分为67.31分，最高分为76.88分，较2018年最高分（78.42分）减少了1.54分。最低分为59.35分，较2018年最低分（55.45分）提高了3.9分，2019年最高分与最低分差距为17.53分，2018年最高分与最低分差距为22.97分，说明2019年该项满意度得分整体上得到了提高。该项要素得分排名进入前10的城市分别为拉萨、厦门、珠海、贵阳、杭州、西宁、宁波、兰州、南宁、汕头，2018年得分排名进入前10的城市分别为拉萨、厦门、海口、珠海、杭州、深圳、青岛、西宁、宁波和福州。两年对比来看，其中有6个城市保留在前10位。2019年排名前10位城市中，东部城市占5个，西部城市占5个。

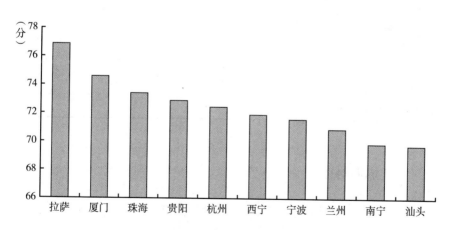

图4-26　2019年城市环境要素满意度前10城市得分

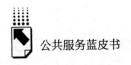

表 4 - 20 2019 年 38 个城市城市环境要素满意度总体排名

城市	得分	排名	城市	得分	排名
拉萨	76.88	1	呼和浩特	66.39	20
厦门	74.60	2	成都	66.37	21
珠海	73.40	3	济南	65.88	22
贵阳	72.90	4	长春	65.46	23
杭州	72.47	5	乌鲁木齐	65.41	24
西宁	71.92	6	海口	65.16	25
宁波	71.59	7	南昌	65.13	26
兰州	70.93	8	太原	64.49	27
南宁	69.86	9	广州	64.21	28
汕头	69.74	10	北京	64.14	29
昆明	69.67	11	长沙	63.85	30
上海	68.93	12	天津	63.80	31
南京	68.91	13	哈尔滨	63.62	32
福州	68.89	14	沈阳	63.42	33
深圳	68.75	15	合肥	63.31	34
重庆	68.73	16	武汉	62.26	35
青岛	68.69	17	石家庄	61.42	36
银川	68.20	18	郑州	61.28	37
大连	67.90	19	西安	59.35	38
全国要素满意度	67.31				

（二）纵向对比

1. 2019年38个城市城市环境满意度要素发展指数

从表 4 - 21 中可以看出，在全国 38 个主要城市中，有 26 个城市该项指标为正值。兰州、汕头、哈尔滨 3 个城市的城市环境满意度要素发展指数排名前 3 位，分别为 0.21979、0.18515、0.13955。

表4-21　2019年38个城市城市环境满意度要素发展指数排行

城市	发展指数	排名	城市	发展指数	排名
兰州	0.21979	1	武汉	0.01363	20
汕头	0.18515	2	郑州	0.01150	21
哈尔滨	0.13955	3	石家庄	0.01019	22
南京	0.13518	4	北京	0.00832	23
长春	0.11737	5	广州	0.00802	24
贵阳	0.10115	6	重庆	0.00426	25
南昌	0.07939	7	南宁	0.00252	26
大连	0.07711	8	天津	-0.00128	27
呼和浩特	0.07274	9	上海	-0.00190	28
昆明	0.07150	10	杭州	-0.00759	29
西安	0.07029	11	珠海	-0.01397	30
沈阳	0.06690	12	福州	-0.01727	31
太原	0.04560	13	拉萨	-0.01967	32
济南	0.04451	14	银川	-0.02277	33
成都	0.02118	15	青岛	-0.03063	34
西宁	0.02057	16	厦门	-0.03332	35
合肥	0.02020	17	长沙	-0.03548	36
乌鲁木齐	0.01863	18	深圳	-0.04007	37
宁波	0.01834	19	海口	-0.12758	38
全国要素发展指数	0.02819				

2. 2011~2019年城市环境要素满意度前10城市对比

从图4-27和表4-22中的数据可以看出，2019年38个城市的城市环境要素满意度得分为67.31分，其中得分最高的为拉萨市，得分为76.88分。从2019年与2018年排名前10的城市得分对比情况来看，拉萨、厦门、珠海、杭州、西宁、宁波连续两年位列前10，且总体排名基本没有太大变化。

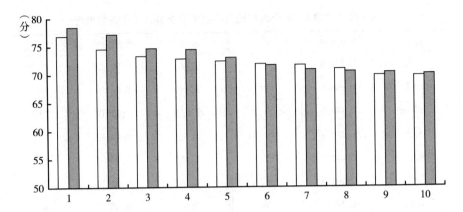

图 4 - 27　2019 年与 2018 年城市环境要素满意度排名前 10 城市得分对比

表 4 - 22　2019 年与 2018 年城市环境要素满意度排名前 10 城市得分情况

2019 年排名			2018 年排名		
城市	得分	排名	城市	得分	排名
拉萨	76. 88	1	拉萨	78. 42	1
厦门	74. 60	2	厦门	77. 18	2
珠海	73. 40	3	海口	74. 69	3
贵阳	72. 90	4	珠海	74. 44	4
杭州	72. 47	5	杭州	73. 03	5
西宁	71. 92	6	深圳	71. 62	6
宁波	71. 59	7	青岛	70. 86	7
兰州	70. 93	8	西宁	70. 47	8
南宁	69. 86	9	宁波	70. 30	9
汕头	69. 74	10	福州	70. 10	10
全国要素满意度	67. 31		全国要素满意度	65. 47	

2. 2011～2019年城市环境要素满意度及排名对比

由图 4 - 28 可以看出，2011～2019 年城市环境要素满意度呈现波动趋势，除 2012 年和 2014 年满意度得分下降之外，其余年份都处于上升趋势。2018～2019 年由于满意度评价体系发生变化，结果仅供参考。

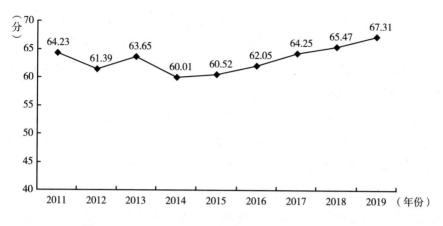

图4-28　2011～2019年城市环境要素满意度分值变化

从图4-29可见，2011～2019年城市环境要素满意度排名中，2011～2012年，满意度排名在第3位，2013年上升至第1位。2014～2016年满意度排名逐年下降，2016～2017年为最低，居第6位。2018年上升至第1位。2019年新增了公共信息化服务，排名在第2位。

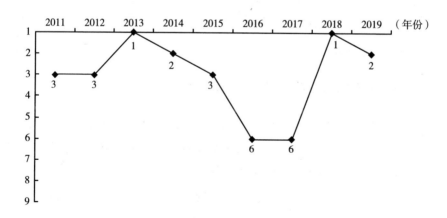

图4-29　2011～2019年城市环境要素满意度排名变化

（三）结果分析

2019年城市环境要素满意度得分在公共服务10项要素中排第2位。在全国 38 个主要城市中，得分超过平均分的有 19 个，超过 60 分的有 37 个。从 2011～2019 年城市环境要素满意度分值变化情况来看，自 2014 年以来，满意度得分呈现逐年增长的趋势，可见我国在城市环境建设方面取得的成绩得到了公众的广泛认可。

以习近平同志为核心的党中央向来重视生态文明建设，多次强调要加大力度治理污染，频繁出台环境保护制度，严格加强执法监管。党的十八大把生态文明建设纳入"五位一体"总体布局，党的十八届五中全会提出"五大发展理念"，在党的十九大报告中，习近平提出，必须树立和践行"绿水青山就是金山银山"的理念，坚持人与自然和谐共生；推进绿色发展，建立健全绿色发展体制机制，构建绿色发展经济体系。强调必须把生态文明建设置于中华民族永续发展之千年大计的历史高度。① 尤其是习近平的生态文明思想，更是指导中国绿色发展的指南，为中国生态文明建设、绿色发展提供了强有力的生态理论支撑，有效推动了中国的绿色发展，实现了生态与经济、绿色与发展之间的和谐共生。

尽管如此，环境资源趋紧、环境污染严重、生态系统退化的形势依然十分严峻。因此，深度推进中国特色社会主义生态文明建设，建设"美丽中国"，仍然任重而道远。

（四）优秀城市经验推介——厦门市

2019 年厦门市城市环境要素满意度得分为 74.60 分，在全国 38 个主要城市中排名第 2 位。在生态文明建设和城市环境质量提升方面，厦门市打造出了一系列可复制、可推广的"厦门经验"。

1. 创新考核机制，打造绿色发展"指挥棒"

厦门市在贯彻落实国家和省《生态文明建设目标评价考核办法》的基础上，结合本市实际情况进行了大胆创新，坚持"以评推工作、以考促落

---

① 习近平：《决胜全面建成小康社会　夺取新时代中国特色社会主义伟大胜利——在中国共产党第十九次全国代表大会上的报告》，新华网，http://www.xinhuanet.com/2017 - 10/27/c_1121867529.htm。

实"，把绿色发展指标体系和生态文明建设考核目标要求细化到具体工作任务中。2017年9月出台《厦门市生态文明建设目标评价考核办法》，进一步完善了目标评价考核机制，确保生态环保"党政同责""一岗双责"的落实，真正打造出绿色发展的"指挥棒"。

在全面承接落实国家、省绿色发展指标体系的基础上，为确保考核内容的全方位覆盖，厦门市建立了涵盖一级指标8项、二级指标56项的指标体系，涉及宜居环境质量、节能减排、污染防治等城市生态文明建设的各个方面；为实现考核对象的全覆盖，厦门市将各区党委政府、相关的省部属驻厦单位、市直各部委办局和市属国有企业等45个单位全部作为考核对象，并结合各区、各部门单位具体情况，制定差异化、可量化的评价指标，真正形成以目标为导向、以任务为抓手、以实效为标准的全方位评价考核体系，并将每年的考核结果作为选拔任用、奖励惩戒的重要参考依据。为了确保评价考核的公开性、透明性、客观性和公正性，厦门市建立了评价考核信息化数据管理系统，由各责任单位按规定录入信息进行交叉审核，以数据平台自动生成的数据结论为最终的评价结果，有效地避免了考核过程中的人为因素的影响。

2.优化企业环境信用评价体系，提升企业环保意识

截至2019年，厦门市已连续4年对315家企业实施评价，督促他们提升环保意识、落实环保主体责任，并着力健全环境保护诚信体系，为打赢污染防治攻坚战奠定了坚实的基础。

对企业诚信实施评价，目的就是要以评促改，提升企业的守法意识。为了确保评价体系的科学性，厦门市生态环境局从机构设立、办法制定、平台搭建等重点入手，确保信用评价行之有效；为了确保信用评价的公开、公正，厦门市生态局从优化评价环节入手，打造平台填报、专家评审、公众参与、结果公示的一体化评价体系，为评价结果的公开公正上了一道"安全阀"。目前，市生态环境局已联合市36个相关部门，建立起多种联合惩戒措施，一旦被列入环保失信名单，贷款融资、政府补贴、政府奖励均会受限；相反，若是获评信用良好的企业，则可以在这些方面享受更多的优惠和

便利。将环保评价结果与企业切身利益紧密结合起来，更能提高他们守法经营的积极性和责任感。

3. 严格推动垃圾分类工作走在前列，助力高素质高颜值城市建设

2019年6月，习近平总书记对垃圾分类工作做出重要指示：实行垃圾分类，关系广大人民群众生活环境，关系节约使用资源，也是社会文明水平的一个重要体现。[①] 7月6日，全市生活垃圾分类工作推进大会召开，各级、各部门认真贯彻落实习近平总书记关于垃圾分类工作的重要指示批示精神和市委市政府部署要求，找差距，补短板，抓落实，促提升，把垃圾分类工作作为"一把手"工程，形成市、区、街（镇）、居（村）委会主要负责人带头抓，一级抓一级、层层抓落实的分级推动格局，以更严格的标准推动垃圾分类工作继续走在前列。[②]

（五）结论与建议

1. 依托国家行政机关，保障城市环境治理力度

城市环境治理是政府行政部门的重要职能之一，行政措施是城市环境治理最根本、最直接的措施。因此，要依托政府的行政手段，明晰城市环境治理的执行标准，保障城市环境治理的执行力度。同时，要根据城市环境实际情况建立起相应的评价机制和治理决策机构，政府对本地区生态环境和资源负总责，领导干部负主要责任，相关领导承担相应责任，层级职责明确，让政府的决策、执行更加科学化、透明化，有效规避不作为和乱作为现象的发生。

2. 完善法律法规，加强生态文明法治建设

在生态文明建设中应建立完善的环境保护制度，依据不同的生态环境制定有针对性的政策方针，加强环境保护监督，并制定严格的惩罚措施来减少

① 《做好垃圾分类 推动绿色发展》，人民网，http：//opinion. people. com. cn/n1/2019/0604/c1003 - 31117975. html。

② 《厦门召开全市生活垃圾分类工作推进大会》，台海网，http：//www. taihainet. com/news/xmnews/ldjj/2019 - 07 - 06/2280459. html。

市场主体破坏环境的行为。要以习近平生态文明思想为指导，适应深化改革创新中的许多体制机制方面的变化，加快推进生态环境保护立法，协调好生态文明建设与经济社会发展之间的关系。一是要让相关企事业单位对生态文明建设体系进行学习，增强其法律意识，减少违法污染行为的发生。二是要进行全民宣传，增强公众的环保意识，自觉地减少生活中污染环境的行为。此外，还要充分发挥公众在城市环境建设中的监督作用，激发公众的积极性，让其能及时发现并制止破坏生态的行为。

3. 打造城市环境治理的"智慧"方案

智慧环保是指借助云计算和大数据等新兴技术，以物联网技术为基础，通过提升城市环境监测自动化水平和检测效率，开展城市环境的有效治理。将智慧环保应用到城市环境治理工作中是对传统城市环境治理工作模式的大胆创新，基于大数据分析生成的治理方案能够有效避免人为原因而造成的失误。一是要建立一整套环境信息实时监测以及收集、采集系统，借助通信线路以及互联网将检测、采集到的信息上传到环保部门，系统在对所收集到的数据进行深度分析后，可以预先为环保部门制定出各类有效的应急预案和解决措施，进而为环保部门后续的工作提供一定的参考。二是要打造在线办事平台，不但能够有效减小线下办事大厅的工作压力，而且更能有效地节约办事人员的时间，提高办事效率。三是各级环保部门要从思想上真正认同智慧环保，在实际中贯彻落实互联互通和协调一致这一智慧环保核心理念，通过实现各区域、各部门之间所掌握的环境信息的共通、共享，增进行业间、部门间城市治理方案的协调和沟通，进而为各类数据的处理奠定基础。

九　公共文化体育篇

2019年，全国38个主要城市的公共文化体育要素满意度平均得分为65.35分，得分排名在公共服务10项要素中居于第6位。公共文化体育要素的发展指数为0.18129。38个城市中，珠海、海口、贵阳三个城市的公共文化体育要素满意度得分排名前3，得分分别为71.70分、71.50分、71.38分。

（一）横向对比

如图 4-30 和表 4-23 所示，2019 年，38 个主要城市的公共文化体育单项满意度均分为 65.35 分。最高分为珠海，为 71.70 分，最低分为西安，为 57.96 分。38 个城市中共有 18 个城市在该项的得分超过均分。除了排名前 3 位的珠海、海口、贵阳外，排名进入前 10 的城市还包括厦门、兰州、宁波、拉萨、汕头、西宁、大连，得分分别为 71.36 分、71.06 分、70.42 分、70.16 分、69.45 分、68.86 分、67.51 分。

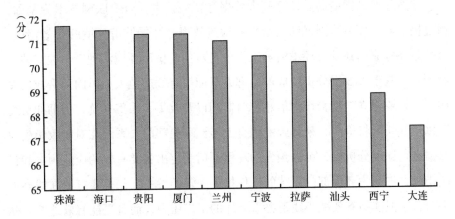

图 4-30　2019 年公共文化体育要素满意度前 10 城市得分

表 4-23　2019 年 38 个城市公共文化体育要素满意度总体排名

城市	得分	排名	城市	得分	排名
珠海	71.70	1	杭州	67.37	11
海口	71.50	2	上海	67.30	12
贵阳	71.38	3	长春	66.17	13
厦门	71.36	4	青岛	66.05	14
兰州	71.06	5	沈阳	66.00	15
宁波	70.42	6	银川	65.94	16
拉萨	70.16	7	南宁	65.61	17
汕头	69.45	8	太原	65.58	18
西宁	68.86	9	呼和浩特	64.84	19
大连	67.51	10	昆明	64.83	20

续表

城市	得分	排名	城市	得分	排名
南京	64.74	21	成都	62.64	30
福州	64.67	22	合肥	62.19	31
南昌	64.60	23	乌鲁木齐	61.94	32
哈尔滨	64.29	24	广州	61.14	33
济南	64.13	25	武汉	61.08	34
北京	64.12	26	石家庄	60.47	35
天津	62.99	27	长沙	59.36	36
重庆	62.72	28	郑州	58.61	37
深圳	62.71	29	西安	57.96	38
全国要素满意度	65.35				

（二）纵向对比

1. 2019年38个城市公共文化体育满意度要素发展指数

从表4－24中可见，2019年全国38个城市公共文化体育满意度要素发展指数为0.18129，发展指数为正。在2019年公共文化体育满意度要素发展指数中，兰州发展指数最高，为0.47398，深圳发展指数最低，为0.05134。贵阳、海口发展指数分居第2、3位，分别为0.39699、0.37693。2019年，38个城市发展指数均为正数，可见我国公共文化体育事业满意度要素发展指数总体水平相对较好。

表4－24　2019年38个城市公共文化体育满意度要素发展指数排行

城市	发展指数	排名	城市	发展指数	排名
兰州	0.47398	1	呼和浩特	0.25118	8
贵阳	0.39699	2	长春	0.23875	9
海口	0.37693	3	昆明	0.23790	10
汕头	0.36697	4	大连	0.23662	11
西宁	0.27148	5	沈阳	0.22989	12
哈尔滨	0.26855	6	西安	0.20349	13
南昌	0.26185	7	南宁	0.20124	14

续表

城市	发展指数	排名	城市	发展指数	排名
南京	0.19254	15	银川	0.12036	27
合肥	0.18030	16	上海	0.11863	28
太原	0.17407	17	成都	0.11818	29
石家庄	0.17389	18	乌鲁木齐	0.11553	30
济南	0.16770	19	广州	0.11450	31
郑州	0.15494	20	天津	0.11216	32
珠海	0.15007	21	福州	0.10960	33
厦门	0.13214	22	杭州	0.10518	34
武汉	0.12678	23	拉萨	0.09341	35
北京	0.12540	24	青岛	0.09157	36
重庆	0.12371	25	长沙	0.08235	37
宁波	0.12229	26	深圳	0.05134	38
全国要素发展指数	0.18129				

2. 2019年与2018年公共文化体育要素满意度前10城市对比

从图4-31和表4-25可以看出，2019年38个城市的公共文化体育要素满意度得分为65.35分，其中得分最高的为珠海市，得分为71.70分，成为本年公共文化体育满意度最高的城市。从2019年与2018年排名前10的城市得分情况来看，珠海、厦门、宁波、拉萨连续两年排名位居前10，其他城市排名变动较大。

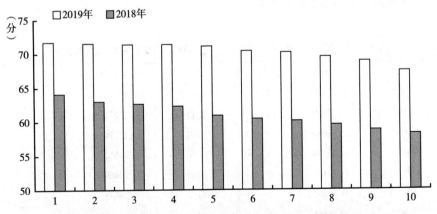

图4-31 2019年与2018年公共文化体育要素满意度排名前10城市得分对比

表4-25 2019年与2018年公共文化体育要素满意度排名前10城市得分情况

2019 年排名			2018 年排名		
城市	得分	排名	城市	得分	排名
珠海	71.70	1	拉萨	64.17	1
海口	71.50	2	厦门	63.03	2
贵阳	71.38	3	宁波	62.75	3
厦门	71.36	4	珠海	62.35	4
兰州	71.06	5	杭州	60.96	5
宁波	70.42	6	青岛	60.51	6
拉萨	70.16	7	上海	60.16	7
汕头	69.45	8	深圳	59.65	8
西宁	68.86	9	银川	58.86	9
大连	67.51	10	福州	58.28	10
全国要素满意度	65.35		全国要素满意度	55.32	

3. 2011～2019年公共文化体育要素满意度、排名及关注度对比

由图4-32可知，2011年公共文化体育要素满意度最高，为75.89分，由于权重指标调整等因素的影响，得分在2012～2013年分别快速下滑到64.26分、61.91分，2014年继续下行至58.01分。2014～2017年，满意度逐步提升，到2017年公共文化体育要素满意度得分为64.26分。2018～2019年由于满意度评价体系及标准发生重大变化，2019年回升至65.35分，结果仅供参考。

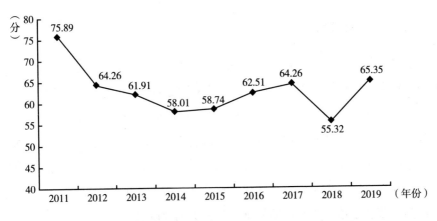

图4-32 2011～2019年公共文化体育要素满意度分值变化

图 4 - 33 反映的是 2011 ~ 2019 年 9 年间公共文化体育要素满意度排名变化。可以看出，从 2011 年至 2019 年公共文化体育要素满意度排名并不理想，公共文化体育满意度在 10 项要素中排名总体呈下降趋势。2011 ~ 2013 年公共文化体育满意度排名靠前，稳居前 2 位，到 2014 年下降到第 5 位，2014 ~ 2017 年，公共文化体育满意度一直徘徊在第 4、第 5 位，2018 年下降至第 7 位，2019 年有所回升，说明公众对公共文化体育的期待值较大，而当前的服务水平与满足公众期待仍有一定距离。另需注明，2019 年满意度要素评价指标由 9 项变为 10 项，排名变化仅供参考。

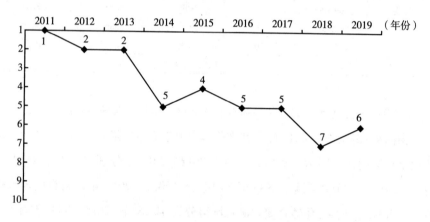

图 4 - 33　2011 ~ 2019 年公共文化体育要素满意度排名变化

（三）结果分析

从调查结果来看，2019 年我国公共文化体育公众满意度排名有所下降，在公共服务 10 项要素中排在第 6 位，满意度超过 65 分的城市为 18 个，平均分为 65.35 分，得分较为靠后，但相比 2018 年有较为明显的改进，总体上我国在公共文化体育方面仍存在较大改进空间。目前，我国公共文化体育方面的问题主要集中在文化产品无论是数量还是质量，都还不能很好地满足人民群众多方面、多层次、多样化的精神文化需求，进一步提高公共文化体育产品和服务供给能力和供给效率的任务更加艰巨。

2019 年文化和旅游部部门预算财政支出总预算超过 90 亿元。文化投入在较快增长的基础上，文旅部围绕扶贫攻坚等国家重大战略部署实施了贫困地区村文化活动室设备购置、流动文化车、流动图书车等一批文化扶贫项目，为文化发展改革工作提供了有力保障。但尽管如此，从一系列关于文化体育要素满意度的数据来看，主要城市的文化体育满意度水平还需进一步提高，财政投入的社会效益和供给效率仍有提高空间。

（四）优秀城市推介——珠海市

1. 深入推进文化产业发展专项资金工程，加快推动文化创意产业发展

为贯彻落实党的十九大关于"文化发展开创新局面"要求，贯彻落实市委市政府《珠海市"十三五"文化创意产业发展规划》等政策文件的要求，推进文化事业和文化产业双轮驱动、比翼齐飞，打造"文旅之城"①，珠海市深入推进文化产业专项资金工程的有序发展，借助财政资金的杠杆作用和放大效应，引导社会资本支持珠海市文化产业和文化事业的全面发展，对哲学社会科学、文化艺术、精神文明建设、媒体融合发展、对外文化交流、文化产业、宣传文化干部队伍建设等重点领域精准投资。

2. 加强文化产业监管审核，打击违法违规行为

2018 年以来，珠海市开展一些文化产业相关的监管审核工作，整顿和规范企业经营秩序，确保文化市场繁荣有序发展。例如，根据珠海市文化体育旅游市场综合执法支队 2018 年 5 号工作指令精神，金湾大队联合金湾区文化体育旅游局针对金湾辖区涉及印刷业务的企业开展了"五项制度"落实情况及安全生产等方面的专项检查整治工作②；2018 年 8 月 20 日至 8 月 26 日，由文旅部指定珠海市文化体育旅游市场综合执法支队承办，江苏省、

---

① 《珠海市"十三五"文化创意产业发展规划解读》，中国文明网，http：//gdzh. wenming. cn/001/201705/t20170515_3650560. html。

② 《珠海市文化执法支队金湾大队认真开展印刷业综合检查全面落实"五项制度"》，珠海市文化广电旅游体育局网络，http：//wgltj. zhuhai. gov. cn/zwgk/xwdt/content/post_2053511. html。

安徽省、重庆市及广东省湛江市、云浮市、揭阳市、肇庆市网络文化执法骨干参与的第十八批网络文化市场"以案施训"活动在珠海成功举办，本次"以案施训"活动，是以文旅部转办的两个网络文化市场违规案件作为"以案施训"内容。珠海市文化体育旅游市场综合执法支队对此高度重视，成立了珠海市第十八批网络文化市场"以案施训"活动领导小组，抽调业务骨干，精心准备，认真筹划，在"以案施训"活动中穿插安排"办案"和"培训"两项内容。在"办案"环节具体包括网络游戏执法实操、文书制作、经验交流等步骤，并当场组织操作了远程勘验及现场检查。"以案施训"期间，珠海市文化体育旅游市场综合执法支队分别完成了对珠海市游酷科技有限公司涉嫌未经许可，擅自从事网络经营游戏和存在涉嫌提供含有危害社会公德内容的网络动漫产品的违规经营行为的依法立案查处，较好地落实了文旅部"以案施训"的部署安排及工作要求。①

3. 推动粤曲文化传统，增强文物活化利用

为弘扬中华优秀传统文化，进一步推动非遗进校园工作，2018 年 7 月 6 日，斗门区邀请了国家一级演员、红线女的闭门弟子、珠海市曲艺家协会主席、市粤剧团团长琼霞在菉猗堂给南门小学的师生们举办了一场精彩的粤剧知识讲座。粤剧等非遗项目进校园是斗门区非遗传承的一项重点工作，粤剧传承是南门小学特色项目，也是示范项目，南门小学还被教育部评为"全国中小学中华优秀文化艺术传承学校"，通过引进珠海市粤剧团的支持，设立专门的粤剧教室和利用第二课堂活动普及粤剧知识，让师生体验粤剧表演角色、表演多元化等形式，加深师生对粤剧艺术的理解和热爱。本次讲座特地选址菉猗堂，菉猗堂是南门村的标志性建筑，是省级文物保护单位，其独特的建筑特色和人文历史使其成为珠海市著名的历史人文旅游景点。近年来，斗门区持续加强推动文物活化利用，在菉猗堂举办"赵氏家族祭礼""国学讲堂"，推进菉猗堂陈列展览项目，使文物在新时期焕发新的光彩。

---

① 《国家文化和旅游部第十八批网络文化市场"以案施训"活动在珠海成功举办》，珠海市文化广电旅游体育局网站，http://wgltj.zhuhai.gov.cn/zwgk/xwdt/content/post_ 2053465. html。

4. 加快推动体育强市建设、奋力推动珠海经济特区体育工作"二次创业"

珠海市以加快推动体育强市建设、奋力推动珠海经济特区体育工作"二次创业"为动力，推进实施全民健身、健康中国国家战略和奥运争光计划，积极开展群众体育活动，不断夯实竞技体育基础，积极承办承接国际国内大赛，加快发展体育产业，不断满足市民日益增长的多元化体育需求，全市体育工作再上新台阶。2018年新建社区体育公园20处，其中有2个"网球主题"社区公园，全市社区体育公园数量已达216处。市体育中心对部分场馆设施设备进行维修改造，开工新建室外泳池、儿童戏水池、五人制足球场、全民健身大舞台等公共体育服务设施。目前，全市基层体育设施基本达到全覆盖，人均体育场地面积达到2.8平方米，实现"城市10分钟体育健身圈"和"乡村十里体育健身圈"，社区体育公园建设在全国成为特色模范城市。

（五）结论与建议

1. 完善公共文化体育体制机制要主动适应社会发展新常态

习近平总书记指出，"要深化文化体制改革，完善文化管理体制，加快构建把社会效益放在首位、社会效益和经济效益相统一的体制机制"。[①] 要主动适应社会发展新常态，就要深入贯彻党的十九大精神，完善公共文化体育机制体制。与此同时，在推进公共文化体制机制改革的进程中，要从供给端入手，搭建社会平台，推出更多惠及百姓的文化产品，促进人民欣赏水平不断提高；推进模式上，开启合作共赢模式，政企共推共建；探索动态服务模式，供需双方无缝对接；创新资源整合模式，艺术效应最大释放。

2. 完善公共文化体育体制机制要创新数字化供给手段

数字化的文化供给手段的创新，是政府服务理念精准化的进步。一是要充分保证海量资源网上共享，供给更有效能。购买专业数据库，向

---

① 习近平：《决胜全面建成小康社会 夺取新时代中国特色社会主义伟大胜利——在中国共产党第十九次全国代表大会上的报告》，新华网，http：//www.xinhuanet.com/2017－10/27/c_1121867529.htm。

市民提供数字资源服务。通过读者证号一次性绑定，市民便可在家中轻松查阅中国知网、万方数据等 14 种国内主流权威信息资源数据库。二是远程预约场馆资源，供给更加便利。整合区镇两级公共文化设施，接受市民全天候网络预约，对于优化公共文化设施资源配置起到了积极作用。在实现服务均等化的同时，更多市民能够使用公共文化场馆。三是市民自主文化点单，供给更加精准。信息不对称是公共文化服务均等化的绊脚石。

3. 完善公共文化体育体制机制要提升供给水平

提升公共文化供给水平就要满足群众的文化新需求。一是做优供给品质，提升满意度，要下功夫打造一系列品质高、人气足的文化阵地，创作一批讴歌党和人民的精品力作。二是要细分供给受众，引领新风尚，积极推进中华优秀传统文化融入企业文化、校园文化、市民文化、家庭文化。整理先贤的家风家训，汇编成书，并开展最美家训评选、家训书写等系列活动，传扬好家风，弘扬新风尚。三是带动供给潮流，打造流量 IP。

十　公职服务篇

2019 年，公职服务要素满意度得分为 67.17 分，较 2018 年的 60.82 分提升了 6.35 分，在公共服务 10 项要素中排名第 3 位。2019 年该要素满意度排名前 3 的城市为西宁、珠海、海口，其中西宁市得分最高，为 77.35 分。

（一）横向对比

如图 4-34 和表 4-26 所示，2019 年，38 个主要城市公职服务要素满意度平均分为 67.17 分，得分最高为 77.35 分，最低为 60.11 分。该项得分排名前 10 的城市包括西宁、珠海、海口、南昌、银川、兰州、厦门、宁波、贵阳、呼和浩特，得分分别为 77.35 分、76.68 分、76.54 分、73.07 分、72.84 分、72.45 分、72.29 分、72.12 分、72.08 分、72.04 分。38 个城市中共有 18 个城市在该项的得分超过该要素满意度平均分，与 2018 年持平，

2019 年该要素得分超过 2018 年平均分 60.82 的城市有 35 个，可见 2019 年在公职服务方面的发展取得了显著的进步。

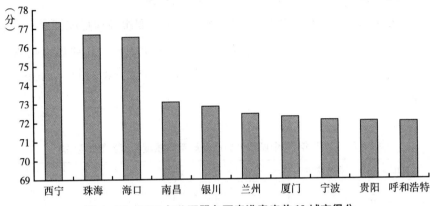

图 4 - 34　2019 年公职服务要素满意度前 10 城市得分

表 4 - 26　2019 年 38 个城市公职服务要素满意度总体排名

城市	得分	排名	城市	得分	排名
西宁	77.35	1	哈尔滨	66.49	20
珠海	76.68	2	青岛	65.50	21
海口	76.54	3	上海	64.75	22
南昌	73.07	4	沈阳	64.38	23
银川	72.84	5	合肥	64.06	24
兰州	72.45	6	深圳	63.82	25
厦门	72.29	7	南宁	63.46	26
宁波	72.12	8	南京	63.29	27
贵阳	72.08	9	北京	62.92	28
呼和浩特	72.04	10	武汉	62.60	29
拉萨	71.67	11	长沙	61.80	30
汕头	71.58	12	乌鲁木齐	61.75	31
杭州	71.18	13	石家庄	61.59	32
长春	69.14	14	广州	61.54	33
大连	69.08	15	天津	61.24	34
济南	68.94	16	重庆	61.03	35
太原	67.95	17	郑州	60.47	36
福州	67.39	18	成都	60.40	37
昆明	66.74	19	西安	60.11	38
全国要素满意度	67.17				

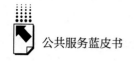

（二）纵向对比

1. 2019年38个城市公职服务满意度要素发展指数

从表4-27中可见，2019年全国38个城市公职服务满意度要素发展指数为0.10440。除了天津、西安、深圳、成都为负值外，其他城市均为正值。排名前3位的城市为西宁、海口、兰州，分别为0.34031、0.30262、0.26821。

表4-27 2019年38个城市公共服务政策满意度要素发展指数排行

城市	发展指数	排名	城市	发展指数	排名
西宁	0.34031	1	宁波	0.05594	20
海口	0.30262	2	厦门	0.05087	21
兰州	0.26821	3	南宁	0.04893	22
南昌	0.26459	4	合肥	0.04440	23
大连	0.24404	5	石家庄	0.04092	24
呼和浩特	0.24222	6	上海	0.03445	25
汕头	0.23640	7	福州	0.03367	26
长春	0.22911	8	沈阳	0.02670	27
太原	0.22329	9	北京	0.02547	28
贵阳	0.20894	10	青岛	0.02281	29
哈尔滨	0.20450	11	杭州	0.02173	30
珠海	0.18650	12	重庆	0.02069	31
昆明	0.17820	13	广州	0.01581	32
南京	0.10959	14	武汉	0.00769	33
济南	0.10552	15	长沙	0.00363	34
银川	0.10272	16	天津	-0.00207	35
拉萨	0.09089	17	西安	-0.00777	36
乌鲁木齐	0.08321	18	深圳	-0.01387	37
郑州	0.08153	19	成都	-0.02445	38
全国要素发展指数	0.10440				

2. 2019年与2018年公职服务要素满意度前10城市对比

从图4-35和表4-28中的数据可以看出，2019年38个城市的公职服务要素满意度得分为67.17分，其中得分最高的为西宁市，得分为77.35

分。从2019年与2018年排名前10的城市得分对比情况来看，珠海、银川、厦门、宁波连续两年排名进入前10，其中珠海排名变化最大，由2018年的第8位上升到了2019年的第2位。

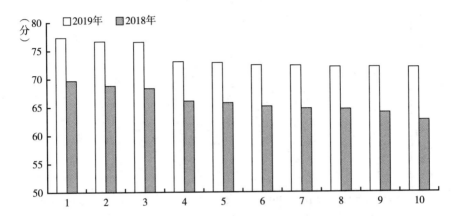

图4-35　2019年与2018年公职服务要素满意度排名前10城市得分对比

表4-28　2019年与2018年公职服务要素满意度排名前10城市得分情况

2019 年排名			2018 年排名		
城市	得分	排名	城市	得分	排名
西宁	77.35	1	杭州	69.66	1
珠海	76.68	2	厦门	68.79	2
海口	76.54	3	宁波	68.30	3
南昌	73.07	4	银川	66.06	4
银川	72.84	5	拉萨	65.70	5
兰州	72.45	6	福州	65.19	6
厦门	72.29	7	深圳	64.72	7
宁波	72.12	8	珠海	64.63	8
贵阳	72.08	9	青岛	64.04	9
呼和浩特	72.04	10	沈阳	62.71	10
全国要素满意度	67.17		全国要素满意度	60.82	

2.2011～2019年公职服务要素满意度及排名对比

由图4-36可以看出，2011～2019年公职服务要素满意度呈现波动趋势,2011~2012 年小幅度上升,2013 年有所下降,2014~2017 年稳步上升,至 2017 年公职服务满意度为 64.61 分。2018~2019 年由于满意度评价体系及标准发生变化,结果仅供参考。

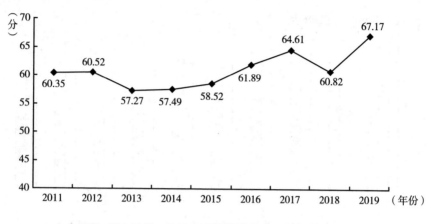

图4-36 2011~2019年公职服务要素满意度分值变化

从图 4-37 可见,2011~2019 年公职服务要素满意度排名中,2011~2012 年,满意度排名居中,2013 年排名大幅下降,排名第 8 位,2014~2015 年满意度排名逐年稳步上升,2016 年又下降至第 7,2017~2018 年排名稳定在第 4 位。2019 年新增了公共信息化服务,排名在第 3 位。

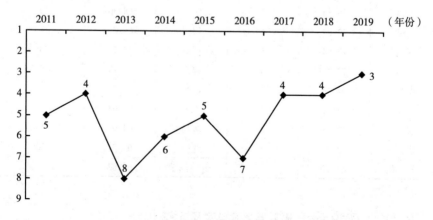

图4-37 2011~2019年公职服务要素满意度排名变化

（三）结果分析

2019 年公职服务要素满意度得分在公共服务 10 项要素中得分排第 3 位。在全国 38 个主要城市中，得分超过平均分的有 18 个，且得分全部超过 60 分。可见，2019 年公众对我国的公职服务整体上满意度较高。

我国能够在公职服务方面得到公众的广泛认可，与党和政府始终坚持以人民为中心、为人民谋利益密切相关。党的十九大报告指出："必须坚持以人民为中心的发展思想，不断促进人的全面发展、全体人民共同富裕。"① "以人民为中心"是中国共产党治国理政的根本遵循，彰显了党"服务人民"的内在价值追求，也是服务型治理的核心理念。尤其是在新时代中国特色社会主义的主要矛盾已经转化为人民日益增长的美好生活需要和不平衡不充分的发展之间矛盾的情况下，真正做到以人民利益为根本出发点，为人民群众提供更加公平优质的公共服务，成为新时代党和政府为人民服务的重要内容。通过打造服务型治理模式，可以实现人民群众与公共权力之间的有效沟通，确保党始终是代表着最广大人民群众的根本利益，进而实现为人民服务的根本价值追求。

（四）优秀城市经验推介——海口市

2019 年海口市公职服务要素满意度得分为 76.54 分，在全国 38 个主要城市中排名第 3 位。海口市在积极探索社会治理新思路、新模式，着力打造服务型政府、提升公共服务水平方面，有许多值得借鉴的经验。

一是深入推进"放管服"工作，加快创新政府服务方式，着力实现一枚印章审批、一个大厅办事、一支队伍服务、一个平台保障的行政审批运行机制，最大限度发挥政务服务集合效应，创新服务方式，推动政府职能向创造良好发展环境、提供优质公共服务、加强市场监管转变，实行真正意义上

---

① 习近平：《决胜全面建成小康社会 夺取新时代中国特色社会主义伟大胜利——在中国共产党第十九次全国代表大会上的报告》，新华网，http://www.xinhuanet.com/2017-10/27/c_1121867529.htm。

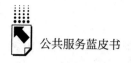

的"一站式"服务，提升审批效率。

二是推动 12345 提质增效，进一步提升政府服务效能。海口市始终坚持"以人民为中心"的理念，为了快速处置市民游客的诉求，充分发挥"指挥棒"的作用，12345 海口市民服务智慧联动平台构建了覆盖市、区、街道、社区、网格员的五级联动指挥体系，并进一步优化整合各类政府服务热线资源，实现"一号对外"，推进 90 个热线成员单位一体式联勤联动；严格落实"30 分钟响应处置""首问责任制""三级预警处置机制"，确保诉求得到有效解决。此外，12345 平台还创新推出"12345 + 营商服务""12345 + 人才服务"等便民利企的举措，全力打造出一张海口市政府服务的"金名片"。

三是加强规范化管理，着力提升话务质量办件质量。首先，通过构建热线服务标准体系，实现办件处置的标准化、科学化、严谨化。其次，为了加强基础业务培训，海口市通过打造视频教学库、开发手机学习 App 等方式，不仅降低了培训成本，而且热线员可以通过手机随时随地学习和考核。最后，依托信息技术和系统平台降低考核成本，充分运用大数据分析职能单位的办件量、满意率等指标，科学设置考核指标权重，提高考核的公平性和考核结果的准确性，提升热线管理效能。

（五）结论与建议

1. 转变政府职能，建设人民满意的服务型政府

党的十九大报告强调，要"转变政府职能，深化简政放权，创新监管方式，增强政府公信力和执行力，建设人民满意的服务型政府"。"必须坚持一切行政机关为人民服务、对人民负责、受人民监督，创新行政方式，提高行政效能，建设人民满意的服务型政府。"[①] 中国共产党第十九届中央委员会第四次全体会议提出，要坚持和完善中国特色社会主义行政体制，构建

---

① 习近平：《决胜全面建成小康社会 夺取新时代中国特色社会主义伟大胜利——在中国共产党第十九次全国代表大会上的报告》，新华网，http://www.xinhuanet.com/2017 - 10/27/c_1121867529.htm。

职责明确、依法行政的政府治理体系。^① 要实现政府职能从"管理型"到"服务型"的转变，要做到以下三点。首先，政府要逐步做到以公共服务为主要职能，自如地处理国家的阶级职能与社会职能的辩证关系。其次，以政府为主导，充分调动多元主体的积极性，打造"双向互动"的公共服务供给模式。最后，以有利于实现公共服务为导向来完善政府体制机制建设，合理划分政府、市场与社会三者的公共服务职责，推进基本公共服务均等化，使发展成果更好地惠及全体人民，这也是建设服务型政府的核心理念。

2. 不忘初心，始终把为人民服务铭刻在心

全心全意为人民服务是我党的根本宗旨，党员干部首先是一名普通党员，在发挥党员作用中，既要当好"指挥员"，又要当好"战斗员"。因此党员干部要时刻牢记提高自我、完善自我，要带头参加党组织生活，带头贯彻党章要求，以普通党员身份参加所在党支部开展的活动，自觉接受群众监督，多向普通党员、老百姓学习。但是，党员干部又不能等同于一般党员，不能满足于一般表现，要以更高的标准严格要求自己，努力提升各方面素质。要想更好地服务群众，还要增强自身本领。一方面，要增强干事创业的本领，讲实话、做实事，结合地方特点，努力提升群众生活水平和生活幸福感；另一方面，还应增强驾驭风险的本领，善于处理各种各样的复杂问题，敢于担当，协调力量为群众服务。

3. 全面推广"互联网+政务服务"模式，打造智慧政府

一是要转变思维，敢于创新，打破传统政府服务模式，将互联网技术融入政府各部门的组织架构中，通过建立门户网站来发布政务信息和线上政务处理，以此提升行政效率。二是加强政府网络基础设施建设，这是提高政府行政管理效率、打造智慧政府的必要途径。政府各部门要树立"互联网+"思想，运用互联网技术构建信息化政务管理服务体系。三是扩大信息服务范

---

① 《中共中央关于坚持和完善中国特色社会主义制度 推进国家治理体系和治理能力现代化若干重大问题的决定》，2019年10月31日中国共产党第十九届中央委员会第四次全体会议通过。

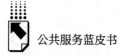

围，拓宽信息化服务领域。政府在全面提升自身信息化建设水平的同时，不仅要增加公共信息的服务内容，更要扩大公共信息的服务范围，提升公共信息服务管理效率，构建全方位的公共政务服务体系。四是要建立强大的组织协调机构，充分发挥智慧电子政务建设领导小组的协调职能，结合政府各部门的政务处理情况，协调相应的建设资源，为智慧政府建设提供有力的组织保障。

专题报告

Special Report

B.5

公共服务专题研究

摘　要： 本部分对中国社会保险的发展历程、经验和启示，从民生70年看公共服务的发展逻辑，智慧城市的可能——城市基本公共服务智慧化发展现状及趋势研究，地方立法提升铜仁城市美誉度四个专题进行了深入研究和经验介绍。

关键词： 基本公共服务　社会保险　智慧城市　法制建设

专题一　中国社会保险的发展历程、经验和启示①

社会保险是社会保障体系的重要组成部分，旨在为丧失劳动能力、暂时失去劳动岗位或因健康原因造成损失的人口提供收入或补偿，也即狭义上的

---

① 执笔：刘志昌。

社会保障。系统梳理中华人民共和国成立以来社会保险的发展历程，全面总结社会保险改革发展的基本成绩、基本经验，具有重要的理论意义和现实意义。

一 社会保险制度的演变

（一）社会保险制度的建立和探索

中华人民共和国成立后，城镇逐步建立企业职工社会保险、国家机关和事业单位社会保险制度，包括以养老、医疗、工伤、生育等社会保险（劳动保险）为主体的社会保险体系。

1951 年，政务院公布《中华人民共和国劳动保险条例》，建立起包括工伤、劳保医疗、养老、生育、死亡、残废等福利待遇的企业职工社会保险制度。同时，随着《国务院关于颁发国家机关工作人员退休、退职、病假期间待遇等暂行办法和计算工作年限暂行规定的命令》（1955 年）等文件和法规的发布，中国逐步建立起国家机关、民主党派、人民团体和事业单位工作人员（以下简称国家机关、事业单位工作人员）的养老、离职休养、公费医疗、生育等社会保险制度。1977 年后，轻工业部、交通部等分别发布文件，规定集体企业、单位职工的退休退职参照国营企业和国家机关的规定执行。1980 年后，各省相继制定集体经济组织职工的社会保险办法。

这一时期的城镇社会保险具有如下特点。一是社会保险覆盖面较广。1956 年，享受企业社会保险待遇的人数，相当于当年国营、公私合营、私营企业职工总数的 94%。[1] 二是社会保险项目和待遇基本一致。企业与机关、事业单位人员的社会保险待遇相比较，除医疗待遇（病假期间生活待遇）略有差别外，大多数待遇是统一的。城镇集体企业职工社会保险待遇

---

[1] 邓力群主编《当代中国的职工工资福利和社会保险》，中国社会科学出版社，1987，第 306 页。

标准，区、县以上集体企业参照国营企业有关规定执行，区、县以下集体企业根据自身经济条件建立社会保险制度。

中华人民共和国成立后，随着人民公社的建立，农村逐步建立合作医疗制度。[1]农村合作医疗制度是在各级政府支持下，按照互助共济原则，由农村集体生产或行政组织和个人共同出资购买基本医疗卫生保健服务，实行健康人群和患病人群之间医药费用再分配的一种制度安排。合作医疗萌芽于20世纪40年代在陕甘宁边区出现的医药合作社。1956年，全国人大一届三次会议通过的《高级农村生产合作社示范章程》规定，合作社对于因公负伤或因公致病的社员要负责医疗，并且要酌量给以劳动日作为补助，首次明确农村集体承担农民疾病医疗职责。1960年，原卫生部《关于人民公社卫生工作几个问题的意见》要求各地实行人民公社集体保健医疗制度。1979年，原卫生部、原农业部等部门下发《农村合作医疗章程（试行草案）》，规范合作医疗制度。1980年，全国农村约有90%的行政村（生产大队）实行合作医疗。[2]各地合作医疗具体形式有异，但一般包括以下内容：服务内容包括本社区村民卫生预防和医疗工作；合作医疗站财产是集体财产；医生和卫生员的劳动报酬由集体经济支付；医疗费用由农民个人和集体公益金共同负担，负担比例根据集体经济的发展状况而定，或者免诊疗费（合医），或者减免药费（合药），或者两种均减免（合医合药）；在经营管理上，实行民主管理，治疗费用较为低廉。[3]

（二）社会保险制度的改革和发展

20世纪80年代以来，以建立社会化社会保险体系为目标[4]，国务院相

---

[1] 农村社会保障项目中，只有农村合作医疗类属于农村社会保险，由于其覆盖层次是人民公社，并不是严格意义上的社会保险。
[2] 刘志昌：《1949~1985年中国农村社会保障均等化探析》，《社会主义研究》2011年第6期。
[3] 宋士云：《中国农村社会保障制度结构与变迁（1949~2002）》，人民出版社，2006，第124页。
[4] 社会化的社会保险改革的目标是建立独立于企业事业单位之外、资金来源多元化、保障制度规范化、管理服务社会化的社会保险体系。

继发布养老保险等一系列行政法规和规章，推进社会保险制度改革。

1. 基本养老保险

改革开放特别是进入 21 世纪以来，我国改革城镇企业职工养老保险等制度，建立健全城乡基本养老保险体系。[①]

城镇企业职工基本养老保险改革。20 世纪 80 年代以来，服务于市场经济的发展和国有企业改革的需要，国家先后发布一系列企业职工养老保险的法律法规和政策文件[②]，持续推进企业职工养老保险改革。改革的主要特点是：从单位化保障走向社会化保障，从单一层次保障逐步转变为多层次保障，从现收现付模式转变为统账结合模式，企业职工养老保险覆盖范围逐步扩大。

随着改革的推进，"统一了城镇个体工商户和灵活就业人员参保缴费政策，改革了基本养老金计发办法，建立了参保缴费的激励约束机制"；[③] 社会统筹与个人账户相结合的基本养老保险制度进一步完善，做实个人账户，多渠道筹资机制初步形成，"为基本养老金的按时足额发放提供了资金保障。同时，国家积极发展企业年金，推进机关事业单位和农村社会养老保险制度改革，探索建立农村和被征地农民、农民工的养老保险制度"。[④]

机关事业单位养老保险制度改革。中华人民共和国成立后，我国机关事业单位人员的养老实行离退休养老制度，个人不缴费，离退休金由国家财政支出。随着城镇企业职工养老保险社会化改革的推进，城镇企业职工和国家

① 城乡基本养老保险体系包括城镇企业职工基本养老保险、机关事业单位养老保险、城乡居民基本养老保险制度，逐步实现制度全覆盖。
② 主要有《国营企业实行劳动合同制暂行规定》（1986）、《关于企业职工养老保险制度改革的决定》（1991）、《关于企业职工养老保险统筹问题的批复》（1993）、《国务院关于深化企业职工养老保险制度改革的通知》（1995）、《国务院关于建立统一的企业职工基本养老保险制度的决定》（1997）、《关于实行企业职工基本养老保险省级统筹和行业统筹移交地方管理有关问题的通知》（1998）、《社会保险费征缴暂行条例》（1999）、《关于完善城镇职工基本养老保险政策有关问题的通知》（2001）、《关于完善企业职工基本养老保险制度的决定》（2005）等一系列文件。
③ 刘志昌：《1949～1985 年中国农村社会保障均等化探析》，《社会主义研究》2011 年第6 期。
④ 刘志昌：《1949～1985 年中国农村社会保障均等化探析》，《社会主义研究》2011 年第6 期。

机关事业单位人员养老保险的制度和待遇由改革开放前的基本相同开始出现差别，并且差距逐渐拉大，城镇企业职工和国家机关事业单位人员养老保险的公平性问题逐渐引起社会的关注。因此，根据社会保险社会化原则，国家机关事业单位人员养老保险改革逐步启动。随着《关于完善城镇社会保障体系的试点方案》（2002）、《事业单位工作人员养老保险制度改革试点方案》（2008）等文件相继发布，事业单位开始进行以社会统筹与个人账户相结合等为内容的改革。①

为推进事业单位改革，2008年，国务院发布《事业单位工作人员养老保险制度改革试点方案》，开始在山西等5省市推进事业单位养老保险改革试点。2012年发布的《社会保障"十二五"规划纲要》提出"在试点的基础上，积极稳妥地推动机关事业单位养老保险制度改革"②，并将其作为"十二五"时期制度建设专项行动之一。人力资源社会保障部提出，在推进事业单位分类改革的基础上，同步推进机关事业单位社会保险制度改革，实现企业与机关事业单位各项社会保险制度的有效衔接，实现新老制度的平稳过渡，是下一步改革和完善企业和机关事业单位社会保险制度的方向。③

城乡居民基本养老保险的建立与统一。长期以来，我国农村的老年保障形式是家庭养老。集体经济时期，"五保"供养承担着"三无"老人的养老保障，一般家庭仍然发挥着照顾老年人的衣食起居和进行精神抚慰这两项最重要的养老功能。改革开放以后，农村实际上又回到了"家庭＋土地"的保障模式。在社会经济转轨新形势下，随着农村集体保障制度和家庭保障功能的日趋减弱以及老龄化程度的不断加深，农村的养老问题日益突出。1985年，《中共中央关于制定国民经济和社会发展第七个五年计划的建议》提出"城乡个体劳动者的社会保险制度，也要抓紧研究，进行试点，逐步实施"。此后，民政部即开始探索建立农村养老保险试点工作。由于筹资标准、统筹

---

① 刘志昌：《2006年以来中国基本养老保险均等化探析》，《社会主义研究》2013年第6期。
② 《社会保障"十二五"规划纲要》，中央人民政府网站，http：//www.gov.cn/zwgk/2012 - 06/27/content_ 2171218. htm。
③ 刘志昌：《2006年以来中国基本养老保险均等化探析》，《社会主义研究》2013年第6期。

层次低，缺乏强制性等原因，农村养老保险落实一直步履维艰。2007 年，《关于做好农村社会养老保险和被征地农民社会保障工作有关问题的通知》提出积极推进新型农村社会养老保险（以下简称新农保）试点。2009 年全国开展新型农村社会养老保险试点，2011 年全国开展城镇居民社会养老保险试点，二者在基本原则、个人缴费、财政补贴、养老金计发办法等方面基本是统一的。① 2014 年，《国务院关于建立统一的城乡居民基本养老保险制度的意见》发布，提出到 2020 年，全面建成公平、统一、规范的城乡居民养老保险制度。②

2. 基本医疗保险

改革开放特别是进入 21 世纪以来，我国改革城镇职工公费医疗和劳保医疗等制度，逐步建立起城乡基本医疗保障体系。③

城镇职工基本医疗保险。中华人民共和国成立后，建立起城镇职工公费医疗和劳保医疗，保障了城镇职工的基本医疗权益，维护了城镇职工的身体健康。同时，由于存在医疗费用国家和企业包得太多，管理和服务社会化程度低，缺乏有效的费用控制机制等弊端，最后出现费用增长过快以至超出国家财政和企业负担能力，基本医疗需求不能满足和医疗资源浪费现象并存，职工医疗待遇苦乐不均等弊端。

20 世纪 80 年代后期至 90 年代初期，在中央政府主导下对公费医疗和劳保医疗进行改革试点。一是推进医疗保险社会化。改革探索阶段，各地改革内容略有差异，主要方向是引入个人分担机制，一方面，实行医疗费用与个人挂钩、定额包干等经费管理办法；另一方面，引入社会统筹机制，部分城市实行离退休人员医疗费用和职工大病医疗费用社会统筹。1998 年开始全面推进职工医疗保险制度改革，主要内容有：建立由用人单位和职工共同缴费的机制，切实保障职工的基本医疗，建立基本医疗保险统筹基金和个人

---

① 刘志昌：《2006 年以来中国基本养老保险均等化探析》，《社会主义研究》2013 年第 6 期。
② 《养老金双轨制将合并统一》，《新京报》2012 年 12 月 20 日。
③ 主要包括城镇职工基本医疗保险、城镇居民基本医疗保险、新型农村合作医疗制度，上述医疗保险与城乡医疗救助共同组成覆盖城乡居民的基本医疗保障体系。

账户，发挥互助互利和个人自我保障的作用，形成医、患、保三方激励与制约相统一的内在机制，控制医疗费用过快增长。① 二是扩大医疗保险覆盖面。将城镇所有用人单位及符合条件的城镇各类从业人员纳入基本医疗保险制度覆盖范围。② 原劳动和社会保障部先后印发《关于妥善解决医疗保险制度改革有关问题的指导意见》（2002）、《关于城镇灵活就业人员参加基本医疗保险的指导意见》（2003）、《关于推进混合所有制企业和非公有制经济组织从业人员参加医疗保险的意见》（2004）等文件，将灵活就业人员、非公有制企业员工等符合条件的城镇各类从业人员纳入职工基本医疗保险覆盖范围。三是建立多层次医疗保障。各地还建立了大额医疗费用互助制度、社会医疗救助制度、以国家公务员为对象的医疗补助制度和企业补充医疗保险。③

城镇居民医疗保险。为解决城镇非从业人员，主要是"一老一小"，即中小学阶段的学生、少年儿童、老年人和其他城镇非从业居民的医疗保障问题，2007 年，各地开始建立城镇居民基本医疗保险制度。城镇居民基本医疗保险以家庭缴费为主，政府给予适当补助。基金纳入社会保障基金财政专户统一管理，单独列账。基金使用坚持以收定支、收支平衡、略有结余的原则，由各地制定起付标准、支付比例和最高支付限额，重点用于参保居民的住院和门诊大病医疗支出。④

随着试点的推进和制度的完善，财政补助标准和个人缴费标准逐步提高，基金支付范围逐步扩大，城镇居民医保待遇水平逐步提高。2009 年，有条件的地区开始逐步将门诊小病医疗费用纳入基金支付范围。⑤ 2010 年印

---

① 参见 1998 年国务院发布的《关于建立城镇职工基本医疗保险制度的决定》。
② 《关于建立城镇职工基本医疗保险制度的决定》（1998）明确基本医疗保险制度覆盖范围为城镇所有用人单位，包括企业（国有企业、集体企业、外商投资企业、私营企业等）、机关、事业单位、社会团体、民办非企业单位及其职工。
③ 在基本医疗保险之外，各地还普遍建立了大额医疗费用互助制度，以解决社会统筹基金最高支付限额之上的医疗费用；建立社会医疗救助制度，为贫困人口提供基本医疗保障。国家为公务员建立了医疗补助制度。部分有条件的企业可以为职工建立企业补充医疗保险。
④ 具体参见 2007 年印发的《国务院关于开展城镇居民基本医疗保险试点的指导意见》。
⑤ 参见《关于开展城镇居民基本医疗保险门诊统筹的指导意见》（2009）。

发的《关于做好 2010 年城镇居民基本医疗保险工作的通知》，提出各地要巩固和扩大覆盖面，将在校大学生全部纳入城镇居民医保，将各级财政对城镇居民医保的补助标准提高到每人每年不低于 120 元，将最高支付限额提高到居民可支配收入的 6 倍以上。

新型农村合作医疗制度。20 世纪 80 年代以来，随着家庭联产承包制的实行，以农业合作社为依托的合作医疗制度出现解体、停办趋势。全国实行合作医疗的行政村，由历史上的 90% 降至 1986 年的 5.5%。① 大多数农民失去社会或社区提供的集体医疗保障，自费医疗制度再次成为农村占主导地位的医疗保健制度。

20 世纪 90 年代以来，我国开始探索恢复与重建合作医疗制度，但实践中进展缓慢。2003 年的"非典"疫情使农村公共卫生得到广泛关注。2003 年，中国开始探索建立新型农村合作医疗制度。② "新型农村合作医疗制度是由政府组织、引导、支持，农民自愿参加，个人、集体和政府多方筹资，以大病统筹为主的农民医疗互助共济制度。实行个人缴费、集体扶持和政府资助相结合（各占 1/3）的筹资机制。农村合作医疗基金按照以收定支、收支平衡和公开、公平、公正的原则进行管理，专款专用，专户储存。"③ 农村合作医疗基金主要补助大额医疗费用或住院医疗费用。

3. 失业保险

中华人民共和国成立后，在城镇实行统包统配就业制度，在农村实行自然就业制度，因此，没有失业保险制度。随着国有企业改革的推进和市场经济体制的建立，为提高国有企业效率，建立具有市场竞争力的现代企业，中国开始建立健全失业保险制度。从 1986 年开始，国务院先后发布关于劳动

---

① 卫兴华：《中国社会保障制度研究》，中国人民大学出版社，1994，第 140 页；顾海涛等：《农村医疗保险制度相关分析及政策建议》，《中国卫生经济》1998 年第 4 期。

② 2003 年，国务院办公厅转发原卫生部等部门《关于建立新型农村合作医疗制度的意见》，开始建立新型农村合作医疗制度。

③ 参见《关于建立新型农村合作医疗制度的意见》（2003）；刘志昌《基本公共服务均等化：过程与逻辑》，博士学位论文，华中师范大学，2009。

合同、招用工人、辞退违纪职工和失业保险等相关政策法规①，改革和完善失业保险制度。在国有企业推行合同制、建立失业保险制度的基础上，进一步将失业保险制度推广到城镇各类企业事业单位，并按照社会保险社会化的原则，逐步提高失业保险统筹层次，由县级统筹提高到地市级统筹，并建立了省级失业保险调剂金制度；重新确定了失业保险金发放标准，使其更好地与最低工资制度和城市居民最低生活保障制度相接。

4. 生育保险

生育保险是指职业妇女因生育而暂时中断劳动，由国家或单位为其提供生活保障和物质帮助的一项社会制度。1951 年建立的企业职工劳动保险中包括生育保险。根据《政务院关于女工作人员生产假期的规定》（1955），国家机关、事业单位于 1955 年建立生育保险制度。改革开放后，在推进社会保险改革的过程中，也对城镇生育保险进行了改革。一是统一了国家机关事业单位和企业职工生育保险待遇。② 二是将生育保险由单位管理改为社会统筹。三是扩大生育保险覆盖范围，扩大覆盖面之前，生育保险主要面向国有企业职工，扩大覆盖面之后，将城镇各类企业职工纳入保障范围。《关于印发〈生育保险覆盖计划〉的通知》（1997）还提出，到 20 世纪末，逐步实现在直辖市和地市级范围内统一保险项目、统一缴费比例、统一给付标准。③ "生育保险费由企业缴纳，职工个人不缴费。生育保险待遇主要包括因生育发生的医疗费用和产假期间按月发放的生育津贴等。没有参加生育保

---

① 1986 年，国务院颁布《国营企业实行劳动合同制暂行规定》《国营企业招用工人暂行规定》《国营企业辞退违纪职工暂行规定》《国营企业职工待业保险暂行规定》等法规，开始建立失业保险制度。国务院先后于 1993 年颁布《国有企业职工待业保险规定》，1999 年颁布《失业保险条例》和《社会保险费征缴暂行条例》等法规文件。

② 参见 1988 年国务院发布的《女职工劳动保护规定》。

③ 《企业职工生育保险试行办法》（1994），要求将生育保险管理模式由用人单位管理逐步转变为实行社会统筹，企业按不超过工资总额 1% 的资金缴纳生育保险费。《关于印发〈生育保险覆盖计划〉的通知》（1997）提出：到 20 世纪末，将女职工生育保险费用由企业管理逐步改为社会统筹管理，将实施范围由国有企业职工扩展到所有城镇企业的各类职工，逐步实现在直辖市和地市级范围内统一保险项目、统一缴费比例、统一给付标准。

险的单位，仍由职工所在单位承担支付生育待遇的责任。"①

5. 工伤保险

改革开放后，工伤保险开始改革。1996 年，劳动部开始建立工伤保险制度。工伤保险根据工伤事故风险和职业危害程度实行行业差别费率，根据上一年实际工伤事故风险和工伤保险基金支出情况实行企业浮动费率，职工个人不缴费。② 参加工伤保险的职工，因工受伤或者患职业病，将享受法定的工伤保险待遇，与生育保险相同，工伤保险费由企业缴纳。工伤保险待遇主要有医疗费用、住院补贴、残疾辅助器具费用、生活护理费用、伤残补助和津贴、抚恤金和亲属补助金。③

改革开放以来，社会保险改革的方向和取得的成绩主要体现在三个方面。

一是社会保险社会化。通过社会保险制度、社会保险管理体制改革，我国逐步建立多层次的社会化社会保险制度。④ 多层次主要体现在国家建立的基本保险之外，还建立其他多种保障形式。基本保险覆盖全体国民，具有强制性，主要满足基本需要。

二是社会保险均等化。改革开放特别 2006 年提出实现基本公共服务均等化以来，我国建立并完善城镇（企业）职工基本养老保险、城乡居民基本养老保险，和原有的机关事业单位退休养老制度一起，构成覆盖城乡全体居民的基本养老保险制度；建立并完善城镇职工基本医疗保险、城镇居民基本医疗保险、新型农村合作医疗制度，分别覆盖城镇就业人口、城镇非就业人口和农村人口；基本养老、医疗保险覆盖人群从机关事业单位、国有企业职工逐步扩展到城乡居民；改革并完善失业保险、生育保险和工伤保险，社

---

① 刘志昌：《基本公共服务均等化：过程与逻辑》，博士学位论文，华中师范大学，2009。
② 参见 1996 年原劳动部公布的《企业职工工伤保险试行办法》。
③ 2003 年，国务院颁布《工伤保险条例》，原劳动保障部发布《工伤认定办法》、《因工死亡职工供养亲属范围规定》和《非法用工人员伤亡一次性赔偿办法》配套规章。
④ 社会化主要体现在建立独立于企业事业单位之外，资金来源多元化、保障制度规范化、管理服务社会化的社会保险体系。

会保险正从制度全覆盖走向法定人群全覆盖。①

三是社会保险一体化。养老、医疗等保险制度一体化程度提高。统一了养老保险管理机构;② 实现养老保险关系跨单位接续转移,实现企业职工基本养老关系跨省接续转移;积极推进事业单位养老保险改革。基本医疗保险基金统筹层次逐步从市(地)统筹走向省级统筹,建立异地就医结算机制和基本医疗保险关系接续转移制度。

二 社会保险发展的经验与启示

(一)坚持以人民为中心的发展思想,以增进社会公平正义为目标,推进社会保险一体化均等化

坚持以人民为中心的发展思想,坚持发展为了人民,发展依靠人民,发展成果由人民共享,是中国社会保险发展的重要经验。从中国社会保险的发展历程来看,增进社会公平正义、建立公平普惠的基本社会保险制度一直是我们党和政府的价值追求和实践目标。我们党坚持把人民的当前利益与长远利益、局部利益与整体利益相结合,从中华人民共和国成立后的农民有土地、工人有社保,到改革开放后服务于国有企业改革和市场经济发展,推进社会保险的社会化,再到 21 世纪推进社会保险的一体化均等化,体现了我们党始终坚持发展为了人民,发展依靠人民,发展成果由人民共享的发展思想。公平正义是社会主义的内在要求,基本社会保险是基本公共服务的重要内容。新时代,要按照党的十九大提出的到 2035 年基本公共服务均等化基本实现的目标要求,以增进社会公平正义为目标,全面实施全民参保计划,进一步推进社会保险一体化均等化,不断满足人民日益增长的美好生活需要。

---

① 根据《2017 年人力资源和社会保障事业发展统计公报》,2017 年底,参加基本养老保险人数为 91548 万人,其中参加城镇职工基本养老保险人数为 40293 万人;参加城镇基本医疗保险人数为 117681 万人,其中参加职工基本医疗保险人数 30323 万人,参加失业保险人数为 18784 万人,参加工伤保险人数为 22724 万人,参加生育保险人数为 19300 万人。

② 统一了城镇企业职工养老保险制度、城乡居民养老保险制度和基本养老保险管理机构。

（二）坚持改革创新意识，逐步发展和完善社会保险制度体系，形成更加成熟更加定型的社会保险制度体系

坚持在改革创新中逐步发展和完善社会保险制度，是中国社会保险制度建设的基本经验。党的十九大明确全面深化改革总目标是完善和发展中国特色社会主义制度、推进国家治理体系和治理能力现代化。习近平总书记指出："摆在我们面前的一项重大历史任务，就是推动中国特色社会主义制度更加成熟更加定型。"① 基本社会保险制度是中国特色社会主义制度的组成部分，新时代，要坚持改革创新意识，以推动中国特色社会主义制度更加成熟更加定型为目标，进一步改革完善养老、医疗等基本保险制度，积极支持推动商业养老、医疗等保险发展，健全大病保险制度，提高社会保险信息化水平，完善社保基金管理、监督和运营制度，推动社保基金保值增值，适当提高城乡居民基本养老、基本医疗保险待遇，建成更加成熟更加定型的社会保险制度体系。

（三）坚持在发展中保障和改善民生，统筹协调好经济发展与基本社会保险发展的关系，形成经济与社会保险发展的良性循环

坚持在发展中保障和改善民生，统筹协调好经济发展与社会保险发展的关系，形成经济发展与社会保险发展的良性循环，既是中国社会保险改革发展的基本要求，也是中国社会保险改革发展的基本经验。习近平总书记指出："在发展经济的基础上不断提高人民生活水平，是党和国家一切工作的根本目的……必须始终把实现好、维护好、发展好最广大人民的根本利益作为一切工作的出发点和落脚点，不断解决好人民最关心最直接最现实的利益问题，努力让人民过上更好生活。"② 新时代，要坚持在发展中推进社会保险事业的发展，促进社会保险持续健康发展。

---

① 习近平：《坚持和完善中国特色社会主义制度推进国家治理体系和治理能力现代化》，《人民日报》2014年2月18日，第1版。
② 中共中央文献研究室编《习近平关于实现中华民族伟大复兴的中国梦论述摘编》，中央文献出版社，2013，第23页。

（四）坚持立足中国国情，把国际经验与中国实际相结合，以保障适度为原则坚持尽力而为和量力而行

坚持立足中国国情，把国际经验与中国实际相结合，以保障适度为原则坚持尽力而为和量力而行，是中国社会保险发展的重要经验。改革开放以来，随着社会保险改革的推进，我国逐步明确社会保险保基本、广覆盖、多层次的基本原则，即与经济发展水平相适应，国家强制建立的基本保险主要满足人们的基本生活需要；社会保险逐步覆盖全体公民；在基本保障之外，国家积极推动其他保障形式的发展，力争形成多层次的社会保险体系。这既是我国基本社会保险的基本经验，也是我国基本社会保险必须遵循的基本原则。新时代，发展社会保险，一方面，要坚持尽力而为，全面实施全民参保计划，适当提高城乡居民基本养老保险、城镇居民医疗保险、新型农村合作医疗保障水平；另一方面，要坚持量力而行。要以欧洲、拉美等地区福利发展的经验教训为镜鉴，立足国情，着眼长远，以保基本、补短板为重点，合理引导预期，保证全体人民在共建共享发展中有更多获得感。

专题二　从民生70年看公共服务的发展逻辑[①]

"天地之大，黎元为先。"惠民利民、安民富民、厚民爱民、优化服务始终是中国共产党最鲜明的价值选择。中华人民共和国 70 年民生改进史，是中国共产党人关于"人民对美好生活的向往，就是我们的奋斗目标"[②] 这一庄严承诺的最好注解。历经 70 年同舟共济风雨兼程，70 载披荆斩棘攻坚克难，70 年奋进拼搏砥砺前行，今日之中国，初露峥嵘。中华人民共和国这 70 年，是中国共产党殚精竭虑为民造福的 70 年；是创造世界发展奇迹，再铸盛世辉煌的 70 年；是实现新跨越、标注美好生活新高度、再登新台阶

---

① 执笔：刘须宽。
② 习近平：《人民对美好生活的向往就是我们的奋斗目标》，《人民日报》2012 年 11 月 16 日。

的 70 年。这部伟大奋斗史，是一部一枝一叶总关情的民生改进史，它以人民满意为总纲，以波澜壮阔为序，以气势恢宏为底色，以感天动地为主旋律、以气壮山河为"硬核"，正在为中国人民谋更大幸福、为世界谋大同谱写新时代的新篇章。中华民族在"站起来"之后有百废待兴的民生需要，中华民族在"富起来"之后有满足百姓多元需求的民生需要，中华民族在"强起来"之后有满足人民日益增长的美好生活新需要。

一　社会主要矛盾决定着公共服务与民生事业的发展走向

放眼 70 年民生之路，随着社会发展，新时代的民生需求与中华人民共和国成立之初和改革开放之时，已经不可同日而语。正如邓小平判断的那样："过去我们讲先发展起来。现在看，发展起来以后的问题不比不发展时少。"① 习近平总书记也强调："当前，全党面临的一个重要课题，就是如何正确认识和妥善处理我国发展起来后不断出现的新情况新问题。"民生事业的发展和公共服务的优化，总是与那个时代的社会主要矛盾捆绑在一起的。基本公共服务在政府的一揽子计划中处于什么位置，是由制度安排、社会发展水平和当时社会的主要矛盾决定的。也就是说，民生需求总是伴随着时代变化而变化，需求与供给必须保持基本一致，人民有较高的需求，但政府只有较低端的供给能力，这样的民生需求最终只能变成人民对政府的抱怨。基本公共服务与民生建设的内容与重心随着时代发展而变化，就人的需求而言，民生改进没有终点，是一个动态的发展过程，也就是说民生建设只有更好，没有最好，它与科技发展和社会发展总体水平相适应，旧科技时代的需求会随着新科技时代的技术进步而不断迭代，"解决了原有的民生问题，又会出现新的民生问题。经济社会越是发展，民生问题的内涵和外延就越是会扩展"②。

---

① 中共中央文献研究室编《邓小平年谱（1975~1997）》（下），中央文献出版社，2004，第1364页。
② 郑功成：《构建和谐社会：郑功成教授演讲录，后改革开放时代的民生问题》，人民出版社，2005，第69页。

第一，与社会主要矛盾关联的公共服务和民生问题具有发展性、层次性、差异性、公共性、政治性和复杂性的特点。公共服务和民生问题的发展性体现在时代不同，民生的内涵与价值不同；层次性类似于马斯洛的需求层次，表现为从低端的生存到顶端的人的尊严与价值认可的不同需求层级；差异性体现在区域性、需求多样性和民族性之中；公共性则体现在政府的主体性责任和民众要求公共服务均等化的现实之中，也体现在服务的公益性和市场的外部性之中；与经济行为相比，民生是最大的政治；而复杂性恰恰基于前述诸多特性的叠加以及生产力发展水平的区域差异、城乡差异、行业差异、待遇差异，以及不同地区的财政能力差异、供给能力差异等原因。社会主要矛盾总是与生产力相关联的，一个时段的社会主要矛盾决定着民生的内涵的丰富性，以及公共服务的侧重点。1840~1949年的半殖民地半封建社会性质，决定了中华民族独立和外来侵略的矛盾是主要矛盾，在帝国主义、封建主义、官僚资本主义"三座大山"的压迫下，谈不上民生，能活着就已经是万幸。自1840年到1919年的中国资产阶级旧民主主义革命时期，与1919年至1949年的新民主主义革命时期都具有阶级革命的性质，前者是小资产阶级或资产阶级领导，后者主要是无产阶级及其政党领导。民主革命时期民生问题必然与民族独立这一根本问题相联系，资本主义列强与中华民族的矛盾是当时社会的主要矛盾，公共服务的供给能力和民生的侧重点肯定与争取民族独立的中心工作紧密相关。在面对封建主义和资本主义的主要矛盾时采用对抗性的革命手段，即通过新民主主义革命来实现。在抗战时，中国社会主要矛盾是中华民族与日本侵略者之间的民族矛盾，必须依靠采用对抗性的抗日战争来解决。在内战时期，如何解决社会主要矛盾，则听从于马克思主义的历史唯物主义召唤，向代表封建买办统治集团和国民党官僚资产阶级的"蒋宋孔陈"四大家族开战，采用局部的内战来解决，并获得胜利。在社会主义改造时期，重在通过改造生产关系以适应生产力的发展，对于无产阶级同民族资本家之间的社会主要矛盾，通过实施社会主义工商业改造来完成。"在革命战争时期和全国解放初期，革命斗争的主要任务是从反动统治下解放人民，从旧的生产关系的

束缚下解放生产力。"①

第二，社会主要矛盾事关党和国家工作全局，不容误判。1957年初，毛泽东同志明确指出，"我们国内革命时期的大规模的急风暴雨式的群众阶级斗争已经基本结束"，我国人民在新的历史时期的主要任务就是"建设一个具有现代工业、现代农业和现代科学文化的社会主义国家"。② 党的八大决议中进一步把主要矛盾表述为：先进的社会制度与落后的生产力之间的矛盾。而在稍后的1957年4月和10月，毛泽东在上海局杭州会议以及八届三中全会上否定了八大关于社会基本矛盾的判断。毛泽东关于社会主要矛盾认识的困惑，导致全党的困惑，这种对主要矛盾判断的反复和变换，加剧了对抗性矛盾的扩大化，其根本原因在于没有科学理解生产力与生产关系的辩证关系。在《矛盾论》中毛泽东指出："生产关系、理论、上层建筑这些方面，在一定条件下，又转过来表现其主要的决定作用，这也是必须承认的。当着不变更生产关系，生产力就不能发展的时候，生产关系的变更就起了主要的决定作用。"③ 在谁决定谁的问题上，依然没有摆正生产关系的位置，导致追求纯粹的生产关系，而无视生产力实际状况。为了确保生产关系的纯粹性，采用阶级斗争扩大化，把社会主要矛盾理解为"无产阶级和资产阶级的矛盾，社会主义道路和资本主义道路的矛盾"④，追求"一大二公"的所有制的纯粹性。必须回到马克思主义的历史唯物主义基本立场来分析社会主要矛盾，"尽管我们并不认识马克思本人，但根据其理论和他对资本主义的批判来看，可以认为马克思直到今天还是我们时代的'诊断家'"。⑤ 习近平总书记告诉我们："只有把生产力和生产关系的矛盾运动同经济基础和上层建筑的矛盾运动结合起来观察，把社会基本矛盾作为一个整体来观察，才

① 于建勋：《要牢牢记住社会主义社会的主要矛盾》，《人民日报》1981年10月5日，第5版。
② 《毛泽东文集》（第7卷），人民出版社，1999，第282、207页。
③ 《毛泽东选集》（第1卷），人民出版社，1991，第325~326页。
④ 《建国以来重要文献选编》第10册，中央文献出版社，1994，第606页。
⑤ 〔德〕托马斯·迈尔：《我们需要复兴马克思吗?》，《当代世界与社会主义》2012年第6期。

能全面把握整个社会的基本面貌和发展方向。"① 社会基本矛盾和我国社会主要矛盾及其关系问题，不仅是学理问题，更是实践问题，从理论上看是马克思主义哲学的基本理论问题，从实践上看则是指导中国进行道路选择、制度安排的重大实践问题。

第三，民生改进程度与能力总是伴随着社会主要矛盾发展。在党的十五大报告中指出，这个主要矛盾"贯穿我国社会主义初级阶段的整个过程和社会生活的各个方面"。② 而党的十九大报告则提出："中国特色社会主义进入新时代，我国社会主要矛盾已经转化为人民日益增长的美好生活需要和不平衡不充分的发展之间的矛盾。"③ 对于社会主要矛盾把握和判断事关全局，表述变化的根据在哪里呢？（1）二者依然是把生产力发展放在首位，中央用"转化"而不是"变化"一词，体现了两个阶段基本矛盾的本质统一性；（2）从成就和业绩看二者表述时代不同，对应的国情也不一样。这两个判断表述相差 20 年时间，1997 年中国生产总值是 7.97 万亿元，而 2017 年则高达 90.03 万亿元。前者处于"由贫困人口占很大比重、人民生活水平比较低"的境地走向"富起来"阶段，后者则是"社会生产力水平总体上显著提高"，"全面建成小康"即将实现的时期。

二　确立民生发展的制度基础：
从"挨打"中"站起来"

只有实现民族独立、人民解放，在政治权和生存权解决以后，人民才有民生需求的表达权，作为独立的国家，中国政府才具备创造人民美好生活的

---

① 中共中央宣传部编《习近平总书记系列重要讲话读本》，学习出版社、人民出版社，2016，第 282 页。

② 江泽民：《高举邓小平理论伟大旗帜，把建设有中国特色社会主义事业全面推向二十一世纪》，人民出版社，1997，第 18 页。

③ 习近平：《决胜全面建成小康社会　夺取新时代中国特色社会主义伟大胜利——在中国共产党第十九次全国代表大会上的报告》，新华网，http://www.xinhuanet.com/2017-10/27/c_1121867529.htm。

政治合法性，没有这个前提一切都无从谈起。"站起来"意味着获得独立，结束了任人宰割的苦难，打碎、挣脱了帝国主义的枷锁，使中华民族的命运牢牢掌握在中国人民手中；意味着彻底结束了旧中国一盘散沙的局面；意味着社会制度的性质发生了根本性变化，彻底结束了旧中国半殖民地半封建社会的历史；意味着中国人民有权利对所有列强强加给中国的不平等条约和帝国主义在中国的一切特权说不。

第一，政治独立是民生需求表达权的基础。早在民国时期，中国民主革命的先行者孙中山在《三民主义》一书中就提出了"民生主义"，主张实行耕者有其田的平均地权和实施节制资本，要求私人不能操纵国民生计，在土地、资本、实业与教育等领域为争得民生而斗争。但是在帝国主义侵略和半殖民统治时期，民族国家没有"站起来"之时，哪里有能力解决当时严重的民生困境。1949年中华人民共和国的建立，标志着人民政权和人民共和国的建立，人民的民生需求有了自主表达的权力，但"站起来"的初期，外患的存在影响我们的民生建设，独立自主的分量和根基有待夯实。基于国家安全和增强独立自主能力的迫切需要，在百废待兴的民生之忧与敌对势力的外患比较权衡中，国家实施重工业优先发展战略，民生需求让位于国家的主权维护需要，外部敌人的存在决定了那个时期无法集中精力搞民生建设。在特定的小周期短时代，抗敌斗争往往是与民生建设事业背道而驰的。毛泽东1958年在协作区主任会议上的讲话中指出："帝国主义压迫我们，我们一定要在三年、五年、七年之内，把我国建成一个大工业国。为了这个目的，必须集中力量把大工业搞起来。"[①] 钢铁生产和机械生产成为发展工业的中心。实践证明，把钢铁问题当作政治问题，是违背经济规律和生产力现状的。抚州地委要求"地上地下想办法，四面八方都动手，到处掀起挖掘和搜集废钢废铁的高潮"[②]，甚至"全区12万多大中小学校师生，也都投入到钢铁大军之中"[③]，而在技术条件并不具备的前提下，农民平地起高炉，大炼

---

① 罗平汉、何蓬：《中华人民共和国史（1956~1965）》，人民出版社，2010，第137页。
② 刘守华：《档案中的全民大炼钢铁运动》，《百年潮》2016年第4期。
③ 刘守华：《档案中的全民大炼钢铁运动》，《百年潮》2016年第4期。

钢铁造成了人力、物力、财力的极大浪费。除了"大跃进"的决策错误,外患的存在确实也造成我们无法集中精力搞经济建设,更无法兼顾民生需求。

第二,社会主要矛盾化解史就是民生改善史。民生质量是标注美好生活的关键,民惟邦本,本固邦宁。民生改善的好坏直接关系国家的人心向背,得民心的主要手段还是始终把人民放在第一位,想群众之所想,急群众之所急。中国人饭碗里的民生是生存的民生,美好生活需要的民生则是多元的民生。一部人类社会发展的历史,就是不断改善民生并满足人民日益增长的美好生活需要的历史。围绕解决社会主要矛盾发力是民生改善和公共服务质量优化的关键。"人的本质是其自然特征和社会特征的统一,民生改善也需要生产力与生产关系的统一;人的需要是社会发展的动力,民生改善也是社会发展的真正目的之一。"[1] "民生问题是社会主要矛盾的核心问题,改善民生要与推动社会主要矛盾转化相统一。"[2] 在不同发展时期,民生质量都是标注美好生活的关键,只是时代不同,需求的重心也不一样,民生需求总是与那个时代的发展条件和科技进步状况紧密相关,具体说是与那个时代的主要矛盾紧密相关。

第三,在挨打中锻造无坚不摧、金石可镂的民族精神。1949 年,中国是世界上最贫穷落后的国家之一。面对西方有人认为中国旧王朝没有解决好的民生问题,中国共产党也无法解决的质疑,甚至国内资本家也认为共产党搞革命是 100 分的行家里手,但搞经济建设可能是 0 分。就是在这样的怀疑中,中国共产党凭着独立自主自力更生的拼搏精神,在中国特色社会主义制度指引下,发挥集中力量办大事的政治优势,缔造了世界上无数个不可能。回想开国大典时,参与受阅的飞机太少,而且大多是捐赠或借来的,周恩来总理让飞机折回去再飞一遍。而 2019 年国庆大阅兵,自主研发的各型飞机多达 160 余架。第一个五年计划开始时,毛泽东同志曾感慨地说:"现在我

① 林祖华:《马克思恩格斯的民生思想及其当代启示》,《中国社会科学院研究生院学报》2017 年第 4 期。
② 杨静、周钊宇:《马克思恩格斯民生思想及其在当代中国的运用发展》,《马克思主义研究》2019 年第 2 期。

们能造什么？能造桌子椅子，能造茶碗茶壶，能种粮食，还能磨成面粉，还能造纸，但是，一辆汽车、一架飞机、一辆坦克、一辆拖拉机都不能造。"①而在"十三五"规划即将交卷时，我们建立了全世界最完整的现代工业体系、率先进入5G时代、前瞻区块链信息技术、完善高速公路网、密织高铁网络、神州大地上高峡出平湖、西气在东输、南水正北调、港珠澳海底畅通、国产航母试水、大飞机翱翔、"悟空"天眼运行、"墨子号"飞向太空，与20世纪50年代到70年代的"四大件"（自行车、缝纫机、手表、收音机）、80年代到90年代的"四大电器"（彩电、冰箱、洗衣机、录音机）相比，中国可谓一日千里，今天人民美好生活的"标配"，升级为房车皆具备，财务可自由，安全有保障，公平很重要，散步有公园，抬头有蓝天，吃的是无公害，喝的是清洁水，身边有鸟语花香，城外有青山绿水。

70载民生巨变的背后，刻印着一代代奋斗者的足印，展示着自强不息的中国人民勇敢跨过无数艰难险阻，让那个战乱频仍、山河破碎、满目疮痍、积贫积弱的中国，抛掉"东亚病夫"的帽子，跃进为傲然屹立于世界东方、昂首阔步走近世界舞台中央的崭新的中国，验证着中国共产党的伟大与中国特色社会主义制度的无比正确。中国成为世界第二大经济体，就业人数从1949年的1.8亿人增加到2018年的7.8亿人，基本养老保险覆盖超过9.5亿人，基本解决了近14亿人口的住房问题，污水和生活垃圾处理能力分别提高263倍和395倍。习近平总书记强调："中国是世界第二大经济体，有13亿多人口的大市场，有960多万平方公里的国土，中国经济是一片大海，而不是一个小池塘。"抵御风险的能力不断增强，化解矛盾的政策工具箱里积攒着主动性和众多方法。一位美国学者感叹："中国的人口是美国的4倍，却让十几亿人享受同样的社会福利，我们应该思考，中国是怎么做到的?"② 在历史的进程中实践证明，人民的伟力有多么波澜壮阔，它产生的影响就有多么辽远深邃。70年见证了世界发展奇迹，人民衣不蔽体、食不

---

① 中共中央文献研究室编《毛泽东文集》（第6卷），人民出版社，1999，第329页。
② 转引自李秦卫《大道之行，初心不移》，《人民日报》2019年8月12日，第4版。

果腹、颠沛流离、饥寒交迫的凄苦境况一去不复返了，那种国势衰微、租界林立、饱受欺凌、毫无民族尊严的卑微之境已经成为历史。从"挨打"中站起来，就是东方睡狮醒来之时，中华民族伟大复兴的壮丽征程必将在站起来之后，逐步走向富起来，并终将迎着强起来的朝阳喷薄出万丈光芒。

三 奠定民生发展的经济基础：在"挨饿"中走向"富起来"

当前，全世界发达国家人口总计约 10 亿人，世界第一大经济体的美国有 3 亿人，西欧人口不到 4 亿，日本人口 1 亿多，加上加拿大、澳大利亚、新西兰、韩国、新加坡、以色列等小基数人口国家，中国的梦想是要把当前世界发达人口的数量从 10 亿变成 24 亿，并且最终要实现 14 亿人的共同富裕。这是中国走向"富起来"的雄心壮志。

第一，"富起来"之后，人民在公共服务供给与民生事业大发展中共享改革开放的红利。据资料显示，在 70 年民生改善之路上，人民群众的获得感、幸福感、安全感不断提高。人均预期寿命从 35 岁提高到 77 岁，婴儿死亡率由 200‰ 下降到 6.1‰，孕产妇死亡率由 1500/10 万下降到 18.3/10 万，城镇新增就业人口 1361 万，资助家庭经济困难学生近 1 亿人次，改造棚户区住房 620 多万套，17 种抗癌药纳入医保，2020 年全面建成小康社会。随着经济发展各级政府不断提高民生改善的水平和民生服务的供给能力，让人民群众更多分享发展红利，享受到更多惠民利好政策，是我们党在新时代的重要发展共识。坚持不懈保障和改善民生，以民生问题为导向输出政策，千方百计为群众解忧济困，是以习近平同志为核心的党中央和各级政府部门工作的重中之重。党的一系列"惠民利好"政策的出台，标注着人民美好生活再登新高点。20 世纪 50 年代的粮票、布票、邮票与肉票，记忆着民生的艰辛；70 年代的自行车、缝纫机、手表、收音机依然是很多家庭的奢侈品；八九十年代的彩电、冰箱、洗衣机、录音机"四大件"则是奢侈品；进入21 世纪，"旧时华美稀罕物，飞入寻常百姓家"，10 年前中国为解决温饱艰难探索，今天全面小康社会即将建成，"去库存、去产能"政策的出台，则从相反的方向证明了中国生产能力与供给能力的极大提升。

第二，新时代更多惠民利民大礼包倍增人民的幸福感。提升人民群众获得感、幸福感与安全感是新时代党和政府的首要责任。从大到减税降费、降低增值税税率、提高小微企业增值税的免征额、降低社保费率，小到老旧小区加装电梯、外墙保温工程的实施、广告牌的加固，惠民利民，只有更好，没有最好。精准扶贫与电网惠农，正在改变西藏昌都市、川南甘孜州等地用松明子和酥油灯照明的历史，从马背上行走到公路村村通，从深山中的孤独终老到集中供养的养老新模式，从农牧产业方面的输血式的帮扶到造血式的集体经济项目的不断发展，从人畜同居的牛棚里接生到100%被纳入以免费医疗为基础的医疗保障体系的建立，衣食住行方面的一小步，就是民生的一大步。伴随更多惠民利好政策的出台，新时代的人民群众每天都在见证着生存条件的改变，脸上洋溢着浓浓的获得感与幸福感。

一个个惠民政策，一个个民生工程，一桩桩民生大事，把党心和民心紧紧相连，把惠民利民的好事做细、做实、做好，是全党始终不变的初心与使命。做好政治建设、开展"不忘初心、牢记使命"的主题教育活动，查漏补缺，发现问题解决问题，为民生建设注入政治保障的活力。重拳出击，以雷霆之势扫黑除恶，为保民生立下赫赫战功；简政放权、减税降费、定向降准，以政府收入的"减法"换企业效益的"加法"和市场活力的"乘法"；坚决打赢脱贫攻坚战战役，稳定实现扶贫对象不愁吃、不愁穿，保障其义务教育、基本医疗和住房，社会主义中国能实现7亿多农村贫困人口成功脱贫，就是成功实现全面建设小康社会，近6年来平均每分钟就有近30人摘掉贫困帽子，这是世界发展史上的奇迹；开创生态惠民、生态利民、生态为民伟大实践，建好生态屏障，防沙治沙，统筹山水海林田湖草，做好"两山"文章，要求各级政府主动承担起生态利民、生态惠民、生态富民的历史使命，把生态优先与绿色发展挺在前面，确保"青山常在、清水长流、空气常新"，一代代传好"绿色接力棒"；推行健康惠民与医药惠民，降低药价，减轻百姓看病负担，确保政策落地，让患者满意；积极推进文化惠民、教育惠民，国家大剧院演出季持续加大惠民便民力度，确保健康、丰富、优美、务实、多元的文化产品、文化工程、文化活动和文化服务供给能力。加强农村基本公共文化服务建设，习近平总书记要求，完善广覆盖、保基本、促公平的公共文化服务体系，使最广大的人民群众既能便捷享受文化快餐，也能慢品精品文化；积极落实数据网络惠民，顺应5G需求，回应民生关切，实现"携号转网"，提速降费，不断加大互联网、物联网、云计算、大数据等技术惠民力度，搭建完善高速泛在的信息基础设施，实施无处不在的信息惠民服务，推进精细精准的智能城市管理，提供便捷高效的信息查询服务；推进能源惠民利民工程，既瞄准能源领域精准扶贫，又要兼顾能源开发的污染防治，推进光伏扶贫、农网改造、油品质量升级、清洁取暖等民生工程；中央政府鼓励各地实施景区门票减免、淡季免费开放、演出门票打折等利民政策。民有所呼，政有所应，顺应民意，打造不夜城与夜间消费经济新模式，实施夜间餐饮、购物、文化演出一条龙，北京正在成为不夜城。

惠民利民的行动背后，是爱民、敬民的真挚情怀，利民、为民的服务格局是全心全意爱民、诚心诚意惠民、毫无私利的利民。实干兴邦，空谈误国，在担当实干中践行初心，在埋头苦干中赢得民心。我是谁，为了谁，依靠谁，对这三个问题的回答，是检验一个政党质量的试金石。习近平总书记强调，党的根基在人民、血脉在人民、力量在人民，民心就是最大的政治。"与人民心心相印、与人民同甘共苦、与人民团结奋斗"，这是在新时代的逐梦征程上最为磅礴的力量。逐梦新时代，必须走在前列，干在实处，时刻同人民想在一起、干在一起，始终把人民对美好生活的向往作为自己的奋斗目标。

第三，美好生活、优质服务、民生提振关键在党，动力源自人民的共同奋斗。时代是出卷人，党是答卷人，人民是阅卷人。非有春秋笔法无法在答卷上落笔，离开中国共产党的领导，也无法在新时代建立寸功。实干造就梦想成真，追梦引领发展未来。"只有奋斗的人生才称得上幸福的人生"，这是对新中国奋斗者的最好诠释，中国人民使出洪荒伟力的70年，是自力更生、艰苦奋斗的 70 年。习近平总书记指出，"中国共产党的追求就是让老百姓生活越来越好"。十九届四中全会指出，要进一步优化政府职责体系，在体系性建设中突出公共服务职能，完善公共服务体系，推进基本公共服务均等化、可及性。要求必须"健全幼有所育、学有所教、劳有所得、病有所医、老有所养、住有所居、弱有所扶等方面国家基本公共服务制度体系"①，注重普惠性、基础性、兜底性的民生制度建设，借助于公共服务提供方式创新，不断满足人民多层次多样化需求，确保改革发展成果能更多更公平惠及全体人民。中国人民要过上美好生活，还要继续付出艰苦努力。在当前与未来，中国执政者的首要使命就是集中力量提高人民生活水平，逐步实现共同富裕。走好新时代通向美好生活的长征路，必须克服重重阻力。

第四，谨防民生事业陷入西方的福利国家陷阱。习近平总书记告诫我们，"民生工作直接同老百姓见面、对账，来不得半点虚假，既要积极而为，又要量力而行，承诺了就要兑现"。② 必须把保障和改善民生的决心、国家发展的中长期计划与尊重民生经济发展的规律结合起来，辩证统筹，既要尽力而为，也要量力而行，谨防把民生工程变成遏制发展积极性类似于西方国家实施的"从襁褓到坟墓"的不可持续的福利政策，避免陷入"高福利陷阱"，不搞过度福利，防止民生透支，谨慎民生承诺，理性决策，认真尽责，努力兑现。

民生建设与公共服务供给，都必须保持在水平适度的前提下，超越社会历史条件盲目追求西方福利国家那样的高福利，是不理智的。良性的基本公共服务供给制度才能保证优质服务供给的可持续性。以养老保险待遇为例，企业退休人员享受养老金"连调连涨"，从 2004 年的人月均 700 多元提高到 2018 年的 2800 多元，退休人员基本养老金已经实现"15 连涨"，导致区

① 习近平：《中共中央关于坚持和完善中国特色社会主义制度　推进国家治理体系和治理能力现代化若干重大问题的决定》，新华网，http：//www.xinhuanet.com/politics/2019-11/05/c_1125195786.htm。

② 中共中央文献研究室编《习近平关于全面建成小康社会论述摘编》，中央文献出版社，2016，第 152 页。

域性压力增大，近年来，有些省市当年的养老金收不抵支，加剧了制度可持续性的风险。全国当期养老金结余出现"缺口"并呈现不断扩大之势，广东、北京等高积累省市基金规模继续升高，黑龙江、内蒙古、辽宁、吉林等省份结余耗尽风险加大。必须从国家战略的角度统筹安排养老金，确保安全可控可持续，目前推出的养老保险调剂金制度、跨地区调剂制度、养老金入市试点等措施，也许能解决燃眉之急，但从长远看，养老金缺口问题还需要寻求新的办法。养老金标准确立必须和社会发展水平勾连，既不冒进，也不退缩，而是基于真实现状，确定理性调节制度，以适应民生保障水平。在生产力不充分发展之时，提出不切实际的民生需求也是徒劳，满足民生的能力具有时代性，保障和改善民生必须以当前的社会主要矛盾为重要抓手，围绕着社会主要矛盾的转化，理性地发挥好政府在公共服务供给、民生改善的利益分配中的核心作用。

四 创造实现美好生活的必要条件：在"挨骂"中"强起来"

习近平总书记指出，落后就要挨打，贫穷就要挨饿，失语就要挨骂。经过几代人不懈奋斗，前两个问题基本得到解决，但"挨骂"问题还没有得到根本解决。"挨骂"来源于四种途径。第一，国际社会不了解真实的中国，因无知或误会而骂。第二，国内一些亲西方分子、西方代理人以西方价值体系和话语体系，用西方的价值观和评判标准评价，诋毁谩骂自己的祖国。第三，在现实的各项事业建设中，因政府的工作有瑕疵，存在影响美好生活实现的诸多要素，如生活质量差、收入行业差距大、两极分化严重，还有不民主、不公正、不环保、看病难、看病贵、住房贵、拆迁狠等因素。第四，社会心态失衡，民众更易上火，颓废与不健康不理性的心理加剧谩骂气氛。事实证明，在我国事关民生政策的制度设计在社会发展中具有决定性作用。"新中国建立之初，曾以政策消灭了阶级来体现社会主义平等原则；改革开放后，'让一部分人先富起来'为导向的政策，使我国的阶层分化再次

拉开了序幕。"① 积极稳妥地做好新时代民生改进政策设计，是解决挨骂和实现民生可持续发展的辩证法。

第一，讲好中国故事，发好中国声音，让世界了解真实的中国。中国人的民生改善，需要一个良好的外部环境，中国不会采用西方那样原始积累的方式侵略别的国家，占有别国财富，中国人的美好生活靠中国自己去创造。讲好中国故事，需要击破"修昔底德陷阱"的谬论，倡导和平共处，以共建共享包容互惠的方式与世界各国一道建设美丽新世界。习近平总书记在哲学社会科学工作座谈会上指出："我们不仅要让世界知道'舌尖上的中国'，还要让世界知道'学术中的中国'、'理论中的中国'、'哲学社会科学中的中国'，让世界知道'发展中的中国'、'开放中的中国'、'为人类文明作贡献的中国'。"② 从理论上、哲学社会科学上、对外宣传上，要及时地发出中国声音，更加鲜明地展现中国思想，更加响亮地提出中国主张，更加客观理性地分析西方的错误认知。用《马可·波罗游记》那样的作品，激起西方人对东方的美好向往，像《西行漫记》那样描写奋斗中的中国人民，展示新时代中国人民的新风采，拆除被偏见和误导左右的海外受众的"心墙"。

第二，以创新、协调、绿色、开放、共享的"五大发展理念"，破解发展中的挨骂难题。我们已走过千山万水，但仍需跋山涉水。"不断提升公共服务水平成为未来建设现代服务型政府以及推进国家治理体系和治理能力现代化的战略选择。"③ 新时代必须根据人民对美好生活的新需求，统筹教育、就业、收入分配、社会保障、消除贫困、健康、环境、安全、民主、法治等诸多领域，协调破解民生难题。比如把解决全面建成小康社会这个最具有普惠型的民生改进推进到下一个发展周期，关注边缘贫困人口，积极应对因病等返贫现象。再如环境民生建设，我国环境容量有限，生态系统脆弱，环境承载力下降，环境自净能减弱，污染重、损失大、风险高的生态环境状况尚

---

① 庄晓惠：《民生政策对我国阶层构建的影响》，《广东社会科学》2013年第2期。
② 习近平：《在哲学社会科学工作座谈会上的讲话》，人民出版社，2016，第17页。
③ 吕炜、周佳音：《国家治理视域下的公共服务供给——现实定位与路径创新》，《财经问题研究》2018年第3期。

未得到根本扭转。必须按中央部署，全国一盘棋，以山水林田湖草是生命共同体的系统共生思维，牢记生态兴则文明兴的历史教训，坚持人与自然和谐共存原则，贯彻好"两山理论"，增益良好生态环境这一最普惠的民生福祉，统筹兼顾、综合施策、两手发力、点面结合、求真务实，打好污染防治攻坚战，用最严格的制度、最严密的法治保护生态环境，不能任由"垃圾靠风刮、污水靠蒸发"农村治污状况进一步恶化，教育人民从垃圾分类开始，全民参与建设美丽中国，确保绿色发展底色，在可持续发展中经营好绿色民生。在保障房建设中，要变民生工程为民心工程、阳光工程、廉政工程、优质工程，从资金、土地的投入，到规划、质量、配套等进行全程管理，给家庭以安宁的岗位，为社会夯实和谐之根基。教育资源向农村倾斜、向困难群体倾斜、向少数民族倾斜、向贫困地区倾斜、向革命老区倾斜，从经费、教师编制、生均公共经费、教学设备、教学场所等多元手段，逐步矫正教育资源分配不公的现状。

第三，破除公共服务均等化诸多障碍。使不同的社会成员享有水平大体相同的公共服务是公共服务均等化的目标，公共服务均等化是中国特色社会主义的内在要求，是共同富裕的重要价值属性。公共服务均等化不仅是一个经济问题，更是一个事关公平正义、人的尊严、平等价值的政治问题。社会存在实质和表现中的不公正，也是招致百姓怨言和挨骂的源头之一，依照社会公正要求推进基本公共服务均等化，让所有人共享改革开放成果，确保每个人有尊严而平等地生活在新时代。当前实践中，非均等化更像常态，均等化的阻力众多。比如东中西部地区公共卫生的供给、教育资源的配置、最低保障额度都存在一定程度的不公平性，公共卫生经费支出、教育经费支出、公共卫生资源的配置、教育资源的配置，都呈现出东高中西较低的现状。"在推动因素设为恒定的前提下，公共服务均等化的质量就取决于制约因素的惰性程度，会涉及户籍制度、财政分权制、公共服务产品属性及市场体制等。"[①] 地方职

---

① 景朝亮、宋清、林建衡：《试论公共服务均等化的现实瓶颈》，《天津行政学院学报》2015年第6期。

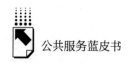

能部门消极应对，干事不讲成本，往往造成民生工程事倍功半的效果，人口的自由流动受限，转移支付缺口较大，这些都是需要攻克的现实难题。当前实施的将省级和省级以下国税地税机构合并，实行以国家税务总局为主与省（区、市）人民政府双重领导管理体制，顺应了国家分配体制重构的需要，有利于统筹使用各类编制资源，也是适度的税权下放，更有利于地方政府在提供公共服务产品和改善民生方面积极有为。

第四，努力提升满足人民日益增长的美好生活需要的服务效能。在新时代的中国版图上，数字化信息高速公路的延展，高铁在神州大地的网状密布，国产大飞机 C919 向着自主知识产权高飞，高峡出平湖的雄伟与港珠澳大桥的低调，西气东输与南水北调的协奏，航母远航与蛟龙号深海万米探索的突破，富起来是干出来的，强起来是拼出来的。几千年来困扰我国人民的忍饥挨饿、缺吃少穿、生活困顿问题，总体上一去不复返了。粮油副食品的配给制已经成为过去式，在基本的物质需求获得满足以后，人民更加追求多元化的生活品位，日益增长的美好生活需要随着时代发展展现出新的更高追求。期盼孩子成长得更好与更好的教育是为了摆脱知识匮乏的奴役与教育的起点不公平，更稳定的工作、更满意的收入、更可靠的社会保障是为了摆脱物质束缚，实现人们常说的财务自由，更高水平的医疗卫生保障是为了人民能摆脱疾病的束缚，更舒适的居住条件与更优美的环境是为了对劣质生活环境的超越。具有鲜明个性化、差异化与定制化特点的享受型消费正在升级迭代，已经把"温饱型"与"生存型"需要远远地甩在后面，需求的半径越是增大，需要的内容就越是增多，政府必须清醒地预判人民美好生活的增长需求，提前应对。

第五，扭转政府公共服务供给越多、百姓怨言可能更多的怪现象。在新时代深度变革的转型期，新技术和新变数引发个人和单位生存压力加大，大城市的高房价加剧生存难度，特别是技术升级变革快，导致不稳定性加剧、风险加剧，人们的心态更容易波动、容易躁动，宣泄不满情绪、非理性表达会增多。有的怨言在理，有的纯粹就是泄愤。面对高排放、高污染、高耗能，老百姓"骂"情有可原，但毫无道理的谩骂就不是新时代该有的道德水准的表现。特别是针对"三桶油"等大型国企，总有矛头把社会不公的源头指向国企，认为民营企业得不到基本的国民待遇，而大型央企往往可以垄断独享。提到央企就骂：赚钱了挨骂，亏损了也挨骂；做慈善挨骂，捐款少了也挨骂；搞房地产挨骂，退出商品房参建保障房也挨骂。[①]"三桶油"挨骂，与这些年报道中的一些负面消息不无关系，"塔西佗陷阱"告诉我们，政府在公信力降低的情况下，不管政府颁布好的还是坏的法案，公布真的或是假的信息，民众都不会接受或者是相信。民生建设首先要体现为政府公信力的建设、社会信用体系建设和社会主义核心价值观建设。

70 年大庆，让中国民族凝聚力空前高涨，这种凝聚力来自经济发展、民生改善、反腐的压倒性胜利、社会更加公平公正，未来，要把这种向心力继续保持下去，必须通过"不忘初心，牢记使命"教育的制度化，倡导"四个自信"，坚定"四个意识"，做好"两个维护"，进一步加强党和政府的公信力。时代需要公序良俗，更需要核心价值观建设。平和地看待时代发展与变化，理性对待个人财富的积累与失去、就业与失业，是当前社会必须解决的问题，否则，民生建设再好也会被这些消极的社会心理抵消。正如有人说："如果额头终将刻上皱纹，你只能做到，不让皱纹刻在你心上。"相信我们"有梦想，有机会，有奋斗，一切美好的东西都能够创造出来"。谨防公共服务和民生改善变成了"养懒汉"的坏事，倡导全社会的奉献意识，享受民生和公共服务福利，也必须通过努力工作来实现。唯有参与美好生活的共建才能实现美好生活的共享。广大青年生逢其时，也要有重任在肩的担当，习近平总书记告诉我们，幸福属于奋斗者，人民既是美好生活需求的主体，也是参与为他人和社会创造美好生活需求的客体。片面的享乐主义、奢靡之风、颓废意识、低欲佛系是和美好生活本质与奋斗精神相左的。未来在希望的田野上生机涌动，民生诉求在党中央的政策工具箱里最为厚重，美好生活也必将随着中国经济向好发展的态势，再上新台阶。

---

① 晓白：《心态失衡让民众更易上火，应加快构建核心价值体系》，《人民日报》2011 年 8 月 29 日。

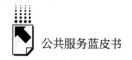

勇敢智慧的中国人民在中国共产党领导和中国特色的社会主义制度的旗帜下，在960多万平方千米的广袤大地上以卓尔不群的自决能力创造了震古烁今的人间奇迹。经过求索和验证，民生改进和公共服务优化必须坚持党对一切工作的领导，必须坚持以人民为中心，必须坚持以发展为第一要务，必须坚持扩大开放，必须坚持全面从严治党，正确处理改革、发展、稳定关系，"安而不忘危，存而不忘亡，治而不忘乱"。在社会主义民生改善之路上，公共服务均等化道路上，必须居安思危，保持忧患意识，防患于未然，前瞻各种风险和矛盾，预判发展状况和经济形势，充分发挥社会主义的制度优势，不断攻克社会主要矛盾，在经济发展中促进民生建设和公共服务共建的完善，始终坚持民生为重的发展取向，依据国情走中国特色的民生改善之路，积极稳妥地满足人民日益增长的美好生活需要。

专题三　智慧城市的可能——城市基本公共服务智慧化发展现状及趋势研究[①]

城市，本身就是人类发展史上最伟大的创造，也是社会进步最重要的驱动引擎和孵化器。希腊城邦孕育了西方文明，文艺复兴涌现于佛罗伦萨等地中海城邦。长安、洛阳、汴梁、北京等历史名城谱写了中华文明的灿烂序曲。即使是已经消失在历史长河中的古巴比伦、古印度、玛雅，也在其城市遗迹中讲述着他们的文明故事。但是，城市也产生和引发了数不胜数的社会、环境、公共问题，给公共管理带来了巨大的困扰和挑战。

站在今天的技术和社会背景下讨论城市的智慧化发展现状及可能，其实就是在讨论我们未来的生活以及生活的城市，在公共服务和社会管理模式上如何才能变得更加美好。

[①]　执笔：崔斌、钟杏梅、闫昆仑、潘宇峰。

一 城市智慧化发展的意义、价值以及基本逻辑

维持一个健康、安全和有效的社会，从来都是一项巨大的科学和工程挑战。

自19世纪工业革命以来，科技和经济的发展推动了城市规模的快速扩张，但同时也破坏了既有社会组织模式和公共管理模式，并由此带来了能源、交通、安全、卫生、商业等诸多方面的问题。当时的应对策略，是建造中心化的网络来提升生产力和分配效率，缓解供需难题。这正好也是我国在社会主义初级阶段需要重点解决的主要矛盾——人民日益增长的物质文化需要同落后的社会生产之间的矛盾。

但是，城市化的速度远远超过了我们的预期，城市化带来的新问题也越来越难以通过传统的中心化供给和分配手段来解决。2006年，地球跨过了一个引人注目的历史分水岭：全世界已经有超过一半的人口居住在城市。而100年前这一比例还仅为15%，1950年时仅为30%。联合国经济和社会事务部（UN DESA）公布的《2018年世界城市化趋势》报告显示，世界上55%的人口居住在城市中，预计到2050年，全球城市化率有望达到68%。作为全球第二大经济体的中国，城市化率也达到了60.6%。

城市化当然有着积极的现实意义和长期价值。较高的人口密度可以让曾经非常贫穷的国家变得富裕起来；高楼大厦可以提高生产效率，也可以降低环境成本，《城市的胜利》一书中对此做了精彩的总结："城市建设是很困难的，高度集中既带来了成本，也带来了效益。但那些成本是非常值得承受的，因为不论是在伦敦富丽堂皇的商场里，还是在里约热内卢难以驻足的贫民窟中，不论是在中国香港的高楼大厦里，还是在达拉维充满灰尘的作坊里，我们的文化、我们的繁荣，以及我们的自由都是属于在那里共同生活、工作和思考的人们的最终礼物——城市的最终胜利。"事实上，中国的经济奇迹，在很大程度上正是在快速城市化的发展节奏中实现的。

不过，正如党的十九大报告重新界定的那样，"中国特色社会主义进入

新时代，我国社会的主要矛盾是人民日益增长的美好生活需要和不平衡不充分的发展之间的矛盾"。现代都市和中小城市虽然已经可以很好地满足公众的日常生活需要，但是仍然存在许多亟待解决的问题，其中甚至隐藏着巨大的风险和挑战。

一方面，在能源、交通、食品、清洁、安全、医疗保健、教育等基本问题上，虽然已经能够满足基本需要，但是仍然需要提升服务效率和服务品质。

另一方面，人口密度的增加、人口流动的加速、人际交流的频繁，也增大了交通拥堵、传染病爆发、公共安全、公众舆论等问题的风险。此外，还有可能引发经济发展不平衡等结构性风险。

前一个方面基本上是一个 to C 的问题，是为了最大限度地方便百姓，在很大程度上可以通过数字化、自动化以及移动网络等新技术来帮助转型升级，包括政务服务"只跑一次"、"不见面审批"、"城市积水上报"、无人机巡查等创新公共服务，以及网约车、电商服务、共享经济等创新商业模式，都属于这个范畴的新技术应用。事实上，这也正是党的十九大报告中有关供给侧结构性改革的主要指向："加快建设制造强国，加快发展先进制造业，推动互联网、大数据、人工智能和实体经济深度融合，在中高端消费、创新引领、绿色低碳、共享经济、现代供应链、人力资本服务等领域培育新增长点、形成新动能。"

后一个方面则近似 to B，涉及更为复杂的公共管理和社会治理问题，需要在提升城市的整体管理能力和风险防控能力等方面构建新的智慧支持系统。为此，需要更具创新精神的技术研发和应用，更需要结合城市治理经验和公共管理知识的创新战略研究。毕竟，重大的、复杂的公共议题是没办法仅仅依靠算法模型来研判和决策的。但是大数据、超级计算，以及相对成熟的算法模型和指标体系，却可以为政府和各个公共部门的城市管理者提供很好的决策支持。对此，党的十九大报告中也给出了相关的指导思想："加强应用基础研究，拓展实施国家重大科技项目，突出关键共性技术、前沿引领技术、现代工程技术、颠覆性技术创新，为建设科技强国、质量强国、航天强国、网络强国、交通强国、数字中国、智慧社会提供有力支撑。"

需要说明的是，对于面向公众的城市公共服务的智慧化发展，目的是提升效率，保障品质，主要是一种运维工作，需要做到透明、便捷、高效以及稳定。因此，要求界面的友好和系统的稳定，要求 OLTP（On Line Transaction Processing）联机事务处理能力，以及云服务的支持，保证交易级数据流通和处理的稳定。

而面向管理部门的智慧城市能力，目的是更有效地管理城市，主要是一种监控、分析、决策及管理工作，需要做到多维、共享、快速、灵活、智能以及适用。因此，要着重在过往治理经验的基础上设计合理的指标体系，要求 OLAP（On Line Analytical Processing）联机分析处理能力，以及人工智能的支持，保证分析级运算的科学性和实用性，从而有效支持城市管理的判断和决策。

上述两个方面的大致分类，当然还不能完全涵盖现代城市进化发展的全部相关课题。事实上，仅仅就交通问题一项，就包含了停车、共享单车、公交车、地铁等一系列问题，腾讯智慧交通为此布局了"0-1-3-5-7"战略，即0公里：停车场无感支付；1公里：共享单车；3公里：乘车码乘公交、定制巴士；5公里：滴滴打车；7公里：乘车码乘地铁；城际：定制客运、"中旅巴士"小程序、"深航码上飞"小程序。另外，在这些垂直解决方案之上，还需要整合全城实时交通数据，通过智能计算分析，并通过可视化展示，实现城市交通的智能优化管理。可以说，仅就交通问题一项，就既包括了 to C 方面的问题，也包括了 to B 层面的问题。与之对应的解决方案也因为问题的交互性而变得复杂。

这也意味着，智慧城市的建设和发展，将会是一个长期而且复杂的工程。但是作为一项能够极大地提升城市运行效率，促进城市快速发展，进而惠及大多数城市居民的大型工程，也是值得为之努力的。毕竟，维护人民群众的最大利益，正是我们党和政府的根本性工作重点所在。

不过，从实现方式上来说，想要促进城市的智慧化发展，还需要进一步认识智慧城市的背景、特征以及可能，也需要设计更具操作性的相关中间目

标。可以说，我们需要从根本上重新思考城市管理和运行的方法——从中心化的管控模式，转向具有分布式、动态化、网络化、自适应化特征的强健有机系统。

二　智慧城市的特征及其操作性定义

智慧城市是 21 世纪才提出来的一个概念，2010 年，IBM 正式提出了"智慧城市"（Smart City）愿景，希望为世界和中国的城市发展贡献自己的力量。IBM 经过研究认为，城市由关系城市主要功能的不同类型的网络、基础设施和环境六个核心系统组成：组织（人）、业务/政务、交通、通信、水和能源。这些系统不是零散的，而是以一种协作的方式相互衔接的。而城市本身，则是由这些系统所组成的宏观系统。

麻省理工学院未来人类动力学实验室主任阿莱克斯·彭特兰教授则进一步发展了这一愿景。他认为，现有的数字反馈技术已经能够实现更大、更复杂的现代社会所需要的动态响应水平，因此可以使用这些技术在一个控制框架内重新设计社会系统，创造未来城市的"神经系统"，以维持全球政府、能源供给和公共卫生系统的稳定性。彭特兰教授把这样一种城市治理模式称为"社会物理学"。

数字反馈技术诚然是城市智慧化建设的基石。不过，城市生态系统的复杂性，实在不是数字反馈技术可以应对的，就算狭义的人工智能技术也不能完全满足需求。因为，城市原本就是一个智能体系，是多个系统和网络交织、缠绕、共生的复杂自适应体系。

《规模》的作者杰弗里·韦斯特在书中提出了一个有趣的问题："为何几乎所有公司都只能生存数年时间，而城市却能不断增长，且能够避开即便是最强大、看上去最完美的公司也无法逃避的命运？"确实，我们看得到很多城市在毫无限度地指数级扩张，并且似乎要一直存续下去，但是再强大的公司如通用电气、柯达、雷曼兄弟等都会衰败甚至消亡。这是因为，一座城市并不仅仅是构成其物理基础设施的道路、建筑、管道和线路的集合体，同样也是所有公民的生命和彼此互动的累积，更是所有这一切融合而成的一个充满生气的、多维度的活的实体。一座城市是一个自然形成的复杂适应系统，是两种"流"结合的产物，一种是维持并促进自身基础设施和居民发展的能源和资源流，另一种则是连接所有公众的社会网络中的信息流。这两种完全不同的"流"的整合和相互作用魔法般地带来了基础设施的规模经济效应，同时也带来了社会活动、创新和经济产出的极大增长。

作为一个大规模的复杂自适应系统，城市的整体是大于其组成部分的简单线性之和的，而且整体通常也与其组成部分存在极大的不同。此外，在许多情况下，"涌现出来"整体似乎会自行发展，几乎与其组成个体的特性相分离。好消息是，"当总体大于各部分的简单之和时，那多出来的部分（也就是从无中生出的有）就分布于各部分之中。无论何时，当我们从无中得到某物，总会发现它衍生自许多相互作用的更小的部件。我们所能发现的最有趣的奇迹——生命、智力、进化，全都根植于大型分布式系统中"。

正是在这样一个意义上，我们可以得出这样的一个结论：面对城市公共服务智慧化发展这样一个复杂课题和艰巨工程，仅仅具有硬核技术能力是不够的，传统的中性化的战略设计也是不完全的。我们需要在一个大的战略方向上和一个可控的框架下，持续不断地推进新技术在公共服务上的应用和发展。

对此，习近平总书记在中共中央政治局第九次集体学习会议上曾经给出了完整的战略指导："要加强人工智能同社会治理的结合，开发适用于政府服务和决策的人工智能系统，加强政务信息资源整合和公共需求精准预测，推进智慧城市建设，促进人工智能在公共安全领域的深度应用，加强生态领域人工智能运用，运用人工智能提高公共服务和社会治理水平。"

事实上，随着智慧城市建设的发展，一些更能适应复杂系统进化的新特征也逐步呈现出来，腾讯云对此做了研究和梳理：从"巨系统"到"微服务"的价值转移，从"局部智能"到"整体智能"的交互升级，从"进行时"到"未来时"的目标转移，以及"智慧中台"范式的兴起。

首先是从"巨系统"到"微服务"的价值转移。传统研究观点一直在

强调智慧城市是"复杂巨系统",传统智慧城市建设思维也以建设大系统为价值指引,新的智慧城市则跳出了"巨系统"的思维框架,强调以"海量微服务＋综合移动入口"的微服务集群为主要特征,打造以数字技术为基因的城市"微生态"。基于这一理念,越来越多的线下服务需要依照人的使用习惯和个性化需求重新设计,并通过独立 App、城市服务、小程序等多元的微端工具,快速触达城市的每个场景、每个角落和每个人。

其次是实现从"局部智能"到"整体智能"的交互升级。人、空间、服务因数字技术而有了全新的交互方式,城市不再是一个宏观的抽象概念,也不再仅仅是由居民生活圈所勾画出来的局部面貌,市民对城市的感知将更为具体、可视、实时。我们打开手机地图看到的不仅是交通实况,还是一份经过综合预测与评估后的出行建议;我们进入公共服务平台办事将不再是一个服务动作,而是一份对个人身份、信用、需求综合研判后的民生服务解决方案。此外,人与人之间的交流与协作从消费层面上升到社会协作,进而影响生活方式、组织形态和工作方式的巨大变革。

再次,是城市发展实现从"进行时"到"未来时"的目标转移。以往智慧城市的建设过程中往往存在"头痛医头脚痛医脚"的现象,容易形成以技术方案解决眼前问题的"路径依赖"。用未来的方式对当下的问题进行"降维打击",这是城市治理在城市物理进化与技术演进螺旋式发展下所关注的重点。随着 AI、VR、物联网等技术的加速落地和 5G 时代的到来,更多的城市资源和要素将被数字化,从而为城市的发展注入新的动力。一方面需要为城市提供更为坚实、开放、弹性的新一代数字基础设施,另一方面也要面向未来做密集的迭代式创新,支持在真实的城市场景里试错、迭代和创新。数字技术由一种城市进阶的工具,升维为城市变革的动力。

最后,是智慧中台范式的兴起。强调城市不再是"一个脑",而是多脑,有大脑,也有小脑,有中心脑,也有边缘脑,是分布式智能;城市也不再是一个固化的系统,而是模组化中台。在共享技术、数据、接口和标准的前提下,既有 AI 中台,也有应用中台、数据中台,共同为社会输出敏捷服务,激发各色应用或服务百花齐放。在这个意义上,城市也不再是中心化城市，而是人人都能参与城市建设和治理。既有决策中心，也有各色各样的社区，中心管大事，社区管琐事，最终形成共建、共治、共享的生态型城市。

在上述分析和思考的基础上，我们可以为智慧城市下一个操作性定义：智慧城市，是一种新技术背景下的城市建设及治理思想，它立足为城市居民谋求最大福利的根本目标，依托移动网络、大数据、云、超级计算、人工智能、混合现实等新技术能力，致力于为政务、交通、安防、医疗、能源、商业、教育、社区等城市构成单元提升服务效率和服务品质，同时也为公共安全、公共卫生、公共管理、经济发展等城市整体治理体系的转型升级提供支持和保障。

从这个理解出发，我们可以从微观层面和宏观层面，来具体观察智慧城市的发展现状及未来趋势，也可以从技术能力和实际应用两个维度，来理解和思考智慧城市当前问题及演化可能。

三　我国智慧城市的发展现状

当前，我国经济正进入高质量发展阶段，科技发展迅速，并且因为后发优势效应，在移动网络、电子商务、人工智能等新技术应用上已经具有领先地位。在这个基础上发展建设的中国现代城市，也在智慧化发展进程上获得了得天独厚的优势。

相应地，我国的许多世界级技术厂商，包括腾讯、阿里、华为等，也都提出了自己的智慧城市解决方案以及研发了相关的支持性工具。同时，在不同的细分领域也涌现出一大批极具技术实力和创新精神的企业和组织。相关创新业务和工具涵盖了政务、交通、安防、医疗以及其他相关领域，实实在在地推进着智慧城市的发展。

我国现代化城市发展，大致经历着"信息化—数字化—智慧化建设"的演化路径。智慧城市是信息技术和通信技术发展的必然产物，它建立在完备的网络通信基础设施、海量的数据资源、多领域业务流程整合等信息化和数字化建设的基础上，通过"通信网＋互联网＋物联网"构造完成智慧城

市的基础通信网络建设，并在通信网络上迭加信息化应用。我国智慧城市建设正处于试点探索和推广阶段，采集、存贮和分析海量数据的大数据技术是智慧城市的基础，基于大数据分析的智慧政务、智慧交通、智慧医疗、智慧教育等塑造了公共服务智慧化供给的新模式。

2010年以后，智慧城市在中国进入爆发式增长阶段。自住建部2012年底启动首批国家智慧城市试点项目以来，我国智慧城市试点数量持续增加，截至2016年底该数量已接近600个，其中住建部公布的前三批国家智慧城市试点数量合计达到290个。2017年是我国提出"新型智慧城市"的第二年，全国已有73.68%的地级以上城市启动了新型智慧城市指标数据的填报。其中，沿海发达地区的智慧城市项目显著多于其他地区，是智慧城市建设的集中区域。

城市发展至今已基本完成了基础设施建设，开始由外部建设向内部治理转变。一方面，伴随城镇化进程的加快，交通拥堵、环境污染等城市问题凸显；另一方面，随着人民生活水平的提升，更加宜居、便捷、安全的城市生活成为人们的新追求。同时，在日益成熟的人工智能、大数据、云计算等技术推动下，智慧城市成功驶入城市建设轨道，并在政府的指导和企业的支持下取得快速发展。

具体来说，腾讯、阿里、华为等主力厂商都给出了自己的智慧城市整体解决方案。此外，腾讯以及其他市场参与主力，也已经在智慧政务、智慧交通、智慧医疗、智慧安防，以及其他相关方面有了很多的创新和实践。

（一）智慧政务

在致力于提供智慧城市整体解决方案的智慧政务方面，腾讯的智慧城市解决方案"WeCity未来城市"、阿里的智慧城市解决方案"ET城市大脑"，以及华为的"1+1+N智慧城市马斯洛模型"等，都在引领、实践和发展着城市公共服务智慧化的进程。

以人工智能、大数据、云计算为代表的新兴科技正在为城市发展和治理赋能，城市已经成为这些技术落地的重要场景。但数字时代下的城市发展，不是仅限于将技术应用于城市，而是数字科技全面融入城市发展血液的一种质变。因此，基于智慧中台的新型城市治理模式应运而生，不是只靠"大脑"去管理城市，而是构建以人为中心的分布式智能、多中台协同、海量服务随需调用的技术体系，支持城市像生命体一样可以灵活配合、协同作用和整体智能。

"WeCity 未来城市"是在 2019 年腾讯全球数字生态大会上首次提出的智慧城市解决方案。它重新定义未来城市居民、服务、空间场景，以腾讯云的基础产品和能力为底层，为数字政务、城市治理、城市决策和产业互联等领域提供解决方案，并通过微信、小程序等工具触达用户。该方案将以通信和社交为核心，连接人和人之间的沟通交流；通过连接互联网和各行各业，资讯和服务连接人和服务，并在新的领域创造新的生态；以互联网为媒介连接人和设备及设备与设备，给未来生活丰富的可能性。通过服务管理和运营平台，简政便民，实现"数据多跑路、群众少跑腿"，提升政务民生服务水平。借助腾讯在云计算、大数据、人工智能、物联网、微信支付、安全和用户触达等方面能力，以简化、优化群众办事流程，从此政务办理通过微信、小程序等工具实现"指尖可达"，提升公众服务体验。

1. WeCity 案例

（1）湖南长沙：WeCity 助长沙打造新型智慧城市建设的"神经中枢"。长沙将依托腾讯在云计算、大数据、人工智能、物联网等领域的技术积累与资源优势，以及腾讯"WeCity 未来城市"解决方案，为长沙数据大脑平台提供安全、稳定的基础建设支持。双方将通过建设"数据大脑"平台、"互联网＋政务服务"一体化服务平台，以及"我的长沙"移动综合服务平台，打造长沙本地化智慧应用。在政务民生、党建、医疗、文旅等方面，全方位服务长沙城市生活的方方面面，助力长沙社会经济发展，并通过将相关数据的整合与共享，打破数据壁垒，为长沙城市创新和城市治理能力的提高助力。

（2）广东江门：WeCity 融合落地，助推江门产业创新。江门市蓬江区人民政府与腾讯合作携手加速腾讯 WeCity 在江门人才岛的融合落地，推进江门人才岛打造成为珠三角高品质人才培养示范基地、粤港澳大湾区创新发展示范区、国际人才云基地。在数字政务领域，依托腾讯技术优势及数字广东的建设经验，为江门人才岛打造政务服务新体验；在城市治理和城市决策方面，腾讯将在江门人才岛落地 WeCity 城市运营管理中心，为江门人才岛建立统一的城市综合运行监测平台、城市运行业务联动平台、应急指挥平台和综合展现平台，为入驻江门人才岛的企业提供全方位的智能化服务；在产业落地方面，腾讯充分利用自身在智慧文旅、智慧交通、智慧医疗等行业积累的能力与经验，将信息技术与各行各业深度融合，打造新产品、新业务与新模式，推动江门人才岛产业创新升级。

（3）安徽宿州：WeCity 落地，共建宿州"未来城市"。宿州市政府与腾讯围绕 WeCity 未来城市在宿州的落地及数字产业发展展开深入合作。其中，在未来城市的建设方面，双方将依托腾讯在云计算、AI 及大数据方面的技术优势和能力体系，结合宿州市的信息化现状，推出完整的城市解决方案，联合打造宿州城市基础平台，并开发面向政务民生、城市治理、城市决策、产业发展等领域的智慧场景和应用。在宿州数字产业发展方面，依托腾讯的平台能力及生态资源，积极将生态合作伙伴引入宿州，打造互联网生态集群，通过技术能力输出，推动宿州市相关企业"上云转型"。同时，互联网企业与宿州特色资源深度结合，孵化创新创业企业，培养更多的本地 IT 技术和互联网技术人才，促进宿州数字产业的快速发展。

2. 其他案例

（1）"粤省事"小程序。"粤省事"作为数字广东的重点项目，是移动政务平台。2018 年 5 月 21 日，广东在全国率先推出首个集成政务服务的微信小程序"粤省事"。截至 2019 年 10 月 25 日，"粤省事"累计上线 867 项服务以及 67 种电子证照，其中 663 项实现"零跑动"，实名用户累计达 2000 万，累计业务量 3.4 亿笔。"粤省事"平台成为全国访问量第一的综合性移动政务服务应用，也是广东居民日常生活重要的工具。

（2）深圳市公安局。腾讯云与深圳警方深入合作，根据深圳本地特点和信息化建设的现状，依托深圳公安微信公众号、门户网站，结合腾讯云先进的技术和解决行业痛点的丰富经验，打造了一站式民生警务深微平台。深微平台一系列"互联网＋警务"套餐整合公安内部118项民生服务事项，实现了公安服务事项网上全流程办理，让深圳市民轻松享受到了"互联网＋"带来的便利，因此被评为2017年中国"互联网＋"政务优秀案例。深微平台利用腾讯的人脸识别和活体检测技术，让身份认证突破了传统线下窗口认证模式，实现个人和企业的线上实时认证；费用缴纳打通微信非税支付，避免线下往返缴费点和排队时间长等问题；办理流程实现一站式办理，扭转市民传统线下窗口办事提交材料多、往返次数多、等待时间长等问题；深微建立了统一的数据共享平台，打破各个部门之间的信息孤岛，实现"一窗"办理多种业务，免去市民重复提交材料和重复录入的烦恼；腾讯云帮助深微搭建的智能客服系统，实现了7×24小时机器智能回答，不仅有效缓解了人工客服的业务压力，也提升了市民的使用体验。

以往，特殊业务比如"户籍迁入"需要现场办理，跑两三趟都不一定解决。深微平台攻坚团队研究简化流程和高效办理的策略，在腾讯云移动互联网和云计算技术的帮助下，为深微平台实现了全局共享的统一电子证照资源库。市民在网上通过拍照导入资料进行提前审核，漏掉或不合格的材料可以提前更正，审核通过后就可以拿着对应纸质材料进行现场认证和办理，一次性落实复杂业务省心省力。同时，统一的民生数据平台将办事各环节中的民生数据录入库，进一步减少重复提交材料，让市民享受到最便捷的业务办理服务。

截至2019年12月31日，深圳公安民生警务深微平台用户数已突破1000万。网上办理量年均1600万余次，以平均到场1次花费50元成本计算，每年可节省市民约8亿元的办事成本。

（二）智慧交通

智慧交通是在交通智能调度系统的基础上，融入物联网、云计算、大数据、移动互联等IT技术，通过信息技术对交通信息的汇集和处理，提供实时交通数据服务。随着我国城镇化建设的不断深入，我国对"智慧交通"工程建设的需求增长快速。智慧交通大量使用了数据模型、数据挖掘等数据处理技术，实现了系统性、实时性、信息交流的交互性以及服务的广泛性。

近年来，网约车、共享单车、手机公交支付等基于移动互联网技术的新兴出行方式不断涌现，智慧出行正在成为一种趋势。智慧出行是基于移动互联网、人工智能、云计算、大数据、物联网等技术，将传统交通运输业和新兴科技有效融合，以实现智能、高效、安全和低成本出行的新交通模式和交通业态。

在智慧交通这个具体的城市功能单元上，腾讯给出了"0-1-3-5-7"智慧交通布局战略。除此之外，腾讯还制定了致力于智慧交通整体解决方案的"数字城市"计划：集合全城实时交通数据，经过智能计算分析，并通过可视化展示，实现城市交通智能治理的新型管理工具。它分为城市数据资源仓库、一体化大型计算平台、应用展示指挥终端三个部分，是互联网新技术与交通产业结合的创新实践。

穗腾OS就是其中一个典型案例：2019年9月9日，腾讯公司联合广州地铁发布全国首个城市轨道交通智慧大脑——穗腾OS。同时，基于穗腾OS的智慧地铁示范车站也于当日在广州地铁三号线、APM线广州塔站和二十一号线天河智慧城站正式上线。

此外，作为"智慧交通"理念的重要倡导者及积极践行者，腾讯携手全国主要城市的公共交通企业共同成立了中国智慧交通生态联盟，标志着腾讯与合作伙伴开启战略合作的新起点，将持续通过政、产、学、研的紧密交流与合作，集成智慧交通的技术、项目、人才和市场资源，助力城市公共交通发展，提升运行效率，以科技手段提升用户幸福感。

腾讯公司《中国智慧出行调查报告》显示，驾车、公交车、自行车（电动车）、地铁是国民市内出行最主要的四种方式。国民日常出行面临的三个最大问题是堵车、停车难和公交地铁人太多。由此可见，提升国人出行体验，一方面是从减轻堵车和停车问题入手，另一方面是继续增大公交系统的建设力度和提高公交系统的智能化水平。传统的城市公交系统存在候车时间长、服务水平低及管理水平落后等各种问题，这要求交通管理部门积极推动智慧公交系统的建设，扩大公交服务覆盖范围，提高其运行效率，使城市公交体系更加高效。

值得关注的是，《中国智慧出行调查报告》显示，"支付方式落伍，用不了手机支付"成为国民公交出行面临的较大困扰，在支付方式快速进步的今天，很多人已经习惯手机支付不带现金出行，因此城市公交系统也应该顺应趋势，为居民智慧出行提供更多选择和便利。很多企业在公交出行支付方式上已经有了成熟的解决方案，比如腾讯推出的基于微信小程序的乘车码服务，已覆盖北京、深圳、上海、厦门、宁波、济南、大理等 100 个城市，支持 BRT、公交、地铁、索道、轮渡等多个场景，为公交系统手机支付提供了很好的解决方案。目前，腾讯乘车码日交易量已超过 431 万次，在广州和深圳的用户渗透率分别高达 74.54% 和 77.69%。而国民在开车出行时，最需要的是停车位和停车费实时查询和交通状况实时查询等功能。目前，国内城市交通的瓶颈问题是交通拥堵、停车困难。完善智慧交通系统、智慧停车系统是提升国人开车出行体验的重要突破口，具体的做法是通过智能化手段便利司机了解路段畅通情况，以及让司机更方便地查找、预定和定位停车位等。

腾讯智慧出行问卷调查显示，约六成受访者对互联网企业支持智慧交通发展所作出的贡献持认可态度，能够明显感受到互联网企业在推动智能出行上所做出的努力。大部分受访者认为"政府主动出面，联合企业一起发展"是发展智慧交通的最重要因素。政府联合企业能更好地配置资源，除了做好监管违规现象及播报道路拥堵情况等工作，还应更多地挖掘智慧交通在数据分析、预测、决策方面的潜能，充分发挥我国智慧交通的信息资源整合以及数据共享等功能，全方位推动智慧交通的建设。在这方面，腾讯公司目前已有很多成功案例。

1. 乘车码

乘车码是腾讯金融科技基于微信小程序开发的二维码乘车服务，通过 0.2 秒极速验证技术，为用户提供"先乘车，后付费"的出行体验。自 2017 年 7 月在广州上线以来，乘车码已覆盖北京、深圳、上海、厦门、宁

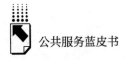

波、济南、昆明、南宁等120多个城市，支持BRT、公交、地铁、索道、轮渡等智慧交通移动支付场景。

2. 腾讯出行

通过实时公交/地铁播报、线路规划，为用户提供全方位的出行服务，提升出行效率。乘车码在深圳、广州、西安、郑州等45个城市上线了"腾讯出行"服务，可为用户提供实时公交、路线规划等公共交通出行服务，用户可打开"乘车码"小程序中首页下方"出行"或微信搜索"腾讯出行"小程序即可立即体验。

3. 定制巴士

根据用户需求以及客流情况定制巴士路线，多人成团，精准规划城市交通需求，提高服务效率，创造更多收益。2019年1月18日，腾讯公司与郑州市公共交通总公司、郑州天迈科技股份有限公司达成合作，郑州定制公交"飞线巴士"正式上线运营。目前，"飞线巴士"规划开通企业专线、学生专线、通勤专线、旅游专线等路线，满足用户在不同场景下的多元出行需求，为郑州市民提供更高品质的智慧出行体验。郑州也成为腾讯定制巴士产品在全国范围内首个落地城市。

4. 定制客运

2019年7月18日，青岛交运集团有限公司与腾讯公司举行发布会，携手推出"米图出行"官方定制客运平台，首条线路"黄岛—青岛"开通试运营，为用户提供定制客运服务。

5. 微信车票

由腾讯乘车码团队推出，将社交功能与电子车票功能相结合，用户可转发、赠送车票红包，还可向群好友、单个好友赠送车票。好友抢到票后，可在乘车码小程序中打开，并直接刷码乘车。

6. 乘车里程排行

2019年1月25日，"乘车里程排行"首期在深圳市地铁上线，用户可通过"乘车码"小程序主页面右下角"我的"—"里程排行榜"查看相关信息，也可直接在微信搜索"乘车里程排行"小程序进入。里程排行榜将根据用户使用的乘车码乘坐地铁的公里数计算对应的乘车里程，每 1 公里换算为 1 里程，用户可与微信好友 PK 乘车里程。

7. 区块链电子发票

2019 年 3 月 18 日，全国首张轨道交通区块链电子发票在深圳地铁福田站开出，正式宣告深圳市地铁乘车码上线区块链电子发票功能。从即日起，用户使用乘车码搭乘深圳地铁之后，将可以通过微信支付扣费凭证页面、"乘车码"微信小程序、深圳地铁 App 在线开具区块链电子发票。

截至 18 日 20 时 17 分，首日用户通过乘车码开具区块链电子发票数量已突破 1 万张。上线不到半年，腾讯乘车码渠道开出的区块链电子发票累计超过 189 万张。

8. 刷脸乘车

2019 年 9 月 9 日，腾讯公司携手广州地铁推出的刷脸乘车服务开通试运行。用户通过广州地铁乘车码小程序或广州地铁 App 注册"刷脸乘车"，即可在 APM 线广州塔站体验。腾讯金融科技团队旗下的乘车码团队及深海实验室团队，为广州地铁搭建了统一的人脸库和算法中台，通过中台统一对接不同算法，进行算法分发和融合。

9. 乘车码小游戏

2019 年 7 月 23 日，乘车码携手深圳地铁推出的"城市环游"小游戏正式上线。用户以虚拟形象游览城市风光，在地标打卡并解锁精美卡片，并通过趣味答题的形式，学习地铁安全知识。这是国内轨道交通行业首款以安全为主题的游戏小程序。

附录：乘车码上线城市

截至 2019 年 8 月 30 日，乘车码一共上线 120 多个城市（根据微信乘车码小程序统计，以地级市为统计口径）。

1. 北京市
2. 上海市
3. 重庆市

4. 天津市

5. 广东省：广州市、深圳市、佛山市、汕尾市、江门市、珠海市、惠州市、茂名市、梅州市、韶关市、汕头市、阳江市、河源市、肇庆市、揭阳市、中山市、东莞市（17 个城市）

6. 河南省：郑州市、驻马店市、济源市（3 个城市）

7. 河北省：邯郸市、张家口市（2 个城市）

8. 安徽省：合肥市、亳州市、池州市（3 个城市）

9. 山东省：济南市、莱芜市、淄博市、荣成市、潍坊市、泰安市、日照市、滨州市、烟台市、济宁市、东营市、枣庄市、菏泽市、临沂市、聊城市（15 个城市）

10. 山西省：临汾市、运城市、晋城市、晋中市、长治市（5 个城市）

11. 海南省：海口市、三亚市、儋州市（3 个城市）

12. 内蒙古自治区：呼和浩特市、鄂尔多斯市、锡林浩特市（3 个城市）

13. 广西壮族自治区：南宁市、柳州市、百色市、北海市、崇左市、防城港市、贵港市、来宾市、钦州市、梧州市、贺州市、河池市（12 个城市）

14. 新疆维吾尔自治区：乌鲁木齐市、石河子市（2 个城市）

15. 陕西省：西安市、延安市（2 个城市）

16. 甘肃省：兰州市、平凉市、天水市（3 个城市）

17. 湖北省：武汉市、襄阳市、孝感市、荆门市、黄石市（5 个城市）

18. 福建省：福州市、厦门市（2 个城市）

19. 浙江省：临海市、宁波市、温州市、瑞安市、湖州市（5 个城市）

20. 江苏省：苏州市、宿迁市、徐州市（3 个城市）

21. 四川省：内江市、攀枝花市、宜宾市、简阳市、泸州市、凉山彝族自治州、眉山市（7 个城市）

22. 云南省：昆明市、大理白族自治州、丽江市（3 个城市）

23. 贵州省：凯里市、六盘水市（2 个城市）

24. 黑龙江省：哈尔滨市、七台河市、鸡西市、佳木斯市、伊春市、鹤岗市、双鸭山市（7 个城市）

25. 吉林省：白城市、延吉市（2个城市）

26. 辽宁省：沈阳市、铁岭市、盘锦市、抚顺市（4个城市）

27. 湖南省：常德市、郴州市、岳阳市、永州市、衡阳市、娄底市（6个城市）

28. 江西省：南昌市（1个城市）

（三）智慧停车

智慧停车属于智慧交通的范畴，是"0-1-3-5-7"智慧交通布局战略中的"0"，即0公里，停车场无感支付。但是因为潜力巨大、发展迅速，有可能成为智慧城市建设的重要入口，因此单独辟出来介绍。

公安部统计数据显示，截至2018年底，全国汽车保有量达到了2.4亿辆。然而汽车数量在增长的同时，城市内各类停车场地并未进行有效整合，难以实现资源的合理配置，这导致国内的停车位缺口达到了约5000万个。

显然，停车难，已经成为一种城市现象，也是城市发展和老司机出行亟须解决的痛点，但同时也催生了智慧停车行业的火热。当然，智慧停车不是一天练成的。

要想理解什么是智慧停车，首先要从停车行业的发展进程说起，毕竟让停车这件事变得智能不是一蹴而就的。在中国，停车行业发展至今，至少经历了三个阶段。

第一阶段，20世纪80年代的纯人工管理，当时汽车还是少数人的新鲜玩物，后来随着公共场所车辆的增多，为了便于维护公共秩序，停车管理开始出现。

第二阶段，从20世纪90年代到2008年前后的出入口控制阶段，这个时候出入口停车收费管理模式出现，产品形式以机械设备为主，收费则是凭借人工。

第三阶段，发生在2009年之后，停车场开始逐渐出现智能化的停车管理方式，比如ETC就是一个典型的案例，这个时候智能化停车管理设备进入更新迭代的快速发展阶段。

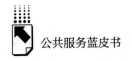

于是，我们可以看到越来越多的停车场增加了电子支付，将停车管理服务由人工方式转化为数字化方式，智慧停车开始成为市场的香饽饽。

不过有意思的是，很多人在谈论有关"车"的风口时，首先想到的是网约车、新造车、共享单车模式，智慧停车却很少被主动提及，事实上在2015～2016年创业热潮火遍大江南北时，智慧停车也曾被捧为"风口上的猪"。当时包括车位管家、停简单、停开心、顺易通等在内的初创公司都拿到了大笔融资，甚至投资方还不乏巨头的身影。用户需求、政策支持、市场前景广阔，吸引众多玩家蜂拥而入。

然而从产品形态和功能上来看，多数智慧停车产品只是一个App的呈现形态，只能告诉你停车场位置以及停车位的收费价格之类的基础信息，无法帮助车主实时掌握停车位的闲置与使用状态，如果进入网络环境不好的地下停车场，App直接无法使用，这导致用户寻找空闲停车位的核心诉求并没有被满足，最后也只能进入停车场，不停地绕圈子去找车位。

除此之外，市场上的这些智慧停车App各自为政，独守自己的一亩三分田，系统不兼容也无法互联互通，车主通常需要下载多个App，一个片区的停车场也面临被多家停车应用瓜分的局面，逐渐被停车场运营方和用户弃用。

显然，单凭一个停车App，并不足以称为"智慧"，也无法满足城市建设对停车管理的需求，以及解决用户外出找车位的燃眉之急。除此之外，作为一种商业模式，停车类App想要拓展业务，必须挨个与停车场去协商，无法实现快速复制，导致行业标准化缺失，形成了乱象丛生的情景。

1. 智慧停车不应是一款工具，而是一个智能云平台

那么问题来了，智慧停车应该是什么样的？显然，它不会是一个简单的App，首先要是一个智慧云平台。腾讯云发布智慧停车解决方案时，腾讯云AI平台与物联网产品总经理张文杰就表示，智慧停车行业正从停车应用阶段迈向智能平台阶段，与停车应用阶段最大的不同在于，进入智能平台阶段，智慧停车将打通各大停车单位之间的"数据孤岛"状态，并能顺利实现与停车系统以外的生态系统衔接，如自动驾驶、车联网、5G技术等。

这也意味着中国智能交通建设必须要从政府、运营方、用户三方面一起入手，才能共同解决停车难的问题。从政府对城市交通网的建设层面，30%的拥堵问题都是由停车难造成的。通过腾讯云智慧停车解决方案，将有望建立城市级智慧静态交通平台，接通各类型停车子系统，形成静态交通数据网，组成一个实时运转的交通大脑，实现对城市道路的合理规划和治理，减少道路拥堵。

从停车运营方的角度，传统的方式停车位利用率低、结算难，停车场分散。这个解决方案将提供各停车单位的数据打通、实时共享，通过大数据模型的计算，可以完成闲时车位共享、合理定价等功能。智慧停车系统则可以自动计算停车时长、生成订单、自动扣费，实现无感通行，大大降低人工和运营成本。

对于用户来说，找车位难、缴费难、效率低的痛点将被破解，以上解决方案可以根据车辆实时状态和车主信息，基于大数据分析计算，让车主快速地找到空闲车位，享受更合理的停车价格，同时用户还将体验到丰富的停车后服务，既节省时间又省了钱。

2. 巨头入场，智慧停车下一步：智慧城市

回顾智慧停车近年来发展的几个关键节点，从 2014 年概念兴起时的躁动不安，2015 年资本狂热追逐时的行业乱象，到 2016 年资本寒冬袭来时的抱团取暖，2017 年资本回暖后的井喷式增长，再到 2018 年智慧停车用户习惯建立，随着 AI、5G、IoT 新技术的落地和应用，智慧停车正式迈入成熟发展和落地期。

尤其是进入 2019 年，智慧停车企业的各种商业扩张模式，依然持续升温，其中有一个显著的行业变化是，腾讯、阿里、中兴等巨头入场，开始加入"抢车位"大战。据了解，目前几家巨头的智能停车解决方案已经在部分地区试运营，并且成为当地交通建设的一部分。

智慧停车作为一个资源壁垒极强的行业，决定着这会是一场巨头之间的赛跑，因为一旦某一家抢先占据停车场资源，就意味着会产生排他性。

不过与传统的停车应用单纯的工具属性不同，腾讯、阿里们采用的方式

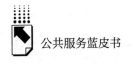
是一体化管理云平台。

通过覆盖路边停车、室内外停车场、立体车库等多个停车场景，实现城市级的智慧停车全流程服务。腾讯云把停车管理服务从人工方式转化为数字化方式，推动智慧停车服务扩展到围绕人、车、场的大数据应用，基于海量的联网数据，通过一体化云平台控制管理，构建城市静态交通热力图，助推智慧政府辅助决策。阿里则是采用了云＋智能停车场的方案，通过互联网技术打通传统的线下停车管理系统，实现在线支付、查询停车位、业务办理、车场导航、大数据分析等功能，实现智能停车场体系。

但是对于巨头来说，腾讯、阿里要解决的不仅仅是城市停车问题，随着政府和用户对城市级的智慧建设需求加速，以及智慧城市的广阔前景，它们正在通过智慧停车，打通智慧城市建设的入口。IDC 的一份报告就预测，2023 年全球智慧城市技术相关投资将达到 1894.6 亿美元，中国市场规模将达到 389.2 亿美元。

从工业革命开始，汽车和城市建设就是相辅相成的关系，汽车的增多代表着城市的发达程度，但同时汽车又带来了停车难、空气污染、道路拥堵等城市病。智慧停车作为城市的一部分，现阶段只是跨出了构建智慧城市的第一步，这也与进入产业互联网时代，各行各业的数字化升级休戚相关。

不过，无论是智慧停车，还是智慧城市的打造，核心最终都是以人为本，它不应该被看成城市化发展需要的被动结果，而应该是一个持续为人创造价值的过程，这样才有可能早日实现数据驱动的智慧城市经济体的美好愿景。

3. 智慧停车解决方案案例

2019 年 9 月 6 日，在 2019 世界物联网博览会现场，腾讯云首次对外公开腾讯云智慧停车解决方案，通过覆盖路边停车、室内外停车场、立体车库等多个停车场景，为智慧停车行业提供一体化管理云平台，并实现城市级的智慧停车全流程服务。腾讯云将从政府、运营方、用户三方面一起入手，助力行业，共同解决停车难的问题。

随着互联网技术的成熟，用户对智慧停车方式的习惯已逐渐建立，智能化的停车管理设备进入更新迭代的快速发展阶段。腾讯云智慧停车解决方案正是在这样的背景下应运而生的。

如今，腾讯云智慧停车解决方案正在把停车管理服务从人工方式转化为数字化方式，扩展到围绕人、车、场的大数据应用，基于海量的联网数据，通过一体化云平台控制管理，提高智慧停车的运营管理效率，构建城市静态交通热力图，助推智慧政府辅助决策。

对于腾讯云来说，要做的不仅仅是解决城市停车难问题，更要以智慧停车为入口，推动智慧城市的建设。城市停车的智慧化管理，已经成为城市智能化升级的一部分。

腾讯云智慧停车解决方案也已经应用于中山市小榄镇智慧路边停车一期建设中，并取得了非常好的效果。

（四）智慧医疗

互联网大数据、云计算、人工智能、共享经济等新业态日益成熟，推动中国卫生事业驶向智能发展的快车道。2019 年，中国医疗健康产业加速腾飞，政策红利持续释放。"互联网＋医疗健康"发展迅速，在多方面先行探索，实现创新发展。新技术的应用，推动医疗便民服务更加智能化、数字化，带动了服务模式创新，优化了服务流程，提升了服务品质，提升了老百姓寻医问药时的体验。在短短几年时间，"互联网＋医疗健康"就呈现出总体生态繁荣发展，细分领域场景多点开花的局面，大量通过"互联网＋"实现成功创新的案例也不断涌现，当前，智慧医疗也正成为国内发展最快的蓝海领域。在医疗健康领域，其内在创新需求迫切，多年医改牵动社会，人口老龄化逼近，资源不均衡，发展不充分，这代表着创新的空间巨大和动力十足。

2019 年 3 月，国家卫健委发布《2019 年深入落实进一步改善医疗服务行动计划重点工作方案》，要求在 2019 年内科学建立预约诊疗制度，完善远程医疗制度和推动结果互认制度，并要求完善区域就诊"一卡通"，加强麻醉医疗服务，推广多学科诊疗服务，丰富日间医疗服务，优化急诊急救服务，提高老年护理服务质量以及开展长期用药的药学服务。该方案为在线预约诊疗、远程医疗、电子病历、慢病管理等智慧医疗的细分应用，给出了更为丰富的指引。由于医疗资源总体不足，区域分布也不均衡，对患者来说，存在挂号、候诊、收费队伍长，看病时间短的痛点；对医疗系统从业者来说，存在医院健康管理体系有待健全、诊疗水平有待提升等痛点。依照"指出愿景，描绘蓝图，画出框架，理清责任，分布推进"的路径，逐步驱动医疗信息化和智慧化落地，通过创新的思维手段，解决医疗行业长期存在的问题。

如在分级诊疗改革上，通过 AI 导诊、双向转诊、远程教育等智慧科技，通过实体医院与云平台的结合，为医联体的扩大发展打开了局面；在基层普惠医疗服务上，高清视像、电子病历、移动支付、物联网智能医疗设备、人工智能辅诊以及电子处方等应用，实现了远程医疗、家庭签约、慢病管理、智能随访等服务，即使是边缘基层地区的病患群众，也能享受到优质医疗资源。智慧医院把患者诊前、诊中、诊后全流程串联起来，不仅让患者少排队，更把患者的"全生命周期"管起来，人工智能医生分析海量的医学影像，"互联网＋"逐渐进入医疗核心环节，与临床医学一起创新、共创；还有远程诊断、医联体、慢病管理等，新的互联网技术为医疗健康服务体系带来了不一样的创新服务模式。

在政策红利驱动医疗健康事业改革迅速发展的同时，互联网各种基础技术的创新与发展，也驱动着"互联网＋医疗健康"不断提速。随着新技术、新应用陆续取得突破性进展，互联网从业者逐步将发展方向转向助力线下，让科技成为医院提升管理能力、医生提升业务能力的助推器。通过实践，目前已经逐渐形成了贯穿诊前—诊中—诊后全场景的智慧医院方案，达到减轻群众就医负担、促进群众自我健康管理、辅助医生诊断、提升医院管理绩效的目标，一批优秀范例也陆续涌现，成为全国各地医疗行业参考的榜样。

通过技术创新，"看病难、排队烦、寻医难、取药久"等传统门诊问题得以解决，如深圳市人民医院整合移动支付、人工智能等技术，让患者通过关注医院公众号就能实现"数据跑路"，微信绑定社保卡的患者不仅可以通过微信挂号和支付，还能通过 AI 导诊小程序精准匹配医生，免排队直接就医、检查、取药，实现看病"最多跑一趟"。此外，跨地域看病的痛点，如病历不规范，专科挂号难等问题也迎刃而解，人工智能成为医生的得力助手，为患者带来更多的治疗和康复机会。随着5G通信技术的发展，有望成为驱动"互联网＋医疗"取得爆发进展的下一个浪潮。下面试举两例智慧医疗方面的成功案例。

1. AI 赋能肿瘤患者精准医疗

复旦大学附属肿瘤医院始终面临着患者数量巨大、等待时间长、优质医疗资源无法合理利用、黄牛号贩猖獗等难题。医院利用腾讯 AI 技术，率先在上海市推进智慧门诊，并成为全国首个通过 AI 技术提供精准医疗服务的肿瘤专科医院。患者上传资料后，AI 通过分析患者病情，为患者提供精准医疗服务，合理匹配优质医疗资源。精准智慧医疗服务开展以来，平均为患者节约7.4天专家号等待时间、2.5小时就诊时间，专家门诊效率提高至原来的3.5倍。

通过推进智慧门诊，解决肿瘤患者日渐增多、优质专家资源稀缺的问题。因肿瘤发病率的不断提高，且肿瘤专科病程持续时间长，肿瘤专科医院接待患者量持续增加，患者普遍存在挂不上专家号、反复奔波、等待时间长的问题，肿瘤医生的门诊普遍超负荷，而打击黄牛号贩、维持医院合理秩序也成为医院管理的难点、痛点。医院通过改造信息系统，对接微信，让患者可以通过医院官方微信公众号、小程序等在线获得"挂、缴、查"等基础医疗服务，在手机上就能完成整个就诊流程，不需要再在现场排队，缩短患者在院滞留时间，解决患者反复奔波、浪费时间与精力的问题。另外，医院通过腾讯的身份识别与安防系统，绑定患者个人信息，确保患者"一人一机一卡"，同时通过分析就医行为、标注可疑患者、分析院内流动轨迹记录等大数据分析技术，在最大限度地保障患者便捷、智慧就诊的同时，提高黄牛号贩倒号成本，大幅度压缩黄牛号贩活动空间。

通过精准医疗服务，解决患者找不到新药、医生找不到患者的医患不匹配问题。在门诊方面，专家门诊多数在做类似开检查单的基础工作，而急重病人却常常挂不上专家号。在临床试验方面，不少晚期患者及家属苦于没有靠谱渠道了解肿瘤新药，而正在进行临床试验的医生，却只能依靠门诊找符合条件的患者，宛如大海捞针，临床试验推进极慢。医院通过引入腾讯 AI 技术，让患者上传既往病历资料，在对报告进行 OCR 识别及结构化、标签化后，生成患者画像，并关联相关病种知识图谱，通过 AI 分析患者病情，为其精准匹配合适号源，让专家看专病；同时，引导常规随访的患者及检查报告仍不完善的患者到普通门诊、便民门诊，快速满足患者开单、开药等需求。这样就减少了优质医疗资源浪费，实现院内分级诊疗，优化就医流程，同时解决患者"挂不上专家号"和医生"在专家门诊做没有价值的事"的核心痛点。同时，AI 还会基于患者的病情，为患者及家属准确推荐目前正在进行的临床试验，也为有需要的医生快速筛选可能符合条件的患者，让符合条件的患者快速入组，助力临床试验开展。

通过构建肿瘤患者画像及知识库，解决患者离院后没人管、预后差的问题。在过去，医院往往只参与患者"治疗"这一个环节，患者离开医院后往往处于无人管理的情况，而医生也无法获得患者长期医疗数据。医院通过构建肿瘤专科大数据，基于大数据分析能力构建肿瘤患者画像数据库，率先在乳腺外科开展乳腺健康全程管理，覆盖宣教、筛查、诊断、手术、配药、随访的乳腺癌诊疗全流程，将乳腺癌作为慢病进行防控，推进乳腺癌诊治的"全程精准管理"。

本案例的核心优势在于，基于腾讯的大数据和 AI 的神经网络及深度学习能力，进一步通过 NLP 技术手段获取患者精准画像，基于肿瘤知识图谱，可实现为肿瘤患者提供就医过程中的全流程精准医疗服务。这样不但能够帮助患者高效就诊、优化就医决策，同时还能够帮助医生获取最新的医疗研究进展，辅助医生优化临床决策，实现医患双方的共赢。

2. AI 辅助临床结肠镜下结肠息肉实时检出系统

结肠镜检查智能辅助诊断系统建立于来自 20 家三甲医院内镜中心数据库超过 10 万名患者的具有良好标记的结肠镜图像，这也是国际上训练和测试深度学习和卷积神经网络系统的最大数据集。该辅助诊断系统不仅在内镜图像的测试数据集中实现了非常高的灵敏度（95.0%），而且在真实世界的结肠镜检查中实时识别息肉的灵敏度更高（98.4%）。

在结肠镜插镜到盲肠时，内镜医师留取图像，此时智能辅助系统自动启动，伴随着肠镜医师的退镜一起实时监督肠道内有无息肉或病变的出现。当人工智能系统怀疑有病变在肠道内出现时，会实时地发出警报声音提醒肠镜医生注意可能遗漏的病变，并且会实时标注出系统高度怀疑有病变的部位，帮助内镜医生发现更多有潜在危险性的病变，做到结直肠癌的早预防、早发现和早治疗。

我国结肠癌的发病率在不断升高，通过结肠镜检查和息肉切除术可显著降低结肠癌的发病率和死亡率，然而，结肠镜检查并不能检出全部的结肠腺瘤且对近端结肠癌的保护作用相当有限。据报道，结肠镜检查时可能会漏诊17%～48%的腺瘤，并可能遗漏高达11%～12%的进展期腺瘤，有时甚至结肠癌也可能被漏诊，这些漏诊的腺瘤被认为是50%～60%结肠镜后结肠间期癌的直接原因；虽然包括光学增强技术和辅助机械装置在内的多种技术可以帮助肠镜医师发现肠道中的病变，并提高腺瘤检出率和降低腺瘤漏诊率。然而，结肠镜检查者本身的局限性可能会大大削弱这些创新技术的效果，因为尽管息肉存在于结肠镜检查视野中，结肠镜医师仍然可能会遗漏一部分的息肉。研究发现，结肠镜检查者检出腺瘤的能力易受技术水平、疲劳程度和警觉性的影响，并且与结肠镜医师个体差异有很大关系。此外，即使是高水平的内镜医师在临床实际操作中仍可能遗漏大量腺瘤，因为结肠镜医师可能会在检测到一个腺瘤后在检查剩余的肠段时候变得警觉性降低（"一次完成"效应）。腾讯觅影结肠镜下智能辅助系统可以作为一个实时的"专家"去监测和提高常规结肠镜检查的质量。

这是迄今为止人工智能在结肠镜病变性质识别的训练和测试智能模型方面的最大数据集，其检出病变与定位的敏感性达到95%，特异性达到99.1%，阳性预测值达到95.1%，阴性预测值达到98.8%，精确度达到96.9%，其对息肉与腺癌的辨别敏感性达到90.3%，特异性达到98.3%，阳性预测值达到89.8%，阴性预测值达到98.4%，精确度达到97.2%。在真实世界结肠镜检查中验证了智能辅助系统诊断性能，显示在 ADS 的辅助下，肠镜医师可以检测到更多的息肉和腺瘤，并且每次结肠镜检查假阳性的频率仅为 2.2 次。该数据表明辅助诊断系统可能有利于发现更多病变并减少常规结肠镜检查的息肉漏诊率。研究结果表明，辅助诊断系统可以帮助结肠镜医师在现实世界的结肠镜检查中发现更多的腺瘤和息肉，并初步分析辅助诊断系统在患者不同患者特征（年龄、性别、适应症）、临床情景（结肠镜检查者经验、结肠镜类型、肠道准备质量和停药时间），以及息肉的特征（位置、形态、大小和病理）中的作用和优势，可作为未来临床应用的基础。此外，该系统对测试数据集和临床实践中的假阴性和假阳性的原因进行了详尽的研究和详细分类，以指导人工智能辅助诊断系统的性能优化。

"腾讯觅影"辅助诊断系统与国家消化病临床医学研究中心携手，在"2018 年中国医师协会消化内镜医师学术大会"上发布结直肠肿瘤筛查 AI 系统，利用人工智能技术辅助临床医生实时发现结直肠息肉，并实现实时鉴别息肉性质。目前，"腾讯觅影"结直肠肿瘤筛查 AI 系统已落地海军军医大学附属长海医院。结直肠肿瘤筛查 AI 系统的发布，被视作医学与人工智能"国家队"的跨界创新产物，对我国乃至全球消化道肿瘤筛查技术具有积极影响。

（五）智慧安防

随着经济的发展和城市建设速度的加快，以及地缘政治、宗教、战争问题的加剧，全球各地的安全问题呈现出明显加剧态势，国内也正在进入"突发公共安全事件的高发期"和"社会高风险期"。公开数据显示，国内每年因为各种自然灾害、事故造成的经济损失达到 6500 亿元左右，占 GDP 的比重高达 6%。应对重大突发公共安全事件的处置能力是城市现代化程度的一个重要标志，特别是近几年，随着信息技术的发展，构建和谐社会、建设平安城市的需要以及大型赛事、展会活动的安防需求，对公共安全有效管理的需求越来越旺盛，标准越来越高。

智慧安防系统强调的重点是对城市的更为智能的感知，主要依托的技术就是以视频监控系统为基础，通过各种有线、无线网络，整合城市各类视频数据，建设一个庞大的城市公共安全防控平台，利用云计算技术，对海量的城市视频进行存储与分析，实现事前积极预防、事中实时感知和快速响应以及事后的快速调查分析。智慧安防的优势在于信息传送及时，集布防、检测、报警、记录于一体，结构简单，适用面广，可以面向任何单位和个人使用。

国内主流的智慧城市解决方案或者平台提供商均可以提供智慧安防的解决方案，而在高清视频监控系统方面有着明显优势的企业包括海康威视、大华、宇视科技等。目前，国内智慧安防典型的解决方案主要包括感知层、传输层、平台层、应用层和展现层。感知层主要承担数据采集任务，国内领先企业基本都具备提供高清视频监控体系的能力。传输层主要通过通信专网、无线技术完成数据传输任务。平台层主要完成的是数据交换、分析和处理工作。应用层则是通过后台数据的支撑，提供监控检查、应急救援、日常监控预警等服务，变以前的被动式安防管理为主动管理。

（六）智慧文旅

文旅是重要的生活场景，是智慧城市在景区城市的个性化实现。2017年9月，腾讯与云南正式"牵手"，联合打造"一部手机游云南"全域旅游智慧工程，作为腾讯云智慧文旅的标杆型案例，"一部手机游云南"为"吃、住、行、游、购、娱"等旅游问题，提供数字化的解决方案，旨在整治旅游乱象，推动文旅产业全面升级。"一部手机游云南"项目集结了包括深圳、广州、北京、昆明四地腾讯28个部门46个团队的大批技术专家，目前已经建成了一个旅游大数据中心、旅游综合服务平台和旅游综合管理平台两个平台、三类旅游应用端口（App、公众号、小程序）、五套体系（数字身份体系、数字消费体系、全域投诉体系、AI服务体系和数字诚信体系）支持。同时，通过建设集服务评价、投诉受理、联动执法、诚信体系、舆情监控、客流监测、产业运行监测等功能于一体的旅游综合管理平台，实现一部手机管旅游。

面向游客的"游云南"App和小程序，提供覆盖全省的诚信服务，是权威、全面、便利、优惠的目的地智慧旅游服务平台。看实时直播、订精品线路、用高速伴侣、买门票、识花草、找厕所、语音导览、一键投诉、诚选购物……多场景智慧化功能，让游客体验自由自在，政府管理服务无处不在。上线以来，"游云南"的产品体系、运营体系已为公众提供近5000万次服务，App平台用户人数近400万，月活跃用户超过100万。"一部手机游云南"不仅是腾讯在云南省前所未有的一次创新实践，也是一次中国乃至国际上极具前瞻意义的数字产业模式的探索。它不仅推动了"数字云南"建设，也开启了"一机游"时代。

上线以来，"游云南"App的实时直播、精品线路、买门票、刷脸入园、识花草、找厕所、语音导览、一键投诉等多功能智慧场景，已让数百万游客体验到了云南旅游的便捷和智慧。

2019年以来，"游云南"App上线"我要退货"，让旅游商品30天无理由退货成为现实；引入NFC技术，为普洱茶防伪溯源提供解决方案；开出全国首张区块链电子冠名票，打造"数字云南"时代信任基石……更多的是在阐释其对"数字云南"建设和"旅游革命"的推动力，区别于传统电子发票，"游云南"区块链电子冠名发票把原有纸质冠名票线上化，基于区块链技术，使一张小小的门票信息具备了分布式存储、全流程完整追溯、不可篡改等特性，同时通过"资金流、发票流"二流合一，实现"交易即可开发票"。

2019年9月，游云南租车和包车功能全面上线，初期上架40余种车型1000辆车，主要覆盖昆明、大理、丽江、香格里拉、西双版纳、保山、文山6个州市，同时免异地还车费，以满足游客的出行需求。

此外，也是在2019年9月，面向世界游客的"游云南"App英文版在芬兰·赫尔辛基香山峰会亮相，上线直播、精品线路、目的地、一键救援、翻译等功能，为海外游客提供专属于云南的智慧旅游体验服务。

2018年8月22日，腾讯公司与重庆市武隆区人民政府在渝州宾馆正式签署合作协议，共同打造全国首个区域级全域智慧旅游平台——"一部手机游武隆"。该项目由腾讯大渝网、腾讯云、腾讯文旅合力实施，借助腾讯强大的技术实力和丰富的运营经验，助推武隆旅游产业全面升级。"一部手机游武隆"，是"一部手机游云南"后打造的全国首个区域级全域智慧旅游平台，也证明了"一机游"模式的可复制性。

武隆区拥有世界自然遗产、国家5A级景区、国家级旅游度假区等多个金字招牌，如何更好地融合全区全域旅游资源，全面提升智慧化服务和管理水平，特别是在已经拥有较高品牌知晓度和成功的景区运营基础上，以大数据智慧化驱动产业再升级成为当务之急。"一部手机游武隆"是利用物联网、云计算、大数据、人工智能技术打造的数字化平台，通过个性线路定制、达人推荐、智能定制、智能导览等功能，为游客在旅游信息获取、行程规划、产品预订、游记分享、特色电商购买等方面提供一站式智能化服务，打造高品质、可信赖、独特性、更便利的全域旅游服务体系，实现"一部手机游武隆，玩出大不同"。

"一部手机游武隆"将分期打造，首期展出的3D可视化大数据中心将全面融合武隆区旅游产业中的数据资源，展现全区核心景区、度假区在票务、入园、停车、人流热力趋势、游客画像、区内消费等方面的核心数据，以及景点空气质量、设施分布等实时情况。未来，数据中心还将接入更多应用场景，包括景区度假区智慧设施等物联数据，智慧导游导览等使用数据，全区交通、市政、公安等城市管理数据，真正实现智慧旅游城市的数字化管理。

（七）智慧教育

教育作为最大的民生之一，伴随着城市化的快速推进，教育资源短缺、分配不均、人才支撑体系不够、社会培训体系不健全等问题开始凸显。通过引入新一代信息技术，打造智慧教育平台，可以实现教育的数字化、网络化、智能化和多媒体化；通过教育门户网站、智慧教育学习平台以及教育资源交易平台等模式，快速高效实现优质教育资源的共建共享，推动教育教学以及管理的深层次变革，推动教育的均等化和公平化。通过智慧教育的发展，有望打破当前教育纯粹由政府进行投资的模式，真正能够引入社会资本，探索公司化运营，培育智慧教育产业，构建起全民参与的终身教育体系，为学生和市民提供便捷、优质、安全、高效的教育服务。从技术层面看，多数地区是基于云的架构展开的，在教育云和政务云的基础上，构建统一资源中心，搭建起"智慧教育云平台、智慧学习平台和智慧教育公共服务平台"，最后通过统一的门户网站或者 App 对市民提供服务。

智慧校园建设近几年如火如荼。智慧校园需要有一个系统性的顶层设计，在这个设计里，可以让信息传递的效率更高，可以让教学与管理的效果更好，可以让整个体系更灵活和开放，也可以让数据得以沉淀。

随着云计算技术的发展，大数据技术已经可以很好地支撑各类行业发展的数据处理需求。相较于原本的自建机房，云计算拥有资源配置灵活、技术基础好、运维管理方便等优势，并且能实时对接最前沿先进的 AI 科技。教育大数据中心如果想实际应用起来，那么基于本地机房或城域网的模式必将受到很大的挑战，包括大数据相关技术的部署、带宽的满足、瞬时高并发的处理等问题都需要较高的专业能力。在政府倡导"政企合作""业务上云"的大环境下，教育数据中心的建设依托于公有云的模式更利于长期发展，可以减少硬件投入的建设成本，减轻信息中心相关人员的运营压力，提升整体信息系统的安全性，较符合教育行业计算机应用能力弱、管理重心偏教学等现实情况。在大数据时代，教师的工作也不再是简单的知识传授，而是将知识的输出形式变得多样化，关注学习者的个性特征。提高教师数据意识和数据素养，理解并应用数据改进教育教学实践，将统一形式、集体化的教学转变为信息技术支持下的教学。在了解学习者的认知能力和知识结构的前提下，将知识进行迁移、整合并进行传授，身份由"讲师"向"导师"转变。

通过腾讯智慧校园整体设计思路，在兼顾原有软硬件设施的情况下，可以分阶段实现智慧校园的建设。第一阶段通过腾讯智慧校园建立起用户微信端使用、微信身份识别的入口统一和身份统一规则，约束之后接入的软硬件设施通过腾讯智慧校园开放平台进行用户身份识别对接。第二阶段利用腾讯智慧校园提供的消息通知、班级圈、通讯录等基本功能提升校内外消息流转效率，按需将校内已有软硬件设施使用入口通过腾讯智慧校园集中在 PC 工作台和微信上。第三阶段将所有功能产生的数据沉淀到智慧教育数据中心，并根据需求维度定向分析。

在整个区级或校级腾讯智慧校园设计中，为保障用户识别的统一和数据的统一，避免出现信息孤岛、用户孤岛等问题，根据当下科技水平发展阶段，提倡遵守三个基本建设原则：一是产品矩阵移动化，二是统一用户身份识别体系，三是开放接口连接平台。

四 智慧城市发展存在的现实问题以及潜在风险

在公共卫生领域，为大家熟知的一个使用大数据设计更好城市的例子，就是 2008 年推出的谷歌流感趋势（Google Flu Trends，GFT），它通过统计每个国家或者地区的人们在互联网上搜索"流感"这个关键词的次数来预测流感的爆发。如果这些在线搜索量出现快速增长，就意味着流感人群的数量很有可能在增加。这类方法有助于疾病控制中心检测新的流感类型，预测所需的药品数量，帮助医院、城市和企业预估可能的患者人数等。

不过谷歌流感没能实现设计之初的美好愿望，2013 年 2 月，《自然》杂志发文指出，GFT 预测的流感样病例门诊数超过了 CDC（美国疾控中心）根据全美各实验室监测报告得出的预测结果的 2 倍，而 GFT 的构建本来就是用来预测 CDC 的报告结果的。研究第一作者大卫·拉泽（David Lazer）认为造成这种结果的两个重要原因分别是"大数据傲慢"（Big Data Hubris）和算法的变化。

这一"失败"案例，为智慧城市的建设和发展提供了宝贵的经验。虽说数据反馈系统是智慧城市建设最重要的基石，但是对于包括搜索数据、社交数据和 GPS 数据等反馈系统的应用，必须警惕"大数据傲慢"，不能认为有了数据就能解决一切问题。

此外，与智慧城市相关的信息和数据技术的应用，还有可能带来"算法性歧视"、专业化割裂，以及系统性偏误等问题。

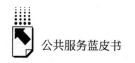

第一，大数据傲慢，指的是这样一种观点，即认为大数据可以完全取代传统的数据收集方法，而非作为后者的补充。这种观点的最大问题在于，绝大多数大数据与经过严谨科学试验得到的数据之间存在很大的不同。

随着 ICT 产业的快速发展，以及"数据就是新的石油"及类似说法的普及，很多非专业人士会想当然地以为数据可以解决一切问题。事实上，这个类比本身的逻辑问题，就是被"类比的石油"，其本身的价值也是需要一个完整的产业链来加工提炼而实现的。

大数据不能解决一切问题，大数据本身的价值还需要更多科学、适用的方法来加工提炼。在智慧城市建设的过程中，需要对大数据的价值和局限性保持清醒的认识。一个最近的现实案例莫过于，即使在今天这样一个社交网络极度发达的时代，有关新冠病毒疫情的信息，传递和传播速度仍然显得不够及时。这不是信息和数据不足，而是我们研判和利用数据的方法不够完善。

今天，我们拥有的数据不是太少，而是太多了。建设智慧城市，需要更强的、更具现实意义的数据处理能力，而不是更多的数据。

第二，算法性歧视，这是一个伴随信息经济的歧视性定价而出现的新问题。因为移动网络的发达，个性化信息和数据的获得和分析变得越来越简便和低成本，于是，千人千面的个性化服务成为数字商业的重要特征。但是这很容易变成根据需求和消费力不同而做出的"千人千面的个性化定价"，从而帮助商家获得最大可能的收益。这会形成一种歧视性算法，损害消费者利益。如果在智慧政务上也采用类似算法，则有可能会对技术弱势群体形成歧视性伤害。

2018 年，携程机票和滴滴被投诉"杀熟"式的歧视性定价，即一个新用户和一个老用户买同一样东西或者同样的服务，但是互联网上面显示的价钱老客户会比新客户要贵得多。这样的市场举动，跟商家追求"拉新"效率的战略方向是分不开的，这就属于算法性歧视。

第三，专业化割裂，指的是因为没有提前设置和沟通好接口标准，智慧城市的各个组成模块的专门化建设所积累的数据和信息没办法打通，从而无法形成综合分析合力，甚至会在实际工作中出现矛盾和冲突的问题。这样的割裂，既可能是软件和数据上的，也有可能是硬件设备上的。

在一场没有充分准备的商务会议上，通常需要花费很长时间来调试投影，这也是一种专业化割裂。而执行不同接口标准的手机充电器，更是我们最容易碰到的专业化割裂。

不过，对于智慧城市建设影响最大的还是数据和软件标准的转化割裂，而打通数据壁垒，是让城市变得更智慧的重要工作。只不过有的时候我们自己都不知道有些数据是需要并且可以打通的。汶川地震最早有所感知的是QQ，因为系统显示大面积断网。但是在事后总结之前，相关公共服务部门不会想到利用该数据来提升自己的管理效率。

第四，系统性偏误，指的是因为指标设计不合理、响应阈值设置偏误，以及算法僵化或过时，所引发的运算分析偏误，进而影响判断、决策和管理实践的情况。当然，超过系统能力极限的"黑天鹅"事件冲击，也会引发系统性偏误。

程序和算法一定比人可靠，因为它遵循严格的流程和步骤，但是设计和应用程序的人却未必那么的严谨和稳定。另外，多个程序、算法、系统的交互、融合，会产生未知的冲突和漏洞，从而引发难以察觉的风险。

关于系统性偏误，最具戏剧性的案例可能就是证券交易市场曾经多次出现"闪电崩盘"——没有什么冲击性的外部原因，而是各种算法交织互动，所引发的股价崩盘。而随着人工智能的发展，算法将变得越来越难以被认识和掌握，我们很有可能在不同的领域经历类似的"闪电崩盘"。

五 智慧城市的发展趋势及未来可能

城市，是我们最伟大的发明，在这个舞台上，社会经济的互动、机制和过程以指数级速度扩张成为可能。城市经济学家爱德华·格莱泽在其著作《城市的胜利》中这样写道：与过去200年间爆炸式的人口增长相伴随的，是地球城市化的高速发展。城市是我们发明的用于推动和促进社会互动与人

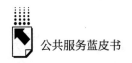

类合作的天才机制，而社会互动与人类合作则是人类创新和财富创造得以成功的两个必要因素。人口和城市增长紧密相连、相互促进，最终使我们在地球上占据了统治地位。

而当我们不断把最新的技术、能力和方法应用到各个生活场景中去的时候，当我们不断地通过技术、商业和管理创新去创造价值的时候，城市的复杂性和智慧性也在不断地提升。

在经历了40多年的高速发展之后，在积累了大量的物质财富、技术能力以及文化素养之后，中国的城市发展迎来从量变到质变的进化机遇。我们曾经羡慕不已的高楼大厦已经变成了习以为常，我们曾经向往的文明礼貌已经深入人心，我们曾经向往的精致生活已经变成了身边的日常。而更多的交流、更多的创新、更多的创造，正在越来越好地在城市里发生着。

与之相对应的，是生活场景数据化的速度越来越快，生活问题的数字化解决方案也越来越多，这对城市的公共服务和治理提出了更多的挑战。一方面，一部手机解决所有问题的需求越来越多，所有人都成了数字网络的相关者，公共服务在提升效率的同时，也将面临更多"客户"、更多需求、更多要求的压力；另一方面，城市居民不再只是面目模糊的群体，而是一个个拥有数字能力的个体，城市的整体管理将会落实到个体的服务能力。

对于智慧城市未来的可能，腾讯云通过研究分析，给出了四个路标：城市即平台、市民即用户、连接即服务，数据即能力。

如何实现智慧中台下的新型城市治理模式？以技术应用为核心到以重塑用户体验为核心的转变是关键，具体体现在以下四个方面。

第一，城市即平台。现代城市在不断扩张。目前中国已经有15个超过1000万人口的超大城市，还有23个人口在500万到1000万规模的城市，且城市间连接的进一步增强也在加速超级城市群的崛起。"大城市病"的出现在一定意义上反映出城市这个大系统在系统性、开放性以及可持续性方面存在的问题，需要用平台思维来整合和提升。这也是我们讨论城市未来一切变化的一个基础。

在新型城市治理模式中，人与人、人与物的连接已经向人与城市、城市与城市的连接扩展，城市与城市的管理部门不再是无法触摸的实体，而是分散存在于我们的手机里、政务小程序里或城市指挥系统的大屏上。随着物联网的加速普及，由复杂且巨大的中央系统进行集中响应海量需求将会面临负载过大、交付时延、加大安全与隐私风险的多重挑战。基于"云—边—端"的技术架构构建支持分布式、多中枢联动的智慧中台则成为新的解决方案。通过把非标准化的能力和组件变成相对"标准化"的能力对外输出，将大小系统和应用无缝连接在一起，为城市管理者、服务提供者、市民等源源不断地输送价值。在这个生态系统内，社会创新将呈现更加多元化的分布，每一个环节，都可能成为某一项共享智慧功能的发起者。这种去中心化的体系，将产生更为强大的创新动力和势能。

第二，市民即用户。习近平总书记在 2016 年 4 月 19 日全国网信工作会议讲话中首次正式提出新型智慧城市，各地政府积极贯彻落实，建设"让数据多跑路，让百姓少跑路"的民生服务平台。追求极致的产品体验和用户口碑是互联网的重要精神，现在这种精神也随着互联网企业广泛参与智慧城市建设而出现在政府部门和民生服务中。以残疾人证件申办为例，通过腾讯优图的图像识别能力与业务部门合作，可以减去残疾人线下拍摄证件照的流程，在线上即可完成证件申请流程。

"市民即用户"还有一层意思。今天生活在城市的人们，除了现实空间的身份证外，同样还拥有一个独一无二的数字身份。这个身份既存在于微信、微博等各类互联网产品之中，同时也存在于人们网络行为关系的总和之中。随着越来越多的服务向线上迁移，我们每个人的标签除了社会属性的"市民"，还有网络属性的"用户"，而这个"数字身份"将成为未来城市治理和服务的主要对象与载体。因此，以用户思维开展城市治理，从用户视角提供城市服务，以用户价值进行决策将成为未来城市运行的基本原则。

第三，连接即服务。连接的价值是什么？是服务效率质的提升。过去十几年，中国智慧城市建设的发展很清楚地显示了这一点。第一阶段，电子政务提升政府内部效能是最直接的。第二阶段，"互联网＋"落地极大地提升了场景连接的效率，网站、App、微信小程序、自助终端等载体将城市全场景与人连接起来，获取服务不受物理空间所制约，且这种连接还在继续，并且逐步推动部门间甚至是城市间各系统的打通、整合，这是连接即服务的关键点。很明显的趋势就是浙办事、粤省事、国省事等这样面向省级、国家级提供聚合政务服务的入口越来越多，背后依靠的就是部门间各政务系统的连接、账号体系的打通以及数据共享。

在人工智能、大数据、云计算、物联网等技术集成应用的深化下，连接还将继续深化，服务和用户间的节点将进一步被无缝连接起来。城市服务会趋向"无须安装、就近触发"演进，像水、电一样即开即用。城市管理者和服务提供商可以将群体需求精确到个体，使连接更具温度且更具个性化。

第四，数据即能力。互联网的高速普及、智慧城市的建设，聚合了大量的数据，这些数据成为城市发展的重要资源。在这几年的实践中，我们看到了数据的互联互通在逐步促进城市发展。不仅如此，未来数据的影响将超出于此。凭借照片找回 10 年前被拐的孩子，智慧建筑、智慧交通、智慧能源等，都是大数据在背后发挥作用。据统计预测，2050 年我国新增人口 2.55 亿需要十余个像上海这样规模的城市来容纳，城市资源承载和运行保障压力的上限将面临前所未有的挑战。而基于数据的精细化治理、精准化服务与智能化决策将是实现"无边界扩张"的破解之道。

数字技术在帮我们丈量正在到来的未来，且城市图景正在逐渐清晰。而关于智慧城市，并没有一个所谓的最完美解决方案，它需要的是一个灵活的体制架构和开放互通的智慧中台，能够为动态的城市进化提供迭代空间。

基于这样的认识和思考，我们认为，智慧城市的进化，城市基本公共服务的发展，将会出现以下几种可能的发展趋势。

第一，城市公共服务的效率和品质将会持续提升。这是数字化技术和自动化工具应用的必然，随着更多工具和产品的应用，城市公共服务的范围、规模、效率和品质都会再上一个台阶，而单位成本将会不断下降。很多的服务可能会"无感化"实现，不需要去"跑"，甚至不需要手机。事实上，在移动终端用户体验设计中，已经开始讨论和实践"无界面交互"了。

第二，智慧城市将会是更复杂的，但也会是更容易理解和管理的。更复杂是必然的，因为组成智慧城市的基本单元本身，无论政务、交通、医疗，还是教育、安防、社区，都会变得更复杂。而且相互之间还会构建更多的连接网络，从而让智慧城市这个整体网络更加复杂。但是，那些个难以理解的复杂技术会被不断封装到一个个的模块或产品中去，从而让我们可以更容易地去认识和应用。就比如极其精密复杂的、常人难以了解的电脑芯片，可以和其他支持元件一起封装到一台小小的手机里，然后我们可以灵活地用来处理生活问题。

第三，智慧城市将会涌现出更多的创意集市和创新中心。数字化、模块化的公共服务能力，将会更容易实现针对特定场景的定制化应用，同时也可以更快地部署到位，从而能够帮助构建更多人际连接和人际交流，从而激发想法流的碰撞，形成创意集市和创新中心，进而支持和助长经济的发展。事实上，在现代读书发达的城市如北京、上海、广州，舒适的咖啡馆、书店的数量也是最多的。

第四，智慧城市将能够抵御更大的公共卫生及公共安全风险。随着移动网络和社交媒体数据应用的深化，我们对于流行病毒传播、公共舆论动向的识别、感知、研判能力将会大大增强，对后续问题的跟进和处理也会拥有更多的执行手段。截至本文完成，2019年爆发的新冠疫情仍然还没能完全控制住，但是相较于17年前的SARS，信息传递的及时性、数据统计的速度都已经大大提升，不可同日而语了。试想，如果我们能够更好地处理和分析疫情爆发之初的海量数据，对于局势的控制将会起到更好的支持作用。

要实现上述智慧城市进化的目标，我们可能需要：第一，能够更快处理海量数据的超级计算能力；第二，能够更好分析、应用海量信息的人工智能；第三，能够有效展示指标表现及支持判断的视觉体系；第四，能够在跨部门、跨地域的合作及管理中实现快速对接及综合应用的数据标准；第五，能够协调资源和能力，支持前端创新的智慧中台系统。

未来的智慧城市，很可能会有着更高的人口密度，但是居民也能够享受

更高的生活品质，同时还能够激发更多的创新、创造以及经济成长。这是一个健康的城市生态所必然会产生的结果。

结语：拥抱和享受复杂的智慧城市

著名物理学家斯蒂芬·霍金（Stephen Hawking）在千禧年之交接受采访时曾被问到以下问题："有人说 20 世纪是物理学的世纪，而我们现在正在进入生物学的世纪。您对此有何看法？"

他的回答是："我认为，下一个世纪将是'复杂性的世纪'。"

是的，我们生活在一个"复杂性的世纪"，我们生活的城市也正在变得越来越复杂，同时也越来越智慧。而我们所有应用新技术来发展的城市公共服务的新能力，都将为我们的城市增添更多的复杂性以及智慧性。

这也意味着，未来的生活、未来的城市，将会变得更加美好。

专题四　地方立法提升铜仁城市美誉度①

位于贵州省东北部、武陵山区腹地的铜仁市，东邻湖南省怀化市，北与重庆市接壤。近年来，铜仁相继获得了"省级园林城市、省级森林城市、省级卫生城市、省级文明城市、中国最具投资潜力中小城市 50 强、全国社会治安综合治理优秀市、全国绿化模范先进城市、中国十佳绿色城市、中国（区域）最具投资营商价值城市"等彰显城市美誉度、社会和谐度、群众满意度的金字招牌，使越来越多的人知晓铜仁、品味铜仁、向往铜仁，有力提升了铜仁的知名度和影响力。而这一连串荣誉称号的背后，是铜仁市积极运用地方立法权解决城市建设与管理、环境保护、历史文化保护中遇到的难题，通过地方立法有效提升了铜仁城市竞争力和美誉度。

2015 年 9 月 25 日，贵州省第十二届人民代表大会常务委员会第十七次

---

① 执笔：皮坤乾；统稿：刘志昌、刘须宽。

会议决定，确定铜仁市人民代表大会及其常务委员会自 2015 年 10 月 1 日起，可以开始依法对城乡建设与管理、环境保护、历史文化保护等方面的事项制定地方性法规，铜仁也由此成为贵州省第一批获得地方立法权的市。铜仁市人民代表大会及其常务委员会在市委的正确领导和省人大常委会的有力指导下，发挥人大在立法中的主导作用，用足用好来之不易的地方立法权，将"法治第一保障"化为服务"发展第一要务"的有力举措，坚持立得住、行得通、真管用的原则，带着问题导向、实践导向、需求导向立法。2016 年 4 月 15 日，铜仁市获得地方立法权后制定的第一部地方性法规《铜仁市地方立法条例》正式颁布实施，使铜仁开展地方立法有了法律依据，为实现科学立法、民主立法，提高立法质量，推进"法治铜仁"建设提供了制度保障。2017 年 8 月 3 日，铜仁市获得地方立法权以后制定的第一部实体法《铜仁市锦江流域保护条例》经贵州省人大常委会批准，从 2017 年 10 月 1 日起正式施行。2018 年 8 月 30 日，《铜仁市梵净山保护条例》经贵州省人大常委会批准，自 2019 年 1 月 1 日起正式施行。在总结立法成功经验的基础上，顺应铜仁市对城乡建设与管理、环境保护、历史文化保护等方面快速发展的需要，市人大及其常委会加快了立法步伐，先后启动了《铜仁市中心城区烟花爆竹燃放管理条例》《铜仁市电动车管理条例》《铜仁市殡葬管理条例》《铜仁市非物质文化遗产保护条例》《铜仁市物业管理条例》《铜仁市农村饮用水管理条例》等地方法规的立法起草工作。可以说，铜仁市把地方立法作为一种管用的制度资源和政策工具，坚持以问题引领立法，以精细化立法为城市建设与管理、环境保护、历史文化保护提供强有力的法治保障。

一 地方立法助力铜仁护好绿水青山

良好的生态环境是最公平的公共产品，是最普惠的民生福祉，也是一个城市亮丽的名片。过去"盼温饱"，现在"盼环保"，过去"求生存"，现在"求生态"，人民群众对生态环境的期盼可谓空前强烈。铜仁是一个被山怀抱、被水滋润的城市，山是铜仁的根，水是铜仁的魂。梵净山孕育了锦江水，锦江水孕育了铜仁城。2016 年 10 月 31 日，中共贵州省委常委会在专题听取铜仁工作汇报时指出，"锦江和梵净山是世界级的宝贵资源"，要求铜仁"念好山字经、做好水文章、打好生态牌，奋力创建绿色发展先行示范区"。发源于武陵山主峰梵净山南麓的大江和发源于梵净山东麓的小江，穿山越谷百里之后，终于殊途同归，在铜仁城区铜岩处聚首相汇为锦江，将城区一分为三，呈"S"状环城逶迤而去奔向洞庭湖，集万千精华于一线，绘就了一幅"城在山中，水在城中，人在画中"的山水画卷，成就了"江作青罗带，山如碧玉簪"的秀美铜仁。美丽的锦江铸就了铜仁悠久的历史——四五千年前的新石器时代，铜仁这块土地上就因锦江的哺育有了人类的劳动生息；成就了铜仁如初的繁华——当年江面上往返的舟楫勾勒了一座黔东重镇，如今萦纡青山的江水刻画了一座西部名城；绘就了铜仁秀美的画卷——江岸起伏的山峦、独立江心的铜岩、孤立江畔的石笋、横跨江面的桥梁，构成了一幅幅精美绝伦的山水诗画。著名作家贾平凹由衷赞叹："铜仁之所以为黔中独美，美在有梵净山的蕴蓄，美在有锦江水的茂润，活该是桃源的深处。"可以说，一部铜仁史，就是一部因水而建、因水而兴、因水而美的历史。

锦江是铜仁的母亲河，铜仁人民对锦江的水体水质和沿河两岸生态环境十分关注，希望喝上干净的锦江水、呼吸新鲜的空气、享受美丽的江河美景，期盼在锦江两岸舒适地居住、安定地工作、幸福地生活。但近年来，随着经济社会的发展，特别是工业化和城镇化的快速推进，锦江流域生态环境凸显出不少问题，如沿河两岸无序建设、污水直排、垃圾乱堆乱扔、挖砂采石、侵占河道等破坏生态环境的行为屡禁不止，尤其是饮用水水源保护区还存在排放污染物的建设项目、规模养殖等现象；对锦江开发利用不科学、监管缺位，市、县、乡三级人民政府及相关职能部门在流域保护工作中职责不清、体制不顺、缺乏统筹与协作等，这使昔日清澈见底和漫江碧透的锦江饱受污染之困，引起了社会各界和人民群众的高度关注。生态环境没有替代品，用之不觉，失之难存。习近平总书记一再强调，要把生态环境保护放在更加突出的位置，像保护眼睛一样保护生态环境，像对待生命一样对待生态环境。而实践一再证明，在全面依法治国深入推进的新时代，保护生态环境必须依靠制度、依靠法治。对此，习近平总书记在全国生态环境保护大会上的重要讲话中要求"用最严格制度最严密法治保护生态环境"。有效解决锦江流域生态环境问题，保护好铜仁的母亲河，也必须运用法治思维和法治方式。然而，由于我国相关上位法规定较为原则、宏观，在锦江流域生态环境保护执法中，具体操作性不强。这就需要结合铜仁实际，通过地方立法将相关上位法的规定进一步细化。因此，制定《铜仁市锦江流域保护条例》，以地方立法保护锦江流域生态环境，成为铜仁社会各界和人民群众普遍关注的大问题。铜仁在获得地方立法权后，市人大常委会顺应人民期盼，把第一部实体性地方法规立法行动锁定在对锦江流域的保护上。2016 年 2 月《铜仁市锦江流域保护条例》立法工作启动后，市人大常委会高度重视，制定了《〈铜仁市锦江流域保护条例〉立法工作方案》，成立了起草组，常委会主任、党组书记陈达新同志亲自担任立法领导小组组长。为了摸清锦江流域保护现状和存在的问题，起草组先后 11 次深入碧江区、万山区、江口县、松桃苗族自治县、铜仁高新区调研，实地查看锦江流域保护与管理中存在的问题，召开了 100 余次座谈会，反复征求各方面的意见建议 20 轮次，收到意见建议 1000 余条，翔实掌握了锦江流域保护的第一手资料；为提高立法质量，起草组以问题为导向，先后赴遵义市、桂林市、河池市、黔南州、苏州市进行立法考察，学习借鉴他们在河流生态环境保护立法方面的成功做法和丰富的立法经验；为把准立法方向，贯彻党委领导立法，对于立法中的重要问题，在《铜仁市锦江流域保护条例》起草与审议过程中，市人大常委会党组先后两次向市委进行请示汇报；为实现科学立法、民主立法，《铜仁市锦江流域保护条例》在市人大常委会审议中，充分吸收了常委会组成人员的建议和意见；《铜仁市锦江流域保护条例》二审后，在市政协召开了《铜仁市锦江流域保护条例》立法协商会，听取了参会委员的意见建议；为使《铜仁市锦江流域保护条例》符合上位法规定和立法技术要求，起草组先后四次向贵州省人大法工委做了专题汇报，立法过程中主动对接，并认真听取

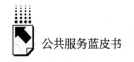

他们的指导意见；在市人大常委会表决通过前，省人大法工委专门组织省直11个部门对《铜仁市锦江流域保护条例》专题论证，并做出了措施实、好操作、有亮点的好评，使《铜仁市锦江流域保护条例》在 2017 年 8 月 3 日省第十二届人民代表大会常务委员会第二十九次会议上顺利获批。

铜仁的梵净山是锦江的发源地，守护好锦江，就必须保护好梵净山。梵净山作为武陵山脉主峰，是世界自然遗产地、国家级自然保护区、国家 5A 级旅游景区、中国十大避暑名山、中国著名的弥勒菩萨道场、联合国"人与生物圈保护网"（MAB）成员，森林覆盖率为 95%，被称为"动植物的乐园"和珍稀物种资源的"基因库"。然而，随着近年知名度大增，梵净山保护范围内受人为活动的影响，生态系统平衡遭到不同程度的破坏，如旅游开发不科学造成自然资源损害，水资源企业在梵净山保护范围内过度取水打破水生态平衡，没有统一规划导致无序建设，矿石开发破坏自然生态系统的原真性和完整性，外来植物入侵对生态系统造成破坏等。因此，同样亟须制定《铜仁市梵净山保护条例》，以地方立法加强梵净山生态环境、自然资源和生物多样性保护，规范资源利用，促进生态文明建设。为此，铜仁市在获得地方立法权后，把梵净山保护作为第二部实体性地方法规进行立法。2017 年 1 月 11 日，市人大常委会召开了《铜仁市梵净山保护条例》立法工作启动会，制定了《〈铜仁市梵净山保护条例〉立法工作方案》，成立了《铜仁市梵净山保护条例》起草组。经过 1 年多的艰苦工作，《铜仁市梵净山保护条例》于 2018 年 9 月 20 日获贵州省第十三届人民代表大会常务委员会第五次会议批准。

立法是经济社会客观规律的反映。马克思深刻指出："立法者应该把自己看作是一个自然科学家。他不是在创造法律，也不是在发明法律，而仅仅是在表述法律。他用有意识的实在法把精神关系的内在规律表现出来。……如果一个立法者用自己的臆想来代替事物的本质，那么我们就应该责备他的极端任性。"《铜仁市锦江流域保护条例》《铜仁市梵净山保护条例》均立足铜仁实际，按照"站得住""行得通""真管用"的原则，对锦江流域保护、梵净山保护制定出了具有铜仁特色、可操作、可执行的保护措施，真正接上了铜仁的地气，深深打上了铜仁的印记。如在锦江保护的立法过程中，针对中心城区能否建设水源热泵问题，多方面征求有关专家、利益相对人和群众的意见，经反复权衡利弊关系，为保护好锦江水生态环境，做出了"禁止在锦江流域中心城区范围内抽取河流地表水用于水源热泵系统，已建成的水源热泵系统取排水设施限期拆除"的规定。同时，针对锦江流域河流沿岸规划建设无序、工业污染、畜禽规模养殖污染、矿山污染、废旧物回收场污染等突出环境问题，创设了具有鲜明铜仁特色的禁止条款。又如，在梵净山保护的立法过程中，为保护好梵净山生态环境，减少各类行为对梵净山生态环境的破坏，针对梵净山保护与管理中存在的违法利用、乱搭乱建、野蛮施工、滥伐林木、猎捕野生动物等问题，《铜仁市梵净山保护条例》用11条规定了禁止性行为，除对应当执行的有关上位法禁止行为的内容做了重申或者从严规定外，还根据梵净山保护与管理中特有的问题，做出了具有铜仁特色的7条禁止规定，即禁项目，禁止开发建设与梵净山保护要求不一致的各类项目；禁林改，禁止擅自改变林地用途；禁狩猎，禁止非法猎捕、买卖、食用野生保护动物及其制品；禁采矿，禁止在梵净山勘探和开采矿产资源；禁取水，禁止在一、二级保护区开发取用水资源；禁建坟，禁止在风景名胜区和环线公路可视范围内新建、扩建坟墓和新立墓碑；禁穿越，禁止在没有安全保障的区域进行穿越、攀岩等活动，有效解决了梵净山保护和管理中的难题，切实做到了"针对问题立法，立法解决问题"。

有了务实管用的地方法规的保护，铜仁的梵净山更青、锦江水更绿。梵净山在2018年成功申报世界自然遗产并创建5A级景区的基础上，2019年被美国《国家地理》杂志评选为全球最值得到访的28个旅游目的地之一。如今的铜仁市，森林覆盖率达60.5%，水质常年优良率100%，饮用水源地水质达标率达100%。保住了优质的山水资源这一最珍贵的宝藏和最响亮的名片，铜仁市更有底气"念好山字经、做好水文章、打好生态牌"，建好山水园林城市，抱灵山之珠，享名城之誉，承八面来风，迎四方来客。

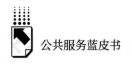

二　地方立法助力铜仁打造安居福地

人民对美好生活的向往就是我们的奋斗目标。2016 年 12 月，铜仁市第二次党代会聚焦实现人民对美好生活的向往，响亮地提出了要不断提升人民群众的幸福感、获得感、安全感，全力打造安居乐业福地。铜仁市获得地方立法权以来，顺应人民对美好城市生活的向往，聚焦城市管理中与市民息息相关、高度关注的电动车管理、烟花爆竹燃放管理、殡葬管理、物业管理等问题，先后启动了《铜仁市电动车管理条例》《铜仁市中心城区烟花爆竹燃放管理条例》《铜仁市物业管理条例》《铜仁市殡葬管理条例》等地方法规的立法起草工作，助力铜仁全力打造安居福地。

电动车在给人们出行带来便利的同时，也因频频发生的闯红灯、违规载人、抢道、超速行驶、越线停车、随意停放、逆行等乱象，给城市交通秩序和安全带来巨大挑战。然而，由于相关法律缺失，治理电动车乱象、维护交通秩序和安全往往处于无法可依的尴尬。为了规范电动车管理，维护道路交通秩序，保障交通安全畅通，保护人民生命财产安全，2018 年 12 月 27 日，铜仁市人大常委会正式启动并有序推进《铜仁市电动车管理条例》立法工作。

燃放烟花爆竹在给人们带来欢乐的同时，也会造成大气污染、噪声污染、安全隐患等，尤其是在人口、建筑密集的城市，随意燃放烟花爆竹带来的负面效应更是日渐显现，安全、环保压力日益增大。近年来，铜仁市城市建设快速推进，中心城区建成区面积从 2011 年的 25 平方千米提高到现在的 49.6 平方千米，城镇人口从 14.6 万增加到 58.8 万。铜仁城市的快速扩容，市民对于控制燃放烟花爆竹、减少大气污染和噪声污染、消除公共安全隐患的呼声日益高涨。为防止生态环境污染，保障公民人身财产安全和健康，铜仁市人大常委会将烟花爆竹燃放管理列入 2019 年立法计划，并于 2 月 15 日启动并有序推进《铜仁市中心城区烟花爆竹燃放管理条例》立法工作。

如今，《铜仁市物业管理条例》《铜仁市殡葬管理条例》均已启动立法程序。这些地方法规的制定出台，将使铜仁城市管理更加于法有据，推动铜仁成为安宁祥和、稳定有序的安居福地。

三　地方立法助力铜仁守好文化胜地

文化作为厚重历史的积淀和文明的缩影，是一座城市的灵魂，更是一座城市参与竞争的核心竞争力。一座城市的魅力不仅在其优美的自然风光、现代化的建筑、丰富多彩的民族风情，也在其深厚的历史文化。地处武陵山腹地，湘、黔、渝三省市接合部的铜仁市，历史文化悠久。远溯殷商，春秋战国属楚，秦属黔中，汉隶武陵，唐代设县，明初置府。在32个民族开化融合的历史进程中，以土家族、苗族、侗族为主体的传统文化浸染兼容巴蜀文化、荆楚文化和汉文化之精华，形成了独立完整、开放多元的不同于其他地域的文化体系，留下了绚烂多姿的文化瑰宝，如底蕴深厚的书院文化、府衙文化、商贾文化、馆舍文化、码头文化、仁义文化以及独具特色的佛教文化、红色文化、民俗文化、丹砂文化、山水文化等。从历史深处走来的铜仁这座古老而又年轻的城市，是名副其实的文化富集地，深厚的文化积淀使其时时散发着独特魅力，为新时代的铜仁注入了发展的灵魂，奠定了发展的底气，提供了源源不断的活力和创造力。在铜仁城市化快速推进的背景下，必须像对待生命一样对待铜仁的人文历史，让自然环境与人文环境相互融合，才能使铜仁城市的文脉不断传承下去，并用这种文脉不断滋养铜仁城市的精气神。2016年12月，铜仁市第二次党代会做出了大手笔推进铜仁文化旅游业，奋力打造文化旅游胜地的决策部署。包括民间传说、习俗、语言、音乐、舞蹈、礼仪、庆典、烹调以及传统医药等在内的非物质文化遗产，被誉为历史文化的"活化石"。实现人类文明延续和可持续发展，必须做好非物质文化遗产保护。为了有效保护文化遗迹，增强文化传承自觉，实现城市文脉赓续，守好文化旅游胜地，2018年12月10日，铜仁市人大常委会正式启动并有序推进《铜仁市非物

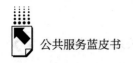

质文化遗产保护条例》立法工作。

在全面依法治国深入推进的新时代，法治已成为现代城市的核心竞争力。铜仁通过地方立法护好绿水青山、打造安居福地、守好文化胜地，必将为铜仁赢来更多的金字招牌，进一步提升铜仁的核心竞争力和美誉度。

附　录

Appendix

B.6
附　录

一　城市基本公共服务力评价
指标体系

城市基本公共服务力特指城市政府提供基本公共服务、解决民生问题的能力，包括政府提供基本公共服务的种类、数量、质量和覆盖范围。2010 年，中国社会科学院马克思主义研究院经济与社会建设研究室和华图政信公共管理研究院组成城市基本公共服务力研究联合课题组，研创了城市基本公共服务力评价指标体系。2012 年，《国家基本公共服务体系"十二五"规划》颁布，参照《国家基本公共服务体系"十二五"规划》，城市基本公共服务力研究联合课题组优化了城市基本公共服务力评价指标体系（见表 6-1）。

表6-1 城市基本公共服务力评价指标体系（理论模型）

一级指标	二级指标	三级指标
公共交通	交通工具和设施	每万人口拥有公共汽车数*
		问卷(道路拥堵)
		问卷(公交便利)
		问卷(打车等待时间)
	舒适度	问卷(拥挤程度)
	整体满意度	问卷(整体满意度)
公共安全	财政投入	财政投入占GDP比重*
		人均财政投入*
	灾害预防与救助	问卷(政府应急宣传普及的效果)
	安全要素	问卷(人身安全)
		问卷(财产安全)
		问卷(安全感)
		问卷(交通安全)
		问卷(食品安全)
		问卷(信息安全)
	整体满意度	问卷(整体满意度)
住房保障	住房拥有率	问卷(有房情况)
	保障性住房建设	经济适用房覆盖率指数*
		廉租房货币补贴保障指数*
		问卷(保障性住房覆盖)
		问卷(申请公平程度)
	宏观政策	问卷(房屋租赁监管)
		问卷(调控影响)
	整体满意度	问卷(整体满意度)
基础教育	财政投入	财政投入占GDP比重*
		人均财政投入*
	幼儿教育	生师比*
		问卷(幼儿入托公平度)
	小学教育	生师比*
		每千小学生拥有小学数*
		问卷(小学入学公平度)
	中学教育	生师比*
		每千中学生拥有中学数*
		问卷(中学入学公平度)
	教育收费	问卷(乱收费)
	整体满意度	问卷(整体满意度)

续表

一级指标	二级指标	三级指标
社会保障和就业	财政投入	财政投入占 GDP 的比重 *
		人均财政投入 *
	社会福利	每万人口公办老年福利机构数(无工商)*
		每万人口公办老年福利机构床位数(无工商)*
		每万人口公办老年福利机构人员数(无工商)*
		每十万人口公办儿童福利机构数(无工商)*
		每万人口公办儿童福利机构床位数(无工商)*
		每万人口公办儿童福利机构人员数(无工商)*
		问卷(社会保险贯彻)
	社会救助	最低生活保障指数 *
		城市临时救济人数 *
		问卷(弱势群体救助)
	就业	问卷(就业服务)
	养老	问卷(养老服务)
	政策扶持	问卷(扶持创业)
	政策改革	问卷(养老保险的并轨)
		问卷(延迟退休)
	整体满意度	问卷(社保就业整体满意度)
基本医疗和公共卫生	财政投入	财政投入占 GDP 比重 *
		人均财政投入 *
	医院、卫生院建设	每万人口医院拥有数 *
		每万人口执业(助理)医师数 *
		每万人口床位数 *
		问卷(等待时间)
		问卷(医疗费用)
		问卷(医院分布便利度)
		问卷(医院运营管理有效性)
	防疫活动	每万人口防疫站拥有数 *
	政策改革	问卷(计划生育)
	整体满意度	问卷(整体满意度)
城市环境	财政投入	财政投入占 GDP 比重 *
		人均财政投入 *
	大气环境	可吸入颗粒物日均值 *
		空气质量适宜指数 *
		问卷(空气质量)

续表

一级指标	二级指标	三级指标
城市环境	水环境	城镇生活污水处理率*
		工业废水排放达标率*
		问卷(自来水质量)
	市容环境	工业固体废物综合利用率*
		人均绿地面积*
		生活垃圾无害化处理率*
		问卷(街道、景观、市政管理、绿化)
	城市建设	问卷(城市规模)
	整体满意度	问卷(整体满意度)
文化体育	财政投入	财政投入占 GDP 比重*
		人均财政投入*
	场馆设施	问卷(参与文化活动便利程度)
		问卷(参与体育健身活动便利程度)
		问卷(政府文体活动提供)
	社区文体活动	每十万人口社区服务中心单位数(无工商)*
		每十万人口社区服务中心职工数*
		活动项目数*
		活动人次数*
	整体满意度	问卷(整体满意度)
公职服务水平	等待时间	问卷
	服务效率	问卷
	业务态度	问卷
	接待环境	问卷
	电子政务	问卷(政务网站与公众互动性)
	整体满意度	问卷(整体满意度)

注：三级指标由问卷和非问卷构成，＊为非问卷指标。

本课题组研创的城市基本公共服务力评价指标体系与《国家基本公共服务体系"十二五"规划》具有内在一致性，二者界定的基本公共服务大致相同，略有区别（见图6–1和图6–2）。《国家基本公共服务体系"十二五"规划》对基本公共服务的概念、范围、标准做出了明确的界定：狭义的公共服务一般包括保障基本民生需求的教育、就业、社会保障、医疗卫生、计划生育、住房保障、文化体育等领域；广义的公共服务还包括与公众生活紧密联系的交通、通信、公共设施、环境保护、公共安全、消费安全、国防安全等方面。政府基本公共服务力则包括城市政府在社会保障和就业、基本医疗和公共卫生①、公共安全、基础教育、住房保障、公共交通、城市环境、文化体育等方面向公众提供优质服务的能力和水平。

城市基本公共服务评价指标体系与《国家基本公共服务体系"十二五"规划》不同之处及主要原因在于：第一，由于城市基本公共服务评估体系侧重对政府为城市提供公共服务能力的评估，而《国家基本公共服务体系"十二五"规划》则不但强调政府为城市提供公共服务的能力，而且强调政府为农村提供公共服务的能力。因此，城市基本公共服务评估体系并未涉及《国家基本公共服务体系"十二五"规划》中的统筹城乡、区域的公共服务均等化等内容。相反，增加了公职服务水平这一衡量城市公共服务力的重要指标。第二，《国家基本公共服务体系"十二五"规划》针对全国各地公共服务的普遍问题，而我们所关注的主要是城市基本公共服务，更多地把视野聚焦在副省级以上城市，力图通过对主要城市的基本公共服务的深入研究，为全国城市基本公共服务的建设提供蓝本和借鉴。第三，逻辑结构不同，《国家基本公共服务体系"十二五"规划》将人口与计划生育、残疾人基本公共服务作为重点内容加以规划，城市基本公共服务体系并未将这些内容作重点评估，而是将相关内容别置于其他一级指标中予以关注。第四，《国家基本公共服务体系"十二五"规划》从制度安排上关注基本公共服务体系的体系建设。我们作为第三方研究机构，更多地从群众满意度方面来呈现主要城市基本公共服务的质量。

从理论上来说，为了更加客观、准确和真实地评估城市政府基本公共服务力，形成一个科学合理、全面综合、可以操作的评价指标体系，我们需要把评价指标体系分为主观评价体系和客观评价体系两个部分，从公众的主观感受和客观投入两个维度对城市政府基本公共服务水平进行全面、系统的评估。其中主观评价主要是考察公众对政府基本公共服务在公平性、便利

---

① 含人口与计划生育方面。

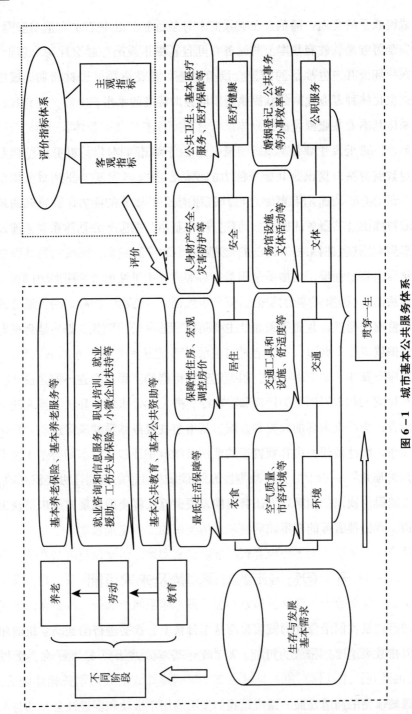

图 6-1　城市基本公共服务体系

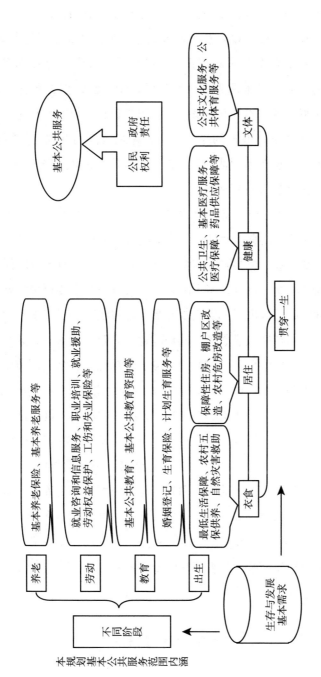

图6-2 《国家基本公共服务体系"十二五"规划》基本公共服务范围

321

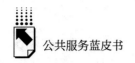

性以及整体性等方面的满意程度；客观评价主要是考察城市政府在基本公共服务所做的财政投入和硬件投入及投入成效。主观评价通过问卷方式获取，客观评价通过文献研究或调研采访等方式获取。在主观评价数据和客观评价数据有效获取的基础上，采用先进的统计学计量方法，把二者进行有机结合，从而对某个城市的基本公共服务力进行科学评估。但在实际操作中，由于统计口径的不同和统计数据的滞后发布，客观数据的获取非常困难，因此，对城市基本公共服务力评估的可操作形式就是通过调查问卷的方式对城市基本公共服务满意度进行评估。

实际上，城市基本公共服务满意度是评价政府基本公共服务力的重要标准，通过调查公共服务满意度对城市基本公共服务力进行评估也具有非常重要的参考价值。城市基本公共服务满意度是广大城市居民对政府所提供的基本公共服务的满意程度，也就是城市基本公共服务力的主要评价。城市基本公共服务满意度以广大城市居民的主观感受和心理状态呈现出来，是公共服务需求被满足后的愉悦感与满意感。群众满意不满意、高兴不高兴、答应不答应是衡量政府工作好坏的唯一标准。"群众比较满意"也是《国家基本公共服务体系"十二五"规划》的主要目标之一。"群众比较满意"的内涵就是城乡居民基本公共服务需求表达机制有效建立，服务成本个人负担比例合理下降，绩效评价和行政问责制度比较健全，社会满意度不断提高。城市基本公共服务的客观投入及其结果对公共服务满意度具有决定性作用。一般来说，政府在基本公共服务方面投入的规模和效率与满意度是正相关的，满意度高表明投入规模大或投入效率高。反之，则或可说明投入规模不够大，或效率不高。因此，城市基本公共服务满意度的高低体现了政府提供城市基本公共服务力的强弱，政府提供城市基本公共服务力最终通过城市基本公共服务满意度体现出来。

二　满意度计算方法

（1）计算各小题得分。通过对问题各选项赋予权重，选择第一项赋 1

分，选择第二项赋 2 分，依此类推，选择"不清楚"则不参与计算，然后得出每个城市在各小题的平均分。

（2）所有小题更改为百分制计分。通过将上一步得出的各题平均分除以各题的选项数（不含"不清楚"选项）再乘以 100，将（1）中所算得分换算为百分制。

（3）计算指标得分。问卷中，各指标均包含不止一个小题，此步过程计算中，我们将每个指标中的各小题在步骤（2）的基础上以分层权重计算，最后相加得出该指标项的满意度得分。

（4）计算满意度总得分。在步骤（3）的基础上，取 10 项基本公共服务满意度指标得分的平均值，便可得各城市地方政府基本公共服务的公众满意度。

三 样本数量及分布

2019 年，城市基本公共服务满意度网络调查共回收有效问卷 14345 份。单个城市具体问卷数量如表 6-2 所示。

表 6-2 各城市有效问卷数量

城市	数量	城市	数量	城市	数量	城市	数量	城市	数量
北京	881	贵阳	304	拉萨	218	汕头	306	西安	377
长春	306	哈尔滨	301	兰州	304	沈阳	308	西宁	338
长沙	358	海口	307	南昌	307	深圳	819	厦门	320
成都	561	杭州	300	南京	270	石家庄	313	银川	206
重庆	549	合肥	316	南宁	326	太原	318	郑州	343
大连	309	呼和浩特	192	宁波	320	天津	353	珠海	309
福州	323	济南	326	青岛	328	武汉	372		
广州	852	昆明	307	上海	818	乌鲁木齐	280		

1. 性别分布

在参与调查的人群中，填写了性别的共有14345人，具体分布见表6-3。从性别比上来看，女性多于男性。

表6-3　性别分布

单位：人，%

性别	男	女	汇总
数量	5999	8346	14345
比例	41.82	58.18	100.00

2. 年龄分布

在2019年的调查中，我们进行了关于样本年龄的甄别。更符合实际情况的样本年龄分布能更全面、准确地反映当地情况。具体的样本分布情况见表6-4。可以看到，由于此次采取网络调查方式，样本年龄主要分布在20~40岁。

表6-4　年龄分布

单位：人，%

年龄	20~29岁	30~39岁	40~49岁	50~59岁	60岁及以上	总计
数量	5926	5812	1921	514	172	14345
比例	41.31	40.52	13.39	3.58	1.20	100.00

3. 学历分布

在网络调查结果中，占主流的是受过大学教育（大专和本科）的人，比例为72.90%。这符合我国社会发展情况，也表明这类群体对地方政府的基本公共服务感知力更强，更有诉求的意识，而且更能接受和理解问卷调查的方式和内容，能够准确表达自己的观点。

4. 工作单位性质分布

从工作性质来看，2019年受访者工作单位分布以私营企业和其他性质企业工作的样本为主，其中私营企业占比为 45.74%，其余选项具体分布情况如表 6-6 所示。

表 6-5　学历分布

单位：人，%

学历	初中及以下	高中（中专/技校）	大专	本科	研究生及以上	总计
数量	556	2202	3975	6482	1130	14345
比例	3.88	15.35	27.71	45.19	7.88	100.00

表 6-6　工作单位分布

单位：人，%

单位	国家行政机关	事业单位	国有企业	私营企业	外资或合资企业	其他	总计
数量	473	1582	1968	6561	1085	2676	14345
比例	3.30	11.03	13.72	45.74	7.56	18.65	100.00

5. 收入分布

2019 年，样本的具体收入分布情况如表 6-7 所示。可以看出，46.55% 的样本群体月收入在 5000 元以下，收入为 5001~7000 元的比例为 24.57%，占比最大，且较 2018 年该群体人数比例进一步提升，对比可以看出受访群体的收入变化情况，说明我国城市人均收入逐年提高。月收入 7000 元以上的群体所占比例较上年也有所增加。

表 6-7　收入分布

单位：人，%

收入	2000 元及以下	2001~3000 元	3001~4000 元	4001~5000 元	5001~7000 元	7001~10000 元	10000 元以上	总计
数量	931	1078	1991	2677	3525	2435	1708	14345
比例	6.49	7.51	13.88	18.66	24.57	16.97	11.91	100.00

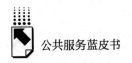

四　参评城市分类一览表

表6-8　参评城市分类一览

城市	城市类型	东中西部
北京	直辖市	东
长春	省会	中
长沙	省会	中
成都	省会	西
大连	计划单列市	东
福州	省会	东
广州	省会	东
贵阳	省会	西
哈尔滨	省会	中
海口	省会	东
杭州	省会	东
合肥	省会	中
呼和浩特	省会	西
济南	省会	东
昆明	省会	西
拉萨	省会	西
兰州	省会	西
南昌	省会	中
南京	省会	东
南宁	省会	西
宁波	计划单列市	东
青岛	计划单列市	东
汕头	经济特区	东
上海	直辖市	东

城市	城市类型	东中西部
深圳	计划单列市、经济特区	东
沈阳	省会	东
石家庄	省会	东
太原	省会	中
天津	直辖市	东
乌鲁木齐	省会	西
武汉	省会	中
西安	省会	西
西宁	省会	西
厦门	计划单列市、经济特区	东
银川	省会	西
郑州	省会	中
重庆	直辖市	西
珠海	经济特区	东

五　2019年城市基本公共服务满意度调查问卷

问卷编号：＿＿＿＿＿　　　　城市编号：＿＿＿＿＿

地方政府基本公共服务满意度问卷调查

尊敬的先生/女士：

　　您好！

　　为了解公众对地方政府基本公共服务的满意度，我们在全国38个城市展开了此次调查，可能会耽误您10分钟左右的时间。本次调查采取匿名制，不需填写单位和姓名，请根据实际情况在合适的选项上打"○"，您的回答将关系地方政府基本公共服务的数量和质量，与您的切身利益息息相关，感

谢您的支持与配合！

中国社会科学院"中国城市基本公共服务力评价"课题组

2019 年 7 月

A. 甄别问题

【这部分问题是甄别性问题，如果被访者不符合条件，请终止访问】

A1. 您的年龄是？

(1) 20 岁以下→【终止访问】　　　(2) 20~29 岁

(3) 30~39 岁　　　(4) 40~49 岁

(5) 50~59 岁　　　(6) 60 岁及以上

B. 公共交通

B1. 您外出时，通常情况下感觉路上拥堵吗？

(1) 非常堵　　　(2) 比较堵，但还能承受

(3) 有点堵车　　　(4) 不堵车，但车辆缓行

(5) 很顺畅

B2. 您外出时，通常情况下乘坐公共交通工具（公共汽车、地铁等）感觉方便吗？

(1) 很不方便　　　(2) 不太方便

(3) 一般　　　(4) 比较方便

(5) 很方便

B3. 您出门乘坐公共交通工具（公共汽车、地铁等）通常觉得拥挤吗？

(1) 无座，非常拥挤　　　(2) 无座，有些拥挤

(3) 无座，不拥挤　　　(4) 有座，有些拥挤

(5) 有座，很舒服

B4. 您在本城市打车时，等待出租车或网约车的时间一般是多久？

(1) 30 分钟以上　　　(2) 20~30 分钟

(3) 10~20 分钟　　　(4) 5~10 分钟

(5) 5 分钟以内

B5. 请您对本城市的公共交通情况进行整体评价：

（1）非常不满意　　　　　　　（2）不满意

（3）一般　　　　　　　　　　（4）满意

（5）非常满意

C. 公共安全

C1. 您在您所在城市深夜（0点以后）出门的感受：

（1）不敢出门　　　　　　　　（2）有些担心

（3）比较安心　　　　　　　　（4）很安心

（5）不好说

C2. 您的或您认识的人的孩子是否遭遇过校园欺凌？

（1）是　　　　　　　　　　　（2）没有

（3）不清楚

C3. 您如何评价本地的食品安全问题：

（1）食品安全问题很严重　　　（2）食品安全问题比较严重

（3）食品安全问题得到部分缓解　（4）食品安全问题得到很大缓解

C4. 您或您认识的人是否遇到过个人隐私信息泄露的情况？

（1）经常　　　　　　　　　　（2）偶尔

（3）没有

C5. 请问本城市的政府是否有过应对灾害（地震、火灾、水灾等）的宣传或演练？

（1）没有　　　　　　　　　　（2）有，但没有效果

（3）有，效果不明显　　　　　（4）有，效果还行

（5）有，效果很好　　　　　　（6）不清楚

C6. 请您对本城市的公共安全情况进行整体评价：

（1）非常不满意　　　　　　　（2）不满意

（3）一般　　　　　　　　　　（4）满意

（5）非常满意

D. 公共住房

D1. 您本人或您认识的人是否享有或了解本城市的保障性住房（经济适用房、两限房、公租房、廉租房）？

（1）不享有，也不了解 　　　　（2）不享有，但了解

（3）享有，但不了解 　　　　　（4）享有，也了解

D2. 您觉得宏观调控政策对您所在城市的房价有影响吗？

（1）没有影响，房价依然快速上涨 　（2）有影响，房价涨得没那么快了

（3）有影响，房价保持平稳 　　　（4）有影响，房价稍微下降了

（5）很有影响，房价下降了很多 　（6）不清楚

D3. 请您对本城市的住房保障情况进行整体评价：

（1）非常不满意 　　　　　　　（2）不满意

（3）一般 　　　　　　　　　　（4）满意

（5）非常满意

E. 基础教育

E1. 就您所知，本城市孩子上幼儿园/小学/初中是否需要找关系或变相缴费？

（1）全部需要 　　　　　　　　（2）多数都需要

（3）偶尔需要 　　　　　　　　（4）全部不需要

（5）不清楚

E2. 您本人或认识的人的孩子上幼儿园/小学/初中是否遇到择校等教育资源不公平的情况？

（1）非常多 　　　　　　　　　（2）比较多

（3）一般 　　　　　　　　　　（4）比较少

（5）非常少 　　　　　　　　　（6）不清楚

E3. 请您对本城市的基础教育情况进行整体评价：

（1）非常不满意 　　　　　　　（2）不满意

（3）一般 　　　　　　　　　　（4）满意

（5）非常满意

F. 社会保障和就业创业

F1. 您认为本城市弱势群体（孤寡老人、低收入群体、流浪人群等）是否得到有效救助？

（1）没有效果　　　　　　　　（2）效果不明显

（3）一般　　　　　　　　　　（4）比较有效

（5）非常有效

F2. 您对您本人或家人的养老金缴纳情况（比例、金额等）的满意程度：

（1）非常不满意　　　　　　　（2）不满意

（3）一般　　　　　　　　　　（4）满意

（5）非常满意

F3. 您对您本人或家人的养老金发放情况（金额、及时性等）的满意程度：

（1）非常不满意　　　　　　　（2）不满意

（3）一般　　　　　　　　　　（4）满意

（5）非常满意

F4. 您对本城市的养老服务（社区养老、养老院设置等）的满意程度：

（1）非常不满意　　　　　　　（2）不满意

（3）一般　　　　　　　　　　（4）满意

（5）非常满意

F5. 您对您所在城市的残疾人设施（盲道、无障碍设施等）的满意程度：

（1）非常不满意　　　　　　　（2）不满意

（3）一般　　　　　　　　　　（4）满意

（5）非常满意

F6. 您对您本人或家人未来的社会保障预期：

（1）充满焦虑　　　　　　　　（2）比较焦虑

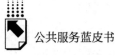

（3）比较乐观 （4）非常乐观

（5）说不好

F7. 请您对本城市的社会保障和就业创业情况进行整体评价：

（1）非常不满意 （2）不满意

（3）一般 （4）满意

（5）非常满意

G. 公共信息化服务

G1. 您所在城市的网络设施情况（网络覆盖、网速、稳定性）如何？

（1）很差 （2）差

（3）一般 （4）好

（5）很好 （6）不清楚

G2. 您所在城市通过手机办理公共服务（生活缴费、信息查询、证照办理等）的便利程度如何？

（1）非常不方便 （2）比较不方便

（3）一般 （4）比较方便

（5）非常方便 （6）不清楚

G3. 您认为您所在城市的网络通信收费（宽带、手机资费）情况如何？

（1）非常高，难以承受 （2）比较高，可以接受

（3）合理 （4）比较低

（5）非常低 （6）不清楚

G4. 您对您所在城市公共服务智慧化程度的总体评价：

（1）很差 （2）差

（3）一般 （4）好

（5）很好

H. 医疗卫生

H1. 您去本城市的公立医院看病，是否感觉有不必要的检查和费用发生？

（1）有，非常严重 （2）有，比较严重

（3）一般 （4）有，但是还可以接受

（5）没有 （6）没去过

H2. 请问您去离家最近的公立医院（包括社区医疗卫生中心）的便利程度？

（1）非常不方便 （2）比较不方便

（3）一般 （4）比较方便

（5）非常方便 （6）不清楚

H3. 您对您本人或家人的基本医疗保险缴费情况（比例、金额等）是否满意？

（1）非常不满意 （2）不满意

（3）一般 （4）满意

（5）非常满意

H4. 您对您本人或家人的基本医疗保险报销情况（比例、范围、方便程度等）是否满意？

（1）非常不满意 （2）不满意

（3）一般 （4）满意

（5）非常满意

H5. 请您对本城市的医疗卫生情况进行整体评价：

（1）非常不满意 （2）不满意

（3）一般 （4）满意

（5）非常满意

I. 城市环境

I1. 下面请您对所在城市的生活环境进行满意度评价：

生活环境	非常不满意 = = = = = = = = = = ➡非常满意				
1）自来水水质如何？	1	2	3	4	5
2）河流湖泊水质如何？	1	2	3	4	5
3）绿化如何？	1	2	3	4	5
4）街道社区卫生如何？	1	2	3	4	5
5）公共厕所情况（便利、卫生）如何？	1	2	3	4	5

I2. 您对过去一年本城市的雾霾治理状况是否满意？

（1）非常不满意，雾霾非常严重　　（2）不满意，雾霾比较严重

（3）一般　　　　　　　　　　　　（4）满意，雾霾情况较少

（5）非常满意，基本没有雾霾

I3. 请您对本城市的环境情况进行整体评价：

（1）非常不满意　　　　　　　　　（2）不满意

（3）一般　　　　　　　　　　　　（4）满意

（5）非常满意

J. 公共文化体育

J1. 您周边公共的文化设施或文化场所（图书馆、电影院、剧院等）是否能满足您或家人的日常需求？

（1）远不能满足　　　　　　　　　（2）不太能满足

（3）一般　　　　　　　　　　　　（4）基本能满足

（5）全部能满足　　　　　　　　　（6）没去过

J2. 您周边公共的健身设施或体育场所是否能满足您或家人的日常需求？

（1）远不能满足　　　　　　　　　（2）不太能满足

（3）一般　　　　　　　　　　　　（4）基本能满足

（5）全部能满足　　　　　　　　　（6）没去过

J3. 请您对本城市的文化体育公共服务情况进行整体评价：

（1）非常不满意　　　　　　　　　（2）不满意

（3）一般　　　　　　　　　　　　（4）满意

（5）非常满意

K. 公职服务

K1. 您认为政府减少行政审批等简政放权的效果如何？

（1）非常不明显　　　　　　　　　（2）不明显

（3）一般　　　　　　　　　　　　（4）比较明显

（5）非常明显

K2. 您上一次去政府部门办事，同一件事务办理完毕总共跑了几趟？

(1) 3 趟及以上　　　　　　(2) 2 趟

(3) 1 趟　　　　　　　　　(4) 没去过

K3. 您对您所在城市公职人员的总体印象：

(1) 非常不满意　　　　　　(2) 不满意

(3) 一般　　　　　　　　　(4) 满意

(5) 非常满意

L. 公共服务政策

L1. 您如何评价延迟退休这一政策改革？

(1) 不赞成　　　　　　　　(2) 赞成

(3) 说不清楚

Q. 背景资料

【下面是关于您的一些个人信息，仅供资料分析。我们会对您的个人信息进行保密】

Q1. 您的性别：

(1) 男　　　　　　　　　　(2) 女

Q2. 您的最高学历：

(1) 初中及以下　　　　　　(2) 高中（中专/技校）

(3) 大专　　　　　　　　　(4) 本科

(5) 研究生及以上

Q3. 您的单位性质是：

(1) 国家行政机关　　　　　(2) 事业单位

(3) 国有企业　　　　　　　(4) 私营企业

(5) 外资企业或合资企业　　(6) 其他

Q4. 您当前个人的月收入【包括工资、奖金、津贴、股票和第二职业等所有收入】为_____？

(1) 2000 元以下　　　　　　(2) 2001～3000 元

(3) 3001～4000 元　　　　　(4) 4001～5000 元

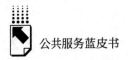

（5）5001～7000 元　　　　（6）7001～10000 元

（7）10000 元以上

访问到此结束，再次感谢您的支持与配合！

Abstract

This report, by using the optimized evaluation index system and analyzing the results of 14345 online questionnaires, comprehensively and thoroughly evaluates and studies the basic public service capability in 38 major Chinese cities, and issues the ranking lists and results of satisfactoriness of these cities in 2019 from ten aspects, which are Public Transportation, Public Security, Housing Guarantee, Basic Education, Social Security and Employment, Public Informationized Service, Basic Healthcare and Public Health, Urban Environment, Culture and Sports, and Government Services. According to the statistical result, the average satisfactoriness index for basic public services in 38 major Chinese cities in 2019 is 63. 61, which is a significant improvement from 58. 05 in 2018.

A series of indices is applied to further study the degree of public satisfaction with basic public services in 38 major cities, including the index of GDP leveraging public satisfactoriness index for basic public services, the rising index of the degree of public satisfaction with basic public services, and the development index of public satisfactoriness index for basic public services elements. The monomial evaluation on the satisfactoriness index for the nine basic public service elements is also concerned, including Public Transportation, Public Security, Housing Guarantee, Basic Education, Social Security and Employment, Public Informationized Service, Basic Healthcare and Public Health, Urban Environment, Culture and Sports, and Government Services, according to the online survey results. In addition, referring to the Tencent Index social hotspot data, the top eight hot issues in public services that the public is most concerned about in 2019 are summarized. By using the public opinion big data analysis method, the in-depth analysis of typical cases in the sector of public health, food safety, business environment, urban environment, public security, social security and employment, income distribution, public education, etc. is made. In addition, in the Monographic Report part, an in-

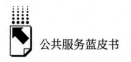 公共服务蓝皮书

depth study and experience introduction of four special topics is conducted, which are the history, experience, and enlightenment of China's social insurance development, the development logic of public services, the research on smart city construction, and the local legislation to enhance the reputation of Tongren city.

Keywords: Public Services; Basic Public Service Capability; Public Satisfactoriness Index for Basic Public Services; Urban Governance

Contents

I General Report

Abstract: This report, by using the optimized evaluation index system and analyzing the results of 14345 online questionnaires, comprehensively and thoroughly evaluates and studies the basic public service capability in 38 major Chinese cities, and issues the ranking lists and results of satisfactoriness of these cities in 2019 from ten aspects, which are Public Transportation, Public Security, Housing Guarantee, Basic Education, Social Security and Employment, Public Informationized Service, Basic Healthcare and Public Health, Urban Environment, Culture and Sports, and Government Services. A series of indices is applied to further study the degree of public satisfaction with basic public services in 38 major cities, including the index of GDP leveraging public satisfactoriness index for basic public services, the rising index of the degree of public satisfaction with

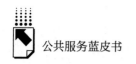

basic public services, and the development index of public satisfactoriness index for basic public services elements. In 2019, the overall satisfactoriness index for basic public services in Chinese cities increases substantially, from 58. 05 in 2018 to 63. 61, which is also slightly higher than 63. 37 in 2017. Governments at all levels should take the direction of building a more mature system of basic public services, adhere to and improve the overall planning of urban and rural basic public service systems, and promote the modernization of the basic public service system. With the goal of solving major social contradictions, focus on solving the problem of imbalances and insufficiency of the basic public services, strive to ensure the basic guarantee and strengthen points of weakness, and achieve equalization of basic public services. Promote the supply-side reform of public services, build a mechanism for social participation in the provision of public services, improve the quantity, quality and efficiency of public services, and realize the maximization the effectiveness of basic public services. Accelerate the development of blockchain technology and public service innovation, actively explore the use of "blockchain +" in the basic public service field, and improve the level of intelligence, convenience, scientificity, and refinement of basic public services. Establish the statutory mechanism of the think tank consultation and demonstration to introduce the public service policies, and actively plays the role of think tanks in public service reform, decision-making, and management evaluation.

Keywords: Basic Public Service Capability; Public Satisfactoriness Index for Basic Public Services; Reform and Innovation of Basic Public Services; Urban Governance

II Big Data Analysis Report

Abstract: Referring to the social hotspot database of the Tencent Index from October 2018 to October 2019, and based on the total network of more than ten thousand government hotspots and lyric events in the entire database, 50 popular cases with more than 100, 000 times of transmissions are selected, and the top eight hot issues in public services that the public is most concerned about in 2019 are summarized, which are distributed in various public service fields such as health care, food security, business environment, urban environment, public security, social security and employment, income distribution, and education. With the in-depth analysis of typical cases in related fields by Tencent's public opinion big data analysis method, the report attempts to present current problems and deficiencies in urban basic public services. This report sorts out the following policy recommendations of experts in various fields to improve the public service capability of relevant government departments to help government departments make scientific decisions. In the field of public health care, the topic of scientific research ethics and drug supervision has become a new focus of discussion, and public opinion suggests improving the ethics committee accountability mechanism, taking into account drug regulatory sanctions and compensation, and continuing to promote healthy rural construction. In the field of food security, the topic of African swine fever and rise in pork price, and the topic of food safety in campuses are hot, and public opinion suggests that through the use of emerging technologies, clarifying party and government responsibilities, establishing full-chain supervision, and expanding areas of responsibility, etc. , to improve food

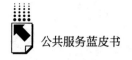

safety. In the field of business environment, perfecting the specification and improving the efficiency of corporate service have received high attention, and public opinion suggests to improve the applicability of local legislation, develop government informationization construction, promote mutual recognition and sharing of government information, and strengthen the supervision and management of service personnel. In the field of environmental governance, garbage classification and the political irregularity problem of place names have become hot topics of the year, and public opinion suggests bringing affective governance, introduction of third-party evaluations, and the promotion of smart city construction into the mechanism adjustments, to promote the refinement, legalization, systematization, and modernization of urban governance. In the area of public security, the explosion accident in Xiangshui, Jiangsu, and the rollover accident in Wuxi, attracted widespread attention, and public opinion proposes to improve the sense of identity and participation of the public in governance, and to improve the legal system and supervision and response mechanisms in management. In the field of social security and employment, "996" working system and the "retrenchment" cause anxiety, and public opinion is hotly debated on the topic of employment situation and labor status. Experts suggests ensuring stable economic growth, breaking the structural employment contradiction, and introducing " double-professionally-titled teachers". In the field of income distribution, the personal tax app is launched, and the implementation of the inclusive tax reduction policy is highly praised and supported. Public opinion suggests strengthening the regional flexibility of threshold for personal income tax exemption, solving the problems left by the merger of local tax agencies, and reinforcing the constraints on local government budget expenditures. In the field of public education, topics such as academic fraud, illegal admissions, and fairness in regional education have been discussed throughout the year. Public opinion suggests that academic misconduct behavior should be cracked down through establishing communication mechanism and joint liability, and the level of public education should be improved by balancing the quality of running public schools and regulating the development of private education.

Keywords: Urban Basic Public Services; Hot Spots of Society; Big Data of Public Opinion

Ⅲ Evaluation Reports

Abstract: This report fully reveals the fundamental state of the public satisfactoriness index for basic public services in 38 major cities in China through systematic assessment and horizontal comparative study, in accordance with the evaluation index system of local government's public service capability. Moreover, a comparative analysis based on the assessment of the situation about the degree of public satisfaction with basic public services in different types of cities and different criteria is also included. From the overall, the average degree of public satisfaction with public services in Western cities is the highest, which is followed by the eastern cities, and that in the central cities is the lowest. The average level of public satisfactoriness with public services in cities specifically designated in the state plan is the highest among four types of cities, while the average level of public satisfactoriness with public services in four special economic zones takes the second place. The overall degree of public satisfaction with public services in the municipalities and provincial capitals are relatively low.

Keywords: Urban Basic Public Service Capability; Public Satisfactoriness Index for Basic Public Services; Urban Governance

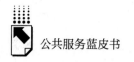
Abstract: This report focus on the monomial evaluation on the satisfactoriness index for the ten basic public service elements, including Public Transportation, Public Security, Housing Guarantee, Basic Education, Social Security and Employment, Public Informationized Service, Basic Healthcare and Public Health, Urban Environment, Culture and Sports, and Government Services. The report studies the overall satisfactoriness ranking list, and analyzes the annual assessment situation about these elements. Excellent city reviews are also included.

Keywords: Basic Public Service; Public Satisfactoriness Index for Basic Public Services; Urban Governance

Ⅳ   Special Report

Abstract: This report is an in-depth study of four special topics, which are the history, experience, and enlightenment of China's social insurance development, the development logic of public services, the research on smart city construction, and the local legislation to enhance the reputation of Tongren city.

Keywords: Public Services; Social Construction; Smart City; Legal Construction

V Appendix

社会科学文献出版社

皮 书

智库报告的主要形式
同一主题智库报告的聚合

✤ 皮书定义 ✤

皮书是对中国与世界发展状况和热点问题进行年度监测，以专业的角度、专家的视野和实证研究方法，针对某一领域或区域现状与发展态势展开分析和预测，具备前沿性、原创性、实证性、连续性、时效性等特点的公开出版物，由一系列权威研究报告组成。

✤ 皮书作者 ✤

皮书系列报告作者以国内外一流研究机构、知名高校等重点智库的研究人员为主，多为相关领域一流专家学者，他们的观点代表了当下学界对中国与世界的现实和未来最高水平的解读与分析。截至 2020 年，皮书研创机构有近千家，报告作者累计超过 7 万人。

✤ 皮书荣誉 ✤

皮书系列已成为社会科学文献出版社的著名图书品牌和中国社会科学院的知名学术品牌。2016 年皮书系列正式列入"十三五"国家重点出版规划项目；2013~2020 年，重点皮书列入中国社会科学院承担的国家哲学社会科学创新工程项目。

中国皮书网

（网址：www.pishu.cn）

发布皮书研创资讯，传播皮书精彩内容
引领皮书出版潮流，打造皮书服务平台

栏目设置

◆ **关于皮书**
何谓皮书、皮书分类、皮书大事记、
皮书荣誉、皮书出版第一人、皮书编辑部

◆ **最新资讯**
通知公告、新闻动态、媒体聚焦、
网站专题、视频直播、下载专区

◆ **皮书研创**
皮书规范、皮书选题、皮书出版、
皮书研究、研创团队

◆ **皮书评奖评价**
指标体系、皮书评价、皮书评奖

◆ **互动专区**
皮书说、社科数托邦、皮书微博、留言板

所获荣誉

◆ 2008年、2011年、2014年，中国皮书
网均在全国新闻出版业网站荣誉评选中
获得"最具商业价值网站"称号；
◆ 2012年，获得"出版业网站百强"称号。

网库合一

2014年，中国皮书网与皮书数据库端口
合一，实现资源共享。

权威报告·一手数据·特色资源

皮书数据库
ANNUAL REPORT(YEARBOOK)
DATABASE

分析解读当下中国发展变迁的高端智库平台

所获荣誉

- 2019年，入围国家新闻出版署数字出版精品遴选推荐计划项目
- 2016年，入选"'十三五'国家重点电子出版物出版规划骨干工程"
- 2015年，荣获"搜索中国正能量 点赞2015""创新中国科技创新奖"
- 2013年，荣获"中国出版政府奖·网络出版物奖"提名奖
- 连续多年荣获中国数字出版博览会"数字出版·优秀品牌"奖

成为会员

通过网址www.pishu.com.cn访问皮书数据库网站或下载皮书数据库APP，进行手机号码验证或邮箱验证即可成为皮书数据库会员。

会员福利

- 已注册用户购书后可免费获赠100元皮书数据库充值卡。刮开充值卡涂层获取充值密码，登录并进入"会员中心"—"在线充值"—"充值卡充值"，充值成功即可购买和查看数据库内容。
- 会员福利最终解释权归社会科学文献出版社所有。

社会科学文献出版社 皮书系列
SOCIAL SCIENCES ACADEMIC PRESS (CHINA)

卡号：883839359927
密码：

数据库服务热线：400-008-6695
数据库服务QQ：2475522410
数据库服务邮箱：database@ssap.cn
图书销售热线：010-59367070/7028
图书服务QQ：1265056568
图书服务邮箱：duzhe@ssap.cn

基本子库
SUB DATABASE

中国社会发展数据库（下设 12 个子库）

整合国内外中国社会发展研究成果，汇聚独家统计数据、深度分析报告，涉及社会、人口、政治、教育、法律等 12 个领域，为了解中国社会发展动态、跟踪社会核心热点、分析社会发展趋势提供一站式资源搜索和数据服务。

中国经济发展数据库（下设 12 个子库）

围绕国内外中国经济发展主题研究报告、学术资讯、基础数据等资料构建，内容涵盖宏观经济、农业经济、工业经济、产业经济等 12 个重点经济领域，为实时掌控经济运行态势、把握经济发展规律、洞察经济形势、进行经济决策提供参考和依据。

中国行业发展数据库（下设 17 个子库）

以中国国民经济行业分类为依据，覆盖金融业、旅游、医疗卫生、交通运输、能源矿产等 100 多个行业，跟踪分析国民经济相关行业市场运行状况和政策导向，汇集行业发展前沿资讯，为投资、从业及各种经济决策提供理论基础和实践指导。

中国区域发展数据库（下设 6 个子库）

对中国特定区域内的经济、社会、文化等领域现状与发展情况进行深度分析和预测，研究层级至县及县以下行政区，涉及地区、区域经济体、城市、农村等不同维度，为地方经济社会宏观态势研究、发展经验研究、案例分析提供数据服务。

中国文化传媒数据库（下设 18 个子库）

汇聚文化传媒领域专家观点、热点资讯，梳理国内外中国文化发展相关学术研究成果、一手统计数据，涵盖文化产业、新闻传播、电影娱乐、文学艺术、群众文化等 18 个重点研究领域。为文化传媒研究提供相关数据、研究报告和综合分析服务。

世界经济与国际关系数据库（下设 6 个子库）

立足"皮书系列"世界经济、国际关系相关学术资源，整合世界经济、国际政治、世界文化与科技、全球性问题、国际组织与国际法、区域研究 6 大领域研究成果，为世界经济与国际关系研究提供全方位数据分析，为决策和形势研判提供参考。

法律声明